Mathias Schreiber
Das Gold in der Seele

Mathias Schreiber

DAS GOLD IN DER SEELE

Die Lehren vom Glück

Deutsche Verlags-Anstalt

Verlagsgruppe Random House FSC-DEU-0100
Das für dieses Buch verwendete FSC-zertifizierte
Papier *Munken Premium*
liefert Arctic Paper Munkedals AB, Schweden.

1. Auflage
Copyright © 2009 Deutsche Verlags-Anstalt, München,
in der Verlagsgruppe Random House GmbH
und Spiegel-Verlag, Hamburg
Alle Rechte vorbehalten
Robert Gernhardt, Nach der Nacht. Aus: ders., Im Glück
und anderswo. Gedichte. © S. Fischer Verlag GmbH,
Frankfurt am Main 2002
Bildnachweis (S. 76 und 77): akg-images/Erich Lessing
Typografie und Satz: DVA/Brigitte Müller
Gesetzt aus der Sabon
Druck und Bindung: GGP Media GmbH, Pößneck
Printed in Germany
ISBN 978-3-421-04402-0

www.dva.de

Nach der Nacht

Glücklicher Morgen: Wir in der Sonne
Unter uns Nebel, über uns Vögel
Zwei graue Reiher auf geradestem Weg
Im Gleichschlag der Flügel
Im Gleichtakt des Fluges
Aus tiefem Blau in weit fernere Bläue.

Robert Gernhardt

Glück ist ein guter Fluss des Lebens
im Einklang mit der Natur.

Zenon von Kition

Inhalt

Vorwort
Welches Gold?

Der Dichter Gottfried Benn (1886 bis 1956) meinte einmal: »Dumm sein und Arbeit haben: das ist das Glück.« Das mit der Arbeit ist nicht ganz falsch und heute wieder hochaktuell. Aber in dem saloppen Zynismus dieses Bonmots steckt noch etwas anderes: Die Unterstellung, die unverhohlene Suche nach Glück verrate auch einen gewissen Intelligenzmangel. Nach dem sehr alten, gerade in deutschen Landen verbreiteten Motto: Der Verzweifelte ist eher der tiefe Denker als der Glückliche. Der Glückliche hat bloß den Abgrund noch nicht bemerkt, vor dem er steht. Diesem vor allem nach 1945 fast obligatorischen Anti-Glücks-Theorem möchte das vorliegende Buch gründlich widersprechen.

Melancholie mag zur geistigen Reifeprüfung eines deutschen Intellektuellen gehören – spätestens seit Friedrich Nietzsche und Sigmund Freud, die dem Glücksstreben des Menschen keine Chance gaben. Doch Melancholie ist keine Pflichthaltung und kann, recht bedacht, durchaus auch zum Repertoire einer geglückten Lebensführung gehören.

Die Schatzsuche nach dem »Gold in der Seele« – eine Metapher des griechischen Philosophen Platon – hat Hochkonjunktur, seit die utopischen Gesellschaftsentwürfe in sozialistischer, nationalistischer, konsumistischer oder technokratischer Richtung abgewirtschaftet haben. Dies ist kein Grund zur Trauer. Es geht eben nicht mehr um die Rettung des Individuums durch die vermeintlich richtige Gesellschaftsordnung; es geht darum, dem Individuum mehr Chancen zur

Selbstentfaltung und Selbsterweiterung zu zeigen, Chancen, die dieses Individuum, wenn es sie maßvoll nutzt, zufriedener und damit sozialverträglicher machen; davon wird dann auch jede Gesellschaft profitieren, sofern sie offen dafür ist, sich selbst zu korrigieren. Anders gesagt: Der Schatzsucher nach dem Glück ist kein oberflächlicher Egoist, der nur zu seinem höchst eigenen Wohl den Supermarkt der emotionalen Höhepunkte und geistigen Erbauungsgüter leer kaufen will.

Die zahllosen Ratgeberbücher und Schnellschuss-Fibeln in Sachen Glück erwecken allerdings diesen Eindruck. Sie bieten das Glück frei Haus, in Listen und Katalogen, als bräuchte man nur zuzugreifen. Aber so leicht ist Glück nicht zu haben. Die Wege zum Glück sind Umwege, und zu diesen Umwegen gehört die große, mehr als zweitausendjährige Tradition philosophischen und psychologischen Nachdenkens – von Epikur über Bertrand Russell bis zu Wilhelm Schmid, dessen Lehre von der *Fülle des Lebens* (2006) seit einigen Jahren zu den erfolgreichsten Glücksentwürfen des deutschsprachigen Raums zählt.

Nachlesen und nachdenken, bei jüngeren und älteren Menschen von heute journalistisch nachfragen – das hilft weiter und macht sogar Spaß und ist insofern selbst ein Beitrag zum Glück. Eine nachdenkliche, die wichtigsten Glückslehren zusammenfassende, aber auch erweiternde Glücksfibel: Das möchte dieses Buch sein. Sie darf von den schicksalhaften Zumutungen und den Erfahrungen der Vergänglichkeit (Krankheit, Alter, Einsamkeit, Tod) nicht einfach absehen. Das unterscheidet sie von den meisten Glücksratgebern, aber auch von allen hirnphysiologischen Glückstheorien, die von speziellen Glückshormonen und deren möglicher chemischer Unterstützung handeln.

Der Buchtitel verrät eine Grundorientierung des Autors: Er bekennt sich zu einer Lehre vom Menschen, die nicht zuletzt auf die intuitive Erkenntniskraft der Gefühle setzt und trotz allen naturwissenschaftlichen Hirnzerlegungen an dem altmodischen Begriff »Seele« festhält – auch weil er dessen emotionale Tiefe nicht preisgeben möchte. Außerdem widerspricht er einem Zeitgeist, der im Namen vermeintlich voraussetzungsloser, illusionsbefreiter Realitätsspiegelung und im Sinne einer einseitig deutenden Evolutionstheorie das Seelenleben des Menschen allzu sensationslüstern schwärzt: Der Mensch erscheint als düsterer Egodämon, der alles Positive nur »vortäuscht«. Dieses Menschenbild triumphiert – vielleicht weil nur schlechte Nachrichten genügend Beachtung finden? Für den Autor dieses Buches ist die Seele in der Regel kein Sex & Gewalt-Vulkan, der die Gesellschaft fast ausschließlich zu immer neuen Katastropheneinsätzen zwingt, sondern eine ambivalente, geheimnisvolle Innerlichkeit, über die sich viel sagen, deren wunderbare Unergründlichkeit sich aber nicht gegenständlich fixieren und »entzaubern« lässt.

Die Schatzsuche nach dem Gold in der Seele setzt voraus, dass der Mensch in seinem Innersten zu strahlen vermag, weil dieses Innere substanziell über ihn hinausweist. Gold stammt aus einer Sonne, die irgendwann explodiert und deren metallischer Staub dann aus dem Kosmos auf die Erde gelangt ist. »Schweiß der Götter«, sagten die Inkas in Altamerika dazu. Jedenfalls eine kostbare Substanz, nicht ganz von dieser Welt. Das Gold, das von der Seele in einer Weise gehütet wird, die den Betrachter blendet, ist die Seele selbst.

Winsen an der Luhe, im März 2009

Annäherung an das Glück

Immer wieder missbraucht, und dennoch jungfräulich: das uralte Zauberwort Glück. Es funkelt hart und hübsch wie eine bunte Glaskugel, die das Licht einsammelt. Und es erzählt viele Geschichten.

Zum Beispiel diese aus dem Jahr 1923: Ein Brot kostet in Deutschland 320 Millionen Mark, ein Mittagessen 200 Millionen; Kohlen, Wohnungen, Arbeit – alles Mangelware. In einem Dorf bei Darmstadt wird, mitten im heißen Juli, einer Mutter nach Wehen, die schon den dritten Tag andauern, ein Junge aus dem Leib geholt, vom Hausarzt, der muss den Kopf in die Zange nehmen und ziehen.

»Meine Mutter«, erinnert sich dieser Junge 71 Jahre später, »hatte große, aber leere Brüste. In der weiteren Verwandtschaft fand sich eine hochschwangere Frau, aus deren flacher Brust sich zwei Milchquellen überreich ergossen. Diesem glücklichen Umstand verdanke ich eine Amme, mit der ich mich bis zu ihrem Tod verbunden fühlte. Ihr Sohn war mein Milchbruder, eine biedermeierliche Institution. Wir saßen nebeneinander auf vielen Schulbänken.«

Der dies schreibt, ist viele Jahre lang der bedeutendste deutsche Theaterkritiker, Autor des berühmten Schauspielführers *Spielplan:* Georg Hensel (1923 bis 1996). Seine Lebensbilanz, ein großes »Buch von der Angst vor dem Tod und von der Sehnsucht nach Glück« (Marcel Reich-Ranicki), trägt den Titel *Glück gehabt* (1994).

Glück, das heißt hier: Er ist noch einmal davongekommen, mehr oder weniger zufällig. Und er hat emotionale Höhepunkte erlebt wie jenes »herzausweitende Glücksgefühl«, das ihn einmal durchrauscht, als er an einem Fallschirm hoch über der Bucht von Acapulco schwebt, über diesem »sinnverwirrend blauen Meer«, wo er die »Ur-Lust« empfindet, »von oben hinunterzuschauen«, von diesem extremen »Fluchtort im Unverbindlichen«. Fluchtort im Unverbindlichen: fast schon eine Definition des Glücksgefühls.

»Glück gehabt« ist für die Erinnerungen eines Deutschen, der auch von Hitlerjugend, Naziterror und Krieg erzählt, eine kühne Titelwahl. Hensel trifft sie in einer Zeit, deren Kulturklima noch beherrscht wird von der Empörung über der Deutschen »Unfähigkeit zu trauern«, entsprechend der 1967 publizierten, jahrelang eifrig zitierten Diagnose der Frankfurter Psychoanalytiker Alexander und Margarete Mitscherlich. Autoren dieser Jahre denken etwa so wie Hensels langjährige Nachbarin, die Schriftstellerin Gabriele Wohmann: »Fürs Schreiben ist Glück unergiebig.«

Das hat sich seitdem gründlich geändert. Warum und inwiefern, wird noch zu erörtern sein.

Georg Hensels Glücksbiografie ist ein besonders prägnantes Beispiel aus der Vergangenheit. Glücksgeschichten, die sich in jüngster Zeit zugetragen haben, unterscheiden sich von der Hensels vor allem durch eines: Sie sind selten der Not oder der Angst vor dem Kriegstod abgetrotzt, sie eignen sich kaum für das Motto »Wir sind noch einmal davongekommen«. Die meisten Glücksgeschichten von heute sind sozusagen saturiert – Glückserfahrungen, die in der Regel einem Leiden auf hohem zivilisatorischen Niveau entrissen werden.

Das Glück der Anerkennung

Es gibt so viele Glücksfälle, und sie fallen so unterschiedlich ins Leben, dass eine kompakte Definition unseres Schlüsselbegriffs kaum möglich zu sein scheint. Das Wort »Glück« benennt einen Fund, zugleich aber bezeichnet es etwas Gesuchtes, ist es ein Suchwort: Angel und Fisch in einem. Immerhin widerlegt die Vielzahl und Vielfalt der So-oder-so-Glücksgeschichten anschaulich den alten Verdacht, wer vom Glück rede, schüre bloß eine billige Illusion und bediene bestenfalls existenziellen Eskapismus, eine dem Menschen natürliche, aber verwerfliche Fluchtbewegung. »Glück«, das hatte viele Nachkriegsjahre lang den biederen Beigeschmack von Glücksfee und Glücksklee, Glücksstern und Glückskäfer, Glückstag und Glücksspiel, das war etwas für den schematischen Glückwunsch zum Fest. Bei Menschen mit intellektuellem Anspruch hatte das wackelige Wort kaum Kredit, denn es verfehlte grundsätzlich den Anspruch, irgendetwas Scharfsinniges, Realistisches, Kritisches und Verallgemeinerungsfähiges zu der Frage beitragen zu können, was aufgeklärte Zeitgenossen vom Leben überhaupt wollen – und was sie wollen sollten, damit ihr Leben sinnvoll ist und einigermaßen »gut läuft«. Die vermeintlich naive Rede vom Glück überließ man vermeintlich schlichten Leuten, einem Außenseiter wie dem Schriftsteller Ludwig Marcuse oder Kalendern und Postkarten mit Herzchen drauf.

Gegen all dies muss gesagt werden: Wir sollten Respekt vor dem Glück haben – vor dem Thema und dem guten, alten

Wort. Es hängen so viele Geschichten daran, so viele Aspekte, so viele Ideen und Fragen, um die es schade wäre, folgten wir den Verächtern der Glücksphilosophie, zu denen ja nicht nur der wunderbare Pessimist Arthur Schopenhauer gehört.

Wir werfen die Angel einfach mal aus: Bei einer dieser realen Glücksgeschichten, die wir erzählen können, geht es um die Besten der Besten. Nicht die viel beschworene neue Elite, sondern Hübscheres: Pferde, jene mythenumrankten Vierbeiner, die seit knapp 5000 Jahren dem Menschen dienen und auf ihre Weise zu seinem Glück beitragen – der altgriechische Sonnengott Helios fährt vierspännig über den Himmel, in anderen Kulturen gilt eine Stute als Amme des Menschen, Pferde tragen oft die Seelen Verstorbener in sich, viele stolze Rösser wurden ihren herrschaftlichen Besitzern mit ins Grab gegeben, weil sie innig mit ihnen verbunden waren und ihnen noch im Jenseits als Reittiere zur Verfügung stehen sollten.

Noch heute gilt ein elegantes, temperamentvolles, gut gebautes, artgerecht ausgebildetes und verlässliches Reitpferd als wertvolles Kulturgut, dem ein wohl aus dem Arabischen stammender Spruch mit dem Reim huldigt: »Das Glück dieser Erde liegt auf dem Rücken der Pferde« (Tierfreunde variieren ihn etwas bösartig: »Das größte Glück der Pferde ist der Reiter auf der Erde«). Ein besonderes Glücksspiel für Käufer und Verkäufer von Pferden sind die regelmäßigen Auktionen aus jener Zucht, deren Individuen weltweit begehrter sind als deutscher Elitenachwuchs: Hannoveraner.

Unter der Obhut des Hannoveraner Verbands werden jedes Jahr rund 1500 – zuvor getestete – Reitpferde versteigert, die meisten in der niedersächsischen Kleinstadt Verden an der Aller. Zwei der vier großen Auktionen, die dort jährlich stattfinden, tragen die Vorsilbe »Elite«, weil eine Expertenkommission dafür nach besonders strengen Kriterien jeweils gut hundert Pferde auswählt – aus mindestens doppelt so vielen, die ihnen von Züchtern angeboten werden.

An einem Spätnachmittag im Oktober 2007 galoppieren die Preise so lustig davon wie lange nicht. In der schwülen, bis auf den letzten der rund 4000 Plätze besetzten Halle bietet der Auktionator, ein silberhaariger Endfünfziger mit der durchdringenden Stimme eines Nachtclubanimateurs, ein edles Ross nach dem anderen feil. Nach jedem Gebot derselbe Verführertrick, dieselbe Litanei: »Zum Ersten … zum Zweiten … zum Dritten«. Wenn keiner, auch nicht ein Amerikaner, mehr bietet, folgt das schicksalhafte »zum letzten … zum aller-, aller- … allerletzten … Mal«. Der Hammer fällt: »Verkauft«. In den Applaus mischen sich Pfiffe, hier ein »Ah«, dort ein »Oh«. Und schon trabt das nächste Pferd in die Bahn und wird von einem professionellen Auktionsreiter in den Grundgangarten Schritt, Trab und Galopp kurz vorgeführt.

Aber diesmal gibt es eine Verzögerung. Der Auktionator wartet ein bisschen. Denn der Züchter der soeben versteigerten, fünfjährigen Fuchsstute (»toller Schritt«), der kleine 62-jährige Reinhold H., tanzt und hüpft, während im Hintergrund ein Extratusch eingespielt wird, mit hochrotem Kopf am Rand der Arena hin und her, als habe ihm seine Angebetete gerade das Jawort gegeben. Er umarmt Freunde, greift nach dem Sektglas, jubelt und ruft mehrfach: »Das ist der glücklichste Augenblick meines Lebens.«

Sein Dressurpferd, von der Zuchtlinie her ein klarer Außenseiter, hat mit einer Preissumme von 400 000 Euro die Goldmedaille dieser Veranstaltung gewonnen. So teuer wechselt hier nur alle paar Jahre mal ein Vierbeiner den Besitzer. Es ist der Spitzenpreis dieser Auktion; der höchste Gewinn, der bei der darauf folgenden Eliteauktion im März 2008 erzielt wird, beträgt wenig mehr als die Hälfte.

Der Glücksschrei des Züchters galt gewiss nicht nur dem ordentlichen Geldbatzen, der mit der Auszeichnung einhergeht. Er ist schließlich kein armer Bauer, für den 400 000 Euro einem Lottogewinn gleichkommen, sondern ein wohlhabender Bürger, der nur im Nebenberuf Pferde züchtet. Sein spontaner Ausruf gilt vor allem dem überraschenden Triumph seines vierbeinigen Schützlings, dem Zugewinn an Beachtung in diesem Gewerbe (das den Seiteneinsteiger gern belächelt), dem unerwarteten Lohn für jahrelange Mühsal und Tüftelei, dem Erfolg einer von den Experten kaum empfohlenen Kombination einer bestimmten Hengstlinie mit einer bestimmten Stutenfamilie. »Na, was sagt ihr jetzt?!« Das Glück des trotzigen Außenseiters.

Die meisten Pferdezüchter auf dem Land sind schon froh, wenn die vier- bis sechsjährigen Dressur- oder Springpferde, die sie großgezogen und ausgebildet haben, bei der Verdener Eliteauktion überhaupt akzeptiert werden, und in der Regel zufrieden, wenn sie dann Preise zwischen 15 000 und 60 000 Euro erzielen. Oft wechseln die Pferde für sehr viel weniger den Besitzer, und die frustrierten Züchter fahren mit null Gewinn nach Hause. 400 000 Euro dagegen sind nicht nur viel Geld, sondern auch ein Mehrwert an Prestige und Ruhm, der in diesem Fall über Europas Grenzen hinausreicht: Die Käufer waren US-Amerikaner.

Woraus besteht in diesem Beispiel also das Glück? Aus dem materiellen Gewinn einerseits, vor allem aber aus der Anerkennung einer über Jahre hinweg erbrachten Leistung, die dem Anerkannten ein bestimmtes Ansehen in einer professionellen Gruppe beschert – sie hat ihn bisher nicht übermäßig ernst genommen. Diese Anerkennung sichert Zugehörigkeit und schützt vor jener Einsamkeit, die jeden Menschen – und jedes Menschen Glückschance – bedroht. Zugleich aber, und das ist entscheidend, zielt die Anerkennung hier nicht bloß auf Äußerliches, auf irgendeinen Besitz, den der Anerkannte den anderen voraushat, sondern auf das, was er ist; auf seine Kennerschaft, seine Leidenschaft, sein Können als Züchter, auf einen Vorzug, der durchaus zu seiner existenziellen Selbsteinschätzung beiträgt. Diese Anerkennung hinterlässt mithin etwas Bleibendes im Anerkannten, während Anerkennung für irgendeinen beneidenswerten Besitz in dem Moment schal wird, in dem der Besitzer das entsprechende Gut verliert. Auch das emphatische Glücksgefühl, das den beglückten Pferdezüchter einige Augenblicke lang so hinriss, gehört zu diesem Glück, aber es ist nicht dessen eigentliche Substanz.

Um die unerwartete Anerkennung einer Leistung dreht sich auch die folgende Glücksgeschichte: Der dreißigjährige Mannheimer Hochschulassistent Richard M. will an einem Donnerstagabend – der Tag war schwül, die Woche anstrengend, die Studenten waren unaufmerksam – endlich nach Hause fahren. In der Tiefgarage unter dem Institutsgebäude gleitet ihm der Autoschlüssel gleich zweimal aus der Hand, er ist genervt und müde, niemand würdigt, so scheint es ihm, seine besondere pädagogische Bemühung, das Informatikseminar so lebendig und verständlich wie nur möglich abzuhalten.

Plötzlich, er will sich gerade hinter das Steuer schieben, jault das Handy. Es ist ein sehr kurzes Gespräch – das Gespräch seines Lebens:»Wir wollten Ihnen nur mitteilen, dass die Professorenstelle, für die Sie sich beworben haben, an Sie vergeben wurde.« Die trocken schnarrende, bemüht sachlich klingende Stimme einer nicht mehr ganz jungen Dame der Universitätsverwaltung bringt noch ein knappes »Glückwunsch« zustande und fragt, ob es irgendwelche organisatorischen Fragen gebe, er müsse nun wohl von Mannheim nach Greifswald umziehen (»frische Seeluft«).

Es gab erst einmal keine weiteren Fragen. Aus dem Abstand von ein paar Jahren erzählte er:»Ich konnte mich nicht bewegen, meine Glieder waren taub, ich stand unter Schock, nur ganz allmählich strömte das Blut, das Gefühl in meinen Körper zurück. Ich stand reglos im Neonlicht der muffig riechenden Garage und reiste in Gedanken weit zurück in meine Kindheit. Damals rieten Grundschullehrer meinen

Eltern, mich auf die Hauptschule zu schicken. Der Junge sei sonst überfordert, hieß es.

Auch wilde Hausaufgabenkämpfe mit meinem Vater kamen mir in den Sinn: Einmal rannte er brüllend und rot vor Wut mit dem Lateinbuch hinter mir her, die Nachbarn klopften erbost gegen die Wand. Später, während meines Studiums, coachte er mich fast täglich am Telefon. Aber nach dem Examen liefen meine Bewerbungen zunächst ins Leere, die Professorenstelle, von der ich träumte, schien längst in weite Ferne gerückt.

Doch jetzt, nach dem Anruf, war alles anders; ich erkannte: All das Kämpfen mit mir selber und gegen andere hatte sich tatsächlich gelohnt. Ein einziger Glückseligkeitsschauer rann mir über den Rücken, alles schien plötzlich zusammenzupassen, wie ein kosmisches Quiz, dessen Regeln man für einen winzigen Moment durchschauen darf. Ich wusste nun: Ich, diese schwierige, störrische Person, hatte all diese Hindernisse und Mühen überstehen müssen, hatte mir dieses Glück, das mir heute widerfahren war, verdienen müssen, um es entsprechend würdigen zu können.«

Für den Informatiker Richard M. hat sich damit, wie er sagt, sein »Leben entscheidend verändert«. Worin bestand das Glück, das er angesichts der Professorenstelle empfand? Gerade nicht in dem besseren, nun endlich gesicherten Einkommen, das Frau und Kind gewiss beruhigte. Sondern darin, dass er seit damals ein anderes Verhältnis zu sich selbst gefunden hatte. Die »große, unerwartete Anerkennung« habe ihm unendlich gutgetan, diese triumphale Krönung einer oft frustrierenden Laufbahn, auf der er nur in Trippelschritten voranzukommen schien. Wenn er nur an die vielen netten Wegbegleiter zurückdenke, die regelmäßig an seiner Kompetenz gezweifelt hatten – und jetzt: Er, ausgerechnet er war einer der jüngsten Universitätsprofessoren Deutschlands geworden.

In der Tat ist der Kampf um Anerkennung, wenn er erfolgreich ausgeht, für den Menschen eine der ergiebigsten Quellen des Glücks; und gleichzeitig kann er, wird er vergeblich gekämpft, zu einem der bösesten Hindernisse auf dem Weg zum Glück werden. Solange die Anerkennung durch Mitmenschen fehlt, vermögen nicht einmal Geld und Luxus, die landläufig als Glücksfaktoren gelten, einen Menschen glücklich zu machen.

Jener legendäre Arbeitslose, genannt »Lotto-Lothar«, der 1994 – zusammen mit seinem Bruder – den mit 7,8 Millionen Mark gefüllten Lotto-Jackpot gewann und sich sogleich mehrere Pferde und einen luxuriösen Sportwagen zulegte, wurde nicht glücklich; er betrank sich pausenlos, überwarf sich mit seiner Frau und starb fünf Jahre nach dem Lottogewinn an einer Leberzirrhose. Vermutlich war es die Anerkennung einer beruflichen Leistung an einem einigermaßen gerecht besoldeten Arbeitsplatz, das Gefühl, wirklich irgendwo gebraucht zu werden und darum geschätzt zu sein, was ihm fehlte. Plötzlich war er – ohne eigenes Zutun – beliebt, konnte sich aber kaum selbst lieben. Selbsteinschätzung und Fremdeinschätzung waren nicht in der Balance. Und so verlor er den Halt.

Obwohl der Philosoph Georg Wilhelm Friedrich Hegel (1770 bis 1831) geschrieben hat: »Die Weltgeschichte ist nicht der Boden des Glücks«, hat er sich in einem Gedankenexperiment die erste Begegnung zwischen zwei Menschen – gewissermaßen als Urszene der Gesellschaft – als »Kampf auf Leben und Tod« um Anerkennung, also um ein Glücksmotiv, ausgemalt. »Anerkennung« meint dabei nicht den bloßen Applaus der Außenwelt, der jeder ernsthaften, stoisch stolzen Existenz gleichgültig sein kann. Der Begriff »Anerkennung« zielt hier auf eine existenzielle Bejahung des Selbst, nicht auf den flüchtigen Ruhm dessen, der im täglichen Wettstreit um die Münze Aufmerksamkeit siegt. Selbstanerkennung, vertieft zu einer das jeweils Eigene bejahenden Selbstfindung, ist stets auch Abgrenzung vom »Anderen«, vom anderen Selbst wie vom dinghaften Nicht-Selbst. Echte Selbständigkeit des Geistes erfordert das »Tun des Anderen«, letztlich den »Tod des Anderen«, wie Hegel in der *Phänomenologie des Geistes* (1807), im Kapitel über »Herrschaft und Knechtschaft« zuspitzt.

Zunächst wird damit der geistige Prozess beschrieben, in dem das Selbstbewusstsein sich selbst gegenübertritt und dieses zweite Selbst dann als fremdes »negiert«, weil es in Wahrheit ja das eigene ist. Aber gewiss zielt der Denker damit zugleich auf das Urverhältnis zwischen zwei Individuen mit Selbstbewusstsein. Das Individuum muss sein Leben gegen das des anderen »wagen« und sich in diesem »Kampf« »bewähren«, sonst bleibt seine Freiheit »abstrakt«. Eine Freiheit, die nicht von anderen Freien aufgrund einer konkreten Auseinandersetzung anerkannt wird und diese anderen Freien auch selbst als Freie respektiert, ist nicht »lebendig«; ohne die so verstandene, wechselseitige Anerkennung der verschiedenen Freien gibt es keine Freiheit, kein wirklich selbstbewusstes Ich, keine Selbstverwirklichung – kein Glück.

Das gesellschaftliche Gegenbild dazu ist das Verhältnis zwischen dem Führer und den Massen, die ihm auf Befehl zujubeln – alles andere als ein Glücksbild.

Auch Hegel weiß: Anerkennung allein macht nicht glücklich. Denn Selbstbewusstsein heißt ja erst einmal: Das Bewusstsein ist »in sich entzweit«, also strukturell »unglücklich«, wie Hegel sagt. Der Grund: Das Ich weiß sich spontan zugleich als einfaches Ich-Wesen, das unwandelbar, mit sich selbst identisch ist, und als wandelbares, vielfach beeinflussbares, insofern unwesentliches Ich, das unter wechselnden Umständen »in die Existenz« tritt und erst wesentlich, das heißt: konstant mit sich eins zu werden versucht. Das sind zwei »Ichs« mit Selbstbewusstsein! Eines »schaut in ein anderes«: das Unwandelbar-Unmittelbare in das Werdende und Strebende.

Das so vom Anfang her entzweite Bewusstsein in eine lebenssatte Einheit hinüberzuführen, das wankelmütige Ich in ein konstantes Ich einzufahren wie die Ernte in die Scheune – das wäre das wahre Glück des Geistes. Es erscheint uns als sehr fernes Philosophenglück, nicht illusionär, doch schwer erreichbar. Auf jedermanns Leben ist davon gleichwohl die Lehre anwendbar: Dem wie auch immer Anerkannten verschafft die Anerkennung kein Glück, wenn er mit sich selbst überwiegend »entzweit« ist, im Streit liegt. Wenn er das, was er von Tag zu Tag tut, mit dem, was er dauerhaft will, in keiner Weise versöhnen kann; wenn er sich selbst nicht wirklich anerkennen kann sowie wenn er diejenigen, die ihn bejahen, gar nicht schätzt – das Grundproblem des Tyrannen, der die, die ihn aus Not anerkennen, nicht anerkennen kann, weil sie zu dem, was sie ihm entgegenbringen, gezwungen wurden. Und wenn einer bei allem sozialen Erfolg begründete Angst hat, unter seinen Möglichkeiten zu bleiben oder schon morgen tief zu fallen, ist das Glück der Anerkennung bereits brüchig. In diesem Fall sabotiert die skeptische Selbsteinschätzung die Zustimmung der Umwelt, so groß sie auch sein mag.

Geld ist (k)ein Glück

Die Frage zu beantworten, was das Glück eigentlich sei, ist nicht zuletzt darum so schwierig, weil dabei nach etwas halbwegs Objektivem in einem extrem subjektiven Gefühlsbiotop gesucht wird; weil zumal das Urteil über ein geglücktes Leben erst von dessen Ende her, und definitiv auch nur von einem Standpunkt außerhalb dieses Lebens, gefällt werden kann; andererseits komplett in die Zuständigkeit der Innerlichkeit jenes Einzelnen gehört, um den es geht. Eine eigentlich unmögliche Urteilssituation.

Schon die alten Griechen, so zum Beispiel Aristoteles, wussten: Das einzelne Leben kann im Rückblick nicht als gelungen erscheinen, wenn sein Ende die Angehörigen und Freunde ins Unglück gestoßen hat. Etwa durch hinterlassene Schulden oder schmutzige Geheimnisse, die erst durch den Tod offenbar geworden sind. So gilt auch eine Königsherrschaft als nicht geglückt, wenn die Politik, die der Monarch bis dahin verfolgt hat, das Land nach seinem Tod in die Katastrophe führte.

Die Antwort auf die Frage nach dem wahren Glück fällt vor allem deshalb schwer, weil es so einfach zu sein scheint, sie zu geben. Die meisten glauben an den sprichwörtlichen Satz: Geld macht nicht glücklich. Der Physiker Albert Einstein sagt:»Die besten Dinge im Leben sind nicht die, die man für Geld bekommt.« Das stimmt. So mancher Geldsack ist innerlich hohl und unerfüllt, Geld sichert zwar die materielle Existenz und macht unter Umständen zufrieden, kann aber zu der Frage nach dem Sinn dieser zufriedenen Existenz wenig beitragen. Andererseits kann Geld durchaus glücklich machen, auch wenn man nicht so weit gehen muss wie der US-Komiker Danny Kaye, der meinte: »Geld allein macht nicht glücklich. Es gehören auch noch Aktien, Gold und Grundstücke dazu.«

Erst kürzlich haben zwei angesehene Wirtschaftswissenschaftler von der US-Universität in Pennsylvania, Betsey Stevenson und Justin Wolfers, eine Studie abgeschlossen, in der sie über einen längeren Zeitraum hinweg die Aussagen armer und reicher Menschen verschiedener Länder gesammelt und ausgewertet haben. Sie kommen zu dem Ergebnis, dass trotz kulturbedingt unterschiedlicher Einschätzungen des Glücks die Leute fast überall auf der Welt glauben, sie würden glücklicher, wenn das durchschnittliche Einkommen um drei Prozent steige, egal wie arm oder reich das jeweilige Land absolut gesehen sei; und sie behaupten, mehr Geld mache selbst den zufriedener, der schon genug davon habe.

Lange Zeit galt das Gegenteil: US-Forscher hielten über Jahre hinweg an der Meinung fest, Glück hänge zwar vor allem vom wirtschaftlichen Erfolg des Einzelnen ab, die Untergrenze liege bei einem Jahreseinkommen von ungefähr 80 000 Dollar – wer weniger verdiene, sei eher unzufrieden, wer hingegen mehr verdiene, nicht deutlich glücklicher. Sei jedoch erst einmal eine gewisse Schwelle des Wohlstands überschritten, so glaubte man nicht zuletzt infolge einer Analyse des japanischen Wirtschaftswunders, verfliege jene Glück bringende Wirkung des Geldes, die in ärmeren Nationen eindeutig zu beobachten ist.

Die neue, 2008 bekannt gewordene Studie aus Pennsylvania besagt nun: Geld ist zwar nicht alles, aber genauso wenig gibt es einen Sättigungspunkt, von dem an finanzieller Zugewinn den Profiteur kalt lässt.

Die grenzenlose Gier mancher Topmanager, die im Winter 2008/2009 als eine der Ursachen für eine der größten Finanzkrisen der Geldgeschichte – ein weltweites Massenunglück – benannt und beklagt wurde: Hier wird sie als zweckfreier Lustgewinn wissenschaftlich aktenkundig. Gerade dieser Lustgewinn kann auch den einzelnen Menschen ins Unglück stürzen.

Im Januar 2009 warf sich einer der Großindustriellen Deutschlands vor einen Zug: Adolf Merckle, der 74 Jahre alte schwäbische Chef von Firmen wie Ratiopharm, Kässbohrer und HeidelbergCement. Der Herr über rund 120 Unternehmen, der mit einem Vermögen von zehn Milliarden Dollar im Jahr 2008 Platz 94 der reichsten Menschen der Welt einnahm (laut US-Magazin *Forbes*), hatte sich katastrophal an der Börse verspekuliert: Um die hohen Schulden, die er zu und nach der Übernahme von HeidelbergCement angehäuft hatte, ohne zusätzliche Kredite bedienen zu können, hatte er zu viel Geld auf fallende VW-Aktienkurse gesetzt, die dann aber permanent stiegen. Merckle hätte auch ohne den Zukauf jener Baustofffirma ausgesorgt gehabt: Waldbesitz, das Schloss Hohen Luckow, ein eigener Skilift im Kleinwalsertal und vieles andere bezeugen satten Wohlstand, den ein wenig zu reduzieren gewiss möglich gewesen wäre, ohne den Status des erfolgreichen Unternehmers einzubüßen. Aber das Glück, um das es in diesem Fall geht, spielt in einer anderen Liga.

Der Journalist Rainer Hank schrieb – im Wirtschaftsteil der *Frankfurter Allgemeinen Sonntagszeitung* vom 11. Januar 2009 – zur spektakulären Selbsttötung des Blaubeurer Milliardärs: Merckle sei »ein Abenteurer« gewesen, vergleichbar den »großen amerikanischen Unternehmern der zwanziger Jahre des letzten Jahrhunderts«. Zudem »ein Spieler, einer, der als Unternehmer, Spekulant und Schuldner immer voll auf das Risiko setzte … ›Thrill‹ nennt der Soziologe Urs Stäheli das den Spekulanten begleitende Glücksgefühl, ein schwer übersetzbares Wort, welches eine Art Nervenkitzel, einen Kick meint, der die Emotionen hochfährt und das Gemüt in Spannung und

Wallung versetzt. Es geht nicht nur um die Vorwegnahme des großen finanziellen Glücks, das man zu erlangen hofft: Es geht vielmehr um den Genuss jenes magischen Moments, in dem man nicht weiß, was die Zukunft bringen wird. Der Reiz des Risikos treibt uns in eine ambivalente Situation, einen außergewöhnlichen Zustand der Angstlust. Der Thrill des Spekulanten kommt einer Art Rauschzustand gleich; kein Wunder, dass Glücksspiele süchtig machen können.«

Ein Spiel – die Bankwette auf fallende VW-Aktienkurse – war es schließlich, das den Zocker Merckle erst faszinierte, dann aber zu Fall brachte. Der Glücksfaktor Geld ist also keine nüchterne Summe aus Aufwand und Rendite, sondern letztlich so irrational wie die Sentimentalität eines Liebespaars bei Vollmond.

Im angelsächsischen Raum gehört das Nachdenken über den Zusammenhang von Geld, Wohlstand und Glück zum Alltagsgeschäft, hängt doch nicht zuletzt davon die Akzeptanz der Marktwirtschaft ab. Der englische Philosoph John Locke konstatierte schon 1689, also 87 Jahre vor der amerikanischen Unabhängigkeitserklärung – die das »Streben nach Glück« (*the pursuit of happiness*) ausdrücklich als humanes Grundrecht fixiert:»Die höchste Vollkommenheit einer vernunftbegabten Natur besteht in dem unermüdlichen Streben nach wahrem und dauerndem Glück.« Materieller Erfolg bedeutete gewiss auch für Locke eine Menge Glück. Leider ist es nie von Dauer.

Was meint also »wahr« und »dauernd« in Bezug auf Glück? Zunächst einmal ist klar: Glück, egal welches, will andauern. Auch weil ein Glücklicher, der jeden Augenblick das jähe Ende dieses angenehmen Zustands gewärtigen muss, sein Glück gar nicht recht genießen kann – aus Sorge um den Zeitpunkt dieses Endes. »Wahres«, weil »dauerndes« Glück – worin besteht es?

Definitorisches: Allerlei Glück

Glück ist, wenn … Nach diesem Muster funktionieren die meisten Glücksbefragungen, entsprechend geht die Zahl der Antwortvarianten gegen unendlich. Schon der römische Grammatiker und Agrartheoretiker Marcus Terentius Varro zählte im 1. Jahrhundert v. Chr. nicht weniger als 288 Glücksdefinitionen. Heute können wir diese Zahl getrost mit tausend multiplizieren – wenn das denn reicht.

Der Germanist Helmut Kreuzer (1927 bis 2004) veröffentlichte 1983 in der Jubiläumsnummer zum fünfzigsten Erscheinungsjahr der *Zeitschrift für Literaturwissenschaft und Linguistik*, die dem Thema Glück gewidmet war, den Aufsatz »Vom Glück und Unglück auf den Flügeln der Wörter«. Darin wird der erst spät in der Nachkriegszeit einsetzende Höhenflug dieses speziell von der Philosophie grimmig verdrängten Themas geistvoll und wortreich beschrieben, noch bevor er überhaupt stattgefunden hat (siehe dazu Seite 40 ff.).

»In Symposien wie in Sachbüchern und Ratgebern«, so Kreuzer, seien alte Lebenskunst-»Stichworte«, von Epikur bis Russell, »wieder aufgetaucht: das Für und Wider über das große, das private und das allgemeine, das subjektive und objektive Glück; das Glück des Habens und des Seins, Glück als *luck* und *happiness*, als Ereignis, Zustand und Moment; das Glück als Tugend und mystisches Schauen, als Kindes-, Liebes-, Forscher- und Durchschnittsglück; das Glück im Streben, im sinnlichen Genuss, in Wunscherfüllung und Wunschverzicht, in Bedürfnisbefriedigung und Selbstverwirklichung; das Glück in Rausch, Wahn, Spiel und Erinnerung; das Lebensglück und das Glück des Lebens; die Paradoxien des Glücks, das sich uns entzieht, je direkter wir es intendieren, das uns ungesucht ... zuteil werden kann oder dessen wir nicht mehr zu bedürfen glauben, wenn wir sogar im Unglück einen Sinn erfahren haben.« Kreuzer presst sozusagen ein ganzes Glücksland auf einen Quadratmeter zusammen. Der Effekt dieses Gewimmels von Definitionen auf engstem Raum kann nur grotesk sein – und damit die ganze Branche der Glücksdenker lächerlich machen. Es erweckt einen falschen Eindruck, obwohl nichts von dem, was Kreuzer anführt, verkehrt ist. Es verführt den Leser, das Ganze für unsinnig zu halten, weil es so vielfältig und in sich widersprüchlich erscheint. Doch das Gegenteil ist wahr: Gerade die bunte Vielfalt der Glücksreflexionen spiegelt die Komplexität der Sache. Nur in dieser Vielfalt wird die Glücksreflexion dem Leben gerecht, während alle Ratgeber über den vermeintlich einen, wahren Weg zum Glück nur Ausschnitte der Wirklichkeit treffen – und desto lächerlicher sind, je feierlicher sie die exklusive Wahrheit ihrer Vorschläge betonen.

Die wundersame Vermehrung der Ratgeberliteratur ist einfach zu erklären: Sie hilft nicht wirklich. Und weil der eine Ratgeber nichts taugt, wird der nächste konsultiert. Diese Bücher müssen nämlich auf jene zehn bis zwanzig Prozent im Verhaltensrepertoire des Menschen hoffen, die überhaupt für Veränderungen in Frage kommen – der Rest ist änderungsresistent. Bei ihm setzen sich trotz aller guten Vorsätze, ein »neues Leben« zu beginnen, kurze Zeit nach der aufrüttelnden Ratgeberlektüre die alten Gewohnheiten wieder durch, wie der Bremer Verhaltensphysiologe und Hirnforscher Gerhard Roth, Autor des Buches *Fühlen denken handeln* (2001), festgestellt hat.

Da kann ein weiterer Blick auf das reale Volksgemurmel in Sachen Glück nicht schaden: Die Münchner Ethnologin

Annegret Braun, Jahrgang 1962, hat 2007 im Rahmen eines Seminars über »Glücksuche und Glückserleben im Alltag« an der Ludwig-Maximilians-Universität ihre Studenten 713 Interviews führen lassen, um so reale Glücksgeschichten zu sammeln. Befragt wurden, überall in der Stadt, Leute verschiedener Altersgruppen, Berufe und Nationalitäten. Die typischen Antworten bezogen sich auf Erfahrungen wie: die überraschende Ehrlichkeit eines Unbekannten, eine laue Nacht im Frühjahr, der erste Urlaub am Meer, ein Heiratsantrag, die Gefühlsaufwallung beim Wiedersehen mit dem vertrauten Haustier, die plötzliche Erinnerung an den Großvater, die Euphorie beim Hören bestimmter Klänge.

Eine improvisierte Befragung von jungen Leuten, meist Studenten und Schülern, durchgeführt in Hamburg und München im Januar 2009, ergänzt dieses Bild um typische Nuancen:

Die Vorgabe »Das letzte Mal war ich so richtig glücklich…« ergänzten die Befragten folgendermaßen:

■ Alexander, 21, Assistent in einer Agentur für Public Relations: »…als ich im Schnee auf einem Berg in St. Moritz spazierenging. Die Sonne schien wohlig warm, es war traumhaft. Ich bin mit einem sehr lieben Menschen dort gewesen, aber ich glaube, ich hätte auch allein glücklich sein können.«

■ Gracia, 21, Studentin für Medienkommunikation: »…als ich meinen süßen kleinen Hund, einen West Highland White Terrier, gesehen habe. Seit dem Tag, an dem ich ihn gekauft habe, habe ich eine ganz starke Bindung zu ihm.«

■ Stanley, 24, Journalistikstudent und Kellner: »…als ich in der Bar, in der ich sonst als Kellner arbeite, Schallplatten auflegen durfte. Das Sortieren und Bereitstellen der Platten, die ich später auf dem Plattenspieler mische, bedeutet für mich Entspannung pur. Ich bin dann mit den Gedanken nirgendwo anders als bei meiner Musik. Es gibt keine andere Tätigkeit, bei der ich derart konzentriert und klar im Kopf bin.«

■ Kaja, 20, Studentin der Wirtschaftspsychologie:»...als ich einen ganzen Tag frei hatte, um zu tun und zu lassen, was ich wollte.«

■ Mara, 20, Studentin der Psychologie:»...als ich unsere Wohnung geputzt und mein Bett neu bezogen hatte. Ich liebe es, wenn alles in meiner Umgebung frisch und ordentlich ist. Ich habe dann das Gefühl, auch mehr Ordnung in mein Leben gebracht zu haben.«

■ Nicolas, 21, Student der Betriebswirtschaft:»...als es geschneit hatte. Schnee erinnert mich daran, wie glücklich er mich als Kind gemacht hat, an ein Gefühl von Sorglosigkeit und Unbeschwertheit.«

■ Matthias, 25, Wirtschaftsingenieur:»...als ich nachts in einem Auto betrunken ein hübsches Mädchen geküsst habe.«

■ Hannah, 20, Abiturientin:»...als ich mein Pony besucht habe, in seiner Nähe fühle ich mich immer noch wie ein Kind.«

■ Olja, 23, Anglistikstudentin:»... als ich Volleyball gespielt habe. Bewegung macht mich immer glücklich.«

■ Rabia, 11, Schülerin:»...als ich beim Tennisspiel einen Pokal gewonnen habe.«

■ Anna, 32, Sachbuchlektorin:»...als mein Vater seinen sechzigsten Geburtstag feierte. Mitten im nebligen November schenkt uns der Himmel plötzlich einen Tag mit glasklarer Luft, Sonnenschein und einem unvergesslichen Erlebnis. Mein Vater und ich, sonst eher in der Ratio beheimatet, hacken mit seiner neuen Spalt-Axt einen Ster Holz. Den ganzen Nachmittag lang, in trauter Zweisamkeit, ohne viele Worte, mit blindem Verstehen. Am Abend, als wir erschöpft und zufrieden zusammensitzen, erfüllt mich ein Gefühlsgemisch, das ich noch aus Kindheitstagen kenne: ausgetobt, gesättigt von Sauerstoff, Tageslicht und gemeinsamer Betätigung, im Reinen mit mir und der Welt.«

- Masoothiny, 16, Schülerin: »...als ich im Urlaub in Indien war und auf einem Elefanten geritten bin.«
- Natalia, 14, Schülerin: »...als ich in Betriebswirtschaftsrecht eine Zwei geschrieben habe.«

Charakteristische Glücksmotive sind demnach Schnee in den Bergen, Sonne, die Begegnung mit Tieren, Konzentration auf Musik, freie Zeit, häusliche Ordnung, Erinnerung an die sorglose Kindheit, ein Kuss im Rausch, sportliche Bewegung, körperliche Anstrengung am Wochenende, Besuch bei den Eltern, sportlicher oder schulischer Erfolg, eine Fernreise.

Was Prominente über ihre Glücksmomente sagen, ist nicht allzu weit entfernt von solchen schlichten, aber lebensechten und auf jeweils andere Weise anrührenden Bekenntnissen. Ihre Aussagen erscheinen aber viel berechenbarer als die der Nobodys: Das Hamburger Ballettgenie John Neumeier, Jahrgang 1943, gesteht: »Tanzende Schüler, das ist Glück.«

Der Literaturkritiker Marcel Reich-Ranicki, Jahrgang 1920, hat 1999 unter dem Titel *Mein Leben* seine Autobiografie veröffentlicht, ein ergreifendes Buch. Es erzählt ruhig und eingehend den Weg des Marcel Reich, wie er sich lange nannte, von der Berliner Jugend über die Zeit im Warschauer Ghetto bis hin zur Rettung vor den NS-Schergen und zu den Erfolgen als Literaturkritiker bei der *Frankfurter Allgemeinen Zeitung* und im Fernsehen. Das Buch führte wochenlang die Bestsellerlisten an und wurde 2008 fürs Fernsehen verfilmt. Auf die Frage, ob er angesichts dieser Karriere glücklich sei, antwortete mir Marcel Reich-Ranicki: »Deklarationen«, ob er glücklich sei oder nicht, habe er »nicht gern«. Aber dann: »Glücklich bin ich schon aus einem einzigen Grund nicht – die Nazis haben meine Eltern und meinen Bruder umgebracht, mich und meine Frau haben sie gejagt, das alles verhinderte, dass ich im Leben danach noch einmal glücklich sein konnte.« Natürlich freue er sich über den Erfolg und die gelungene Verfilmung seiner Autobiografie, er sei auch

»zufrieden«, wenn er Goethe, Thomas Mann oder Dostojewski lese; und zuweilen sogar »sehr zufrieden«, wenn er Musik von Mozart und Beethoven höre. Auch beim Anblick schöner Bilder? »Bilder«, so Reich-Ranicki, »helfen mir nicht, sie interessieren mich immer nur für kurze Augenblicke.«

Das hübsche niederländische Model Sylvie van der Vaart, Jahrgang 1978, sagt, sie sei dann am glücklichsten, »wenn ich morgens in das Zimmer meines Sohnes Damian komme und er mich anlächelt«, nicht, wenn ihr Mann, der Fußballstar Rafael van der Vaart, ein Tor schieße.

Der Fernsehkomödiant und Bestsellerautor Hape Kerkeling, Jahrgang 1964, antwortet auf die Frage, ob das Lachen, zu dem er seine Zuschauer bringt, etwas mit Glück zu tun habe: »Absolut. Lachen ist wie spirituelles Niesen. Beim Hatschi ist man eine Sekunde lang im Paradies. Lachen ist gefressenes Glück«. Im Übrigen sei wichtig: »Man muss so sein, wie man im Innersten wirklich ist – authentisch.«

Die amerikanische Schauspielerin und Oscar-Preisträgerin Angelina Jolie, Jahrgang 1975, gibt ihm in dieser Hinsicht recht. Anlässlich der Deutschland-Premiere des Films »Der fremde Sohn«, in dem sie die weibliche Hauptrolle spielt, verrät sie dem SPIEGEL (12.1.2009), der sie auf ihre Schönheit, den begehrten Ehemann Brad Pitt, die sechs Kinder und ihren Wohlstand angesprochen hat: »Ich bin eine sehr glückliche Frau. Man sagt, Glück ist, wenn Vorbereitung auf Gelegenheit trifft. Ich glaube, dass dieser Satz stimmt. Ich arbeite als Schauspielerin, seit ich 14 Jahre alt war. Ich hatte diverse Fehlschläge, ich bin zweimal geschieden. Aber ich bin mir selbst immer treu geblieben, und deshalb bin ich mit mir im Einklang. Man muss nicht Erfolg im konventionellen Sinn haben, um glücklich zu sein, sondern man muss bei sich selbst bleiben.« Es sei nicht so, »dass Ruhm mir nichts bedeutet«, fügt sie hinzu – aber es gebe einen Punkt, an dem man »langsam merkt, dass es genug ist«.

Angelina Jolie stammt aus einer Schauspielerfamilie. Auch die deutsche Schauspielerin Alexandra Maria Lara, Jahrgang 1978, kommt aus diesem Milieu. Sie wurde besonders von ihrem Vater gefördert, der in Bukarest ein Theater geleitet hat, bevor die Familie nach Deutschland ging. Lara, die einem größeren Publikum durch ihre Darstellung von Hitlers Sekretärin in dem Film »Der Untergang« bekannt wurde, hat 1983 zusammen mit ihren Eltern, in einem Lada und mit 100 Dollar im Gepäck, Rumänien Richtung Berlin-West verlassen und ist dort auf klassische Weise zur (Bühnen-)Schauspielerin ausgebildet worden. Ihr Karriereglück ist, ganz im Sinne von Angelina Jolie, das Resultat von Zielstrebigkeit und Disziplin, also guter Vorbereitung, und der seltenen Gelegenheit, in einem der spektakulärsten deutschen Spielfilme der letzten Jahre eine Rolle bekommen zu haben.

Gewiss begann ihr Glück schon damit, dass sie im richtigen Alter aus dem diktatorisch regierten, armen Ostblockland Rumänien in den Westen gelangt ist – ihr Zufallsglück war aber wiederum die mutige Lebensplanung ihrer Eltern. Sie nennt denn auch zu Recht ihr Lebensglück »eine Ausnahme« und schränkt, im Interview mit dem Hochglanzmagazin *Park Avenue*, ein: »Glück ist natürlich auch relativ. Schon vor langer Zeit habe ich mich innerlich darauf vorbereitet, wie es wäre, wenn es plötzlich aufhören würde.« Dieser Gedanke könne »das Glück auch trüben«, darum wolle sie »ein bescheidener Mensch bleiben«.

Für einen Jungstar, mit dessen Kinoglück so manche junge Frau tauschen möchte, ist das ein erfreulich reifer Vorsatz. Er enthält die beherzigenswerte Lehre: Zum Glücklichsein gehört jene Beigabe von Bescheidenheit und Skepsis, die bewirkt, dass der Mensch auch in guten Zeiten mit dem Schlimmsten rechnet und generell nicht zu viel vom Leben erwartet.

Die Berliner Autorin Rebecca Martin, Jahrgang 1990, schreibt in ihrem Bekenntnis-Roman *Frühling und so* (2009) über junge Leute, die in der deutschen Hauptstadt von Party zu Party ziehen, ständig mobil miteinander telefonieren, mal Sex miteinander haben, mal sich betrinken und von ihren Eltern alle Freiheiten bekommen, um die unterschiedlichsten Subkulturen der Großstadt zu erkunden. Sind diese jungen Leute glücklich?

Sie sind entspannt, »cool«, wie sie sagen. Das erzählende Ich bekennt, Sex sei nicht viel mehr als eine von vielen Möglichkeiten, aus dem behüteten Mittelstandsleben auszubrechen. »Wenn ich dagegen Dinge unternehme, die aus dem Alltag herausfallen, einen Film drehen zum Beispiel, an einem Workshop teilnehmen, eine Reise machen, mit einem Mann schlafen – ja, mit Männern schlafen gehört auch dazu –, bilde ich mir ein, glücklich zu sein.«

Die Ethnologin Braun resümiert, ihre Studie habe gezeigt, »dass viele kleine Freuden mehr zu einem glücklichen Leben beitragen als wenige große Glückserlebnisse«. Zu diesen kleinen Freuden gehöre, nach Auskunft mehrerer Interviewpartner, auch das Nachdenken über das Glück. Das Ausnahmeglück, der seelische Jackpot, das riesige Opernglück fiebernder Phantasie? Davon redet kaum einer.

Alle Wunschvorstellungen schwirren um ein einziges Zentralgestirn, und das ist der Begriff Glück, besser: der leuchtende Inbegriff des Glücks, halb Bild, halb Idee. Was macht diesen Inbegriff des Glücks genau aus?

Jeder Mensch, der einen Glücksmoment erlebt, gleichgültig ob bei der Begegnung mit einem lieben Partner oder beim Kauf eines neuen Autos, schmeckt darin Aromaspuren eines größeren Ganzen, einer umfassenderen Identität, eines absoluten, uneingeschränkten, unbegrenzten, unfassbar fernen und unsichtbaren Glücks. Die Utopie einer Einheit mit sich selbst, die nie erreicht werden kann? Einer himmlischen Glückseligkeit, wie christliche Denker im Mittelalter meinten?

Bei Thomas von Aquin (um 1225 bis 1274) lesen wir: *ultimus finis hominum est beatitudo*, das letzte Lebensziel der Menschen ist die Glückseligkeit. Ähnlich formulierten es auch schon der Römer Seneca und der Grieche Aristoteles. Während Griechen und Römer das Glücksziel aber im Leben suchten, verlagerte Thomas von Aquin die Erfüllung der Sehnsucht nach dem höchsten Glücksgut ins Jenseits, nur dort sei die Teilhabe der menschlichen Seele an der göttlichen Seins-fülle denkbar.

Das ist das Verwirrende am Glücksbegriff: Er lässt unendlich viele Varianten zu und die abenteuerlichsten Übergänge vom Banalsten (»Glück ist Schokolade«) zum Erhabensten. Irgendwie schwebt das Glücksziel zwischen Diesseits und Jenseits, dem Heute und dem Ewigen. Man kann auch sagen: zwischen Psychologie und theologischer Philosophie (die strikte Trennung von philosophischem und theologischem Denken lehnen wir ab, sie hat die Philosophie im 20. Jahrhundert sterilisiert – zur trockenen Lehre im Einzugsbereich von Logik, Ethik und Linguistik).

Das letzte Ziel: In diesem Begriff schwingt jenes »Gefühl« der »schlechthinnigen Abhängigkeit« vom Unendlichen mit, das der Theologe Friedrich Daniel Schleiermacher 1799 in seinen *Reden über die Religion an die Gebildeten unter ihren Verächtern* als Kern der religiösen Erfahrung ausgemacht hat. Demnach wäre das irdische Seelenglück die enthusiastische, intuitive Teilhabe des endlichen Geistes am Unendlichen, als Vorahnung einer Ganzheit des Seins, die unseren Sinnen verschlossen bleibt, darum aber noch keine bloße Einbildung sein muss.

Wenn das umfassende, endgültige Glück nichts als eine Projektion oder Illusion ist – wie kommt es dann, dass der Mensch die kleinen Happen dieses großen Kuchens so real, so nachweisbar lebensverwandelnd genießen kann, etwa in unerklärlichen ekstatischen Momenten, die nicht selten eine existenzielle »Umkehr« zur Folge haben: als Saulus zum Paulus wurde, als Luther sein Gewittererlebnis hatte, das ihn ins Kloster lockte? Naturwissenschaftler wie der Hirnforscher Gerhard Roth erklären dieses Umkehrerlebnis mit Epilepsie (Visionen, Stimmen hören), unter der – so Roth – »fast alle großen Propheten gelitten haben«. Das christliche Pfingstfest verbildlicht einen solchen ekstatischen Moment für eine ganze Gemeinde: Da gerät die versammelte Menge »außer sich vor Staunen, und der feurige Geist, die fast überirdische Begeisterung«, wird »über alles Fleisch« ausgegossen, bis jede Zunge »frohlockt«. War etwa die ganze Gemeinde an Epilepsie erkrankt?

Ekstasen dieser Art hat, außerhalb der biblischen Lehre, auch einer der klügsten Männer der Geschichte, der neu-platonische Philosoph Plotin (um 205 bis 270 n. Chr.) erlebt, für den die menschliche Seele in der Sehnsucht nach dem »Ur-Einen« dem eigenen Ursprung zustrebt, einer ungeteilt und unbeschränkt gedachten Einheit des Seins und des Gutseins. Diese metaphysische Dimension des Glücksbegriffs wird in den meisten Glücksfibeln der Gegenwart unterschlagen: Der aufgeklärte Zeitgenosse von heute will in der Regel selbst derjenige sein, der sich beglückt. Gerade in dieser angestrengten Autonomie, die mancher für einen wichtigen Glücksfaktor hält, könnte das eigentliche Hindernis auf dem Weg zu nachhaltigem Glück liegen.

Ein Sprachkritiker wie Wolf Schneider findet den Doppelsinn des uralten Wortes »Glück« töricht und lobt das Englische, das klar zwischen *luck* (Zufallsglück) und *happiness* (momentanes oder nachhaltiges Glücksgefühl) unterscheide. Und dennoch gehören *luck* und *happiness* zusammen. Glück haben und glücklich sein sind zwei verschiedene Lebensmomente, die ineinander übergehen.

Sowohl das kurzlebige Hochgefühl, der seelische Glücksschrei, etwa im Augenblick des Orgasmus, als auch ein länger anhaltendes Glücksgefühl, das etwa auf einer guten Partnerschaft beruht, sind auf Zufallsglück angewiesen – man ist von einem Flugzeugabsturz verschont geblieben, weil man die gebuchte Maschine wegen eines Verkehrsstaus verpasst hat; man hat diesen geliebten Menschen getroffen, weil man an einem bestimmten Tag wegen Kopfschmerzen nicht zur Arbeit gegangen und stattdessen den Buchladen der Kleinstadt aufgesucht hat. Viele erleben sogar vereinzelte emotionale Kicks als reine Geschenke des Zufalls.

Seit dem 12. Jahrhundert irrlichtert das Wort »Glück« durch die deutsche Sprache: zuerst als *glücke* oder *gelücke*, aber auch *lucke* oder *gelucke*. Verwandt wohl mit dem englischen *luck* und dem deutschen Substantiv *Luke*, meint es die Art, wie etwas schließt und endet, wie es ausgeht, wie es »gelingt«. Noch im 18. Jahrhundert wird in diesem offenen Sinn von »schlechtem Glück« gesprochen.

Was wirklich »glückt«, muss aber, so wird es seit etwa 200 Jahren verstanden, nachhaltig gutgehen.

In extremen Situationen ist Glück die Befreiung aus der Not, das Ende von Todesdrohung, Gefangenschaft, Demütigung, Hunger, Einsamkeit und Krieg, auch das glückliche Überstehen einer schlimmen Krankheit. Alles notwendige Glücksbedingungen, die aber doch nicht hinreichend sind. Auch Menschen, die gesund, wohlhabend und in Frieden leben, können unglücklich sein.

Speziell Wohlstand ist noch lange keine Glücksgarantie: Sonst müssten die Länder mit dem höchsten Bruttosozialprodukt regelmäßig die ersten Plätze der diversen Glücksrankings belegen, was keineswegs der Fall ist. Die meisten vergleichenden Glücksstudien werden dementsprechend nicht von US-Amerikanern angeführt, sondern von Schweizern, Dänen und anderen Skandinaviern, also Bürgern aus Ländern, die materiellen Wohlstand mit einem Höchstmaß an sozialer Sicherung verbinden und die Kluft zwischen Arm und Reich als nicht so krass empfinden. Die Deutschen (siehe auch Seite 113 ff.) liegen bei diesen Rankings regelmäßig im Mittelfeld, vor Spaniern, Italienern und Briten, doch hinter den Franzosen. Zu den Schlusslichtern gehören üblicherweise Bulgaren, Türken und Ukrainer. Auch dem, der im Wohlstand lebt, verspricht allein schon das magische Wort »Glück« eine innere Erfüllung, die über bloßes Wohlleben hinausgeht. Bei den von der Ethnologin Braun Befragten spielte Konsum, wie sie sagt, »erstaunlicherweise kaum eine Rolle«.

Gerade Menschen, die imstande sind, sich intellektuell mit dem Glück auseinanderzusetzen, stehen sich selbst oft im Weg, wenn es darauf ankäme, das eigene Wissen anzuwenden. Die Klügsten sind nicht selten diejenigen, die unglücklich über ihr Leben sind und sich selbst einreden, dass es verwerflich wäre, »einfach« glücklich sein zu wollen. Sich zu quälen bei der Suche nach dem wahren Sinn des Lebens, erscheint ihnen allemal redlicher und ehrenhafter. Das Fakirglück des Asketen lässt grüßen. Die Flagellanten, die schwärmerisch frommen Geißelbrüder des 14. Jahrhunderts, zogen betend, Bußlieder singend und sich selbst peitschend durch die Straßen westeuropäischer Städte, um die grassierende Pest abzuwehren – sie haben dabei gewiss auch eine Art von masochistischer Erregung, eine selbstquälerische Euphorie empfunden. Zum Glücksgefühl gehören nicht nur helle, freundliche Sonntagsfarben.

Hochbetrieb des Glücks:
Tiere und andere Helfer in der Not

In den letzten Jahren machen kluge Sprücheklopfer und weise Lebensratgeber in Sachen Glück Überstunden, dass es nur so kracht. Die definitorischen Schwierigkeiten beleben ihr Geschäft. Der Glücksladen brummt. Glücksbringern verschiedenster Couleur wird die »Ware« geradezu aus der Hand gerissen. Mit einer paradoxen Dynamik: Je mehr zu dem Thema publiziert wird, desto dringlicher der Wunsch des Publikums, einen Überblick zu gewinnen. Also wird noch mehr aufgelistet, Rat gegeben und Weg gewiesen.

Unter dem Titel »Glücksbringer« tingelt der Berliner Arzt und Comedy-Star Eckhart von Hirschhausen seit dem Jahr 2005 mit einem heiteren Ratgeber-Potpourri durch die Lande und legt etwa dar, wie viel Glück die Anschaffung eines Hundes dem Menschen bescheren kann, weil er ihn aus dem Haus lockt, ihm Bewegung verschafft, ihn mit anderen Hundehaltern ins Gespräch bringt und niemals widerspricht. Und die Säle, auch größere, sind voll. »Jeder«, witzelt Hirschhausen, »ist seines Glückes Schmied. Und so sieht es auch aus: reichlich behämmert.«

Der pfiffige Alleinunterhalter verteilte bei seinen Veranstaltungen in drei Jahren rund 50 000 Karten, auf denen seine Zuhörer kurz ihren wichtigsten Glücksmoment notieren durften. Wie er selbst sagt, werden dabei am häufigsten genannt: Geburt der Kinder, Liebesglück und andere Erfolge in sozialen Beziehungen, auch Schadenfreude, selten Materielles (was die objektive Bedeutung des Geldes für die Lebenszufriedenheit nicht widerlegt – viele genieren sich, sich diese einzugestehen, halten sie für zu banal im hehren Gedankenaustausch über so etwas Schönes wie Glück).

Hirschhausen erzählt gern die Glücksgeschichte vom Pinguin: »Als ich zum ersten Mal einen Pinguin im Zoo richtig beobachtet habe, dachte ich: Du armes Würstchen, zu kurze Füße, zu schwache Flügel, die reine Fehlkonstruktion! Dann sprang das Tier ins Wasser und war plötzlich sehr geschickt, schnell und elegant. Es war erst jetzt in seinem Element, wie man sagt. Wie der Pinguin so braucht auch der Mensch die richtige, zu ihm passende Umgebung, um glücklich zu sein. Deshalb: raus in die Wüste! Und das eigene Wasser suchen! Wenn ich bei meinen Veranstaltungen diese Geschichte erzählt habe, konnte ich immer wieder feststellen, wie gut sie wirkte. Eine Frau zum Beispiel hat daraufhin ihren Job gekündigt und sich selbständig gemacht. Ein halbes Jahr später mailte sie mir: Es war der richtige Impuls.«

Glück, sagt Hirschhausen auch, sei »nichts Passives, kaum am Strand zu erleben«. Eher bei der Bergwanderung: »Sie erfordert Anstrengung, Überwindung des inneren Schweinehunds. Nach dem Aufstieg kommt der Stolz, die Zufriedenheit. Der Kaiserschmarrn schmeckt auf dem Gipfel besser als im Tal.« Hirschhausen hat seine Funde und Erkenntnisse auf diesem Feld in dem Buch *Glück kommt selten allein* (2009) zusammengefasst.

Die Berliner Schriftstellerin Monika Maron, Jahrgang 1941, beschreibt in ihrem Roman *Ach Glück* (2007) auf wehmütige Art, wie eine nicht mehr ganz junge Verfasserin von Biografien, einigermaßen glücklich verheiratet mit einem Geisteswissenschaftler, eines Tages an einen mittelgroßen, schwarzen, zottigen Hund gerät, von dem sie nicht mehr lassen kann. Im Gespräch mit dem ziemlich »unverschämten« russischen Galeristen Igor, der ihr in Berlin ein kleines Zubrot und ein Fenster in eine neue Dimension des

Selbstseins verschafft hat, bekennt sie sich zu ihrem neuen Hundeglück:

»Wenn ich an meinem Schreibtisch sitze, wieder einmal einen unwichtigen Artikel über ein unwichtiges Buch schreibe und dabei einen Blick auf den halb wachen Hund zu meinen Füßen werfe, der meine Kopfbewegung sofort registriert und in der Hoffnung, aus seiner Untätigkeit erlöst zu werden, die Ohren aufstellt und mit der Schwanzspitze ein paar Mal auf den Boden klopft, empfinde ich eine unerklärliche Freude und, als sende der Hund etwas, das ich fühlen, aber nicht benennen kann, aus seinem Körper direkt in mein Nervensystem, einen Anflug von Glück. So einfach ist es also, Glück auszulösen und glücklich zu sein, denke ich dann, so einfach, dass ein dahergelaufener schwarzer Hund es kann, indem er nichts anderes tut, als in einem Zustand zwischen Schlaf und Erwartung vor sich hin zu dämmern. Ich frage mich, ob bei mehr als neunzigprozentiger Übereinstimmung der Gene sich nicht auch in mir etwas finden lassen müsste von der rätselhaften Fähigkeit dieser Kreatur, ob es nicht auch mir gelingen könnte, wenigstens mir selbst als Sinn zu genügen und froh zu sein, weil es mich gibt, wie der Hund froh ist, dass es ihn gibt.« Und dass es sie gibt …

Was für Monika Maron in der Fiktion der zottige Hund, das war für Michel de Montaigne (1533 bis 1592) das Pferd: ein natürlicher Glücksspender. Der große Essayist, der auch mal Bürgermeister von Bordeaux war, hat bekannt: »Hätte ich zu wählen, würde ich, davon bin ich überzeugt, lieber als im Bett zu Pferde sterben, fern von meinem Haus und den Meinen.« An anderer Stelle sagt er: »Wenn ich im Sattel sitze, steige ich nicht gern wieder ab, denn in dieser Haltung fühle ich mich am wohlsten, ob gesund oder krank.« Und ferner: »So steinkrank ich bin, halte ich mich acht bis zehn Stunden ununterbrochen im Sattel, ohne dass es mir zu viel würde, von einer Kraft beseelt, wie sonst sie Greisen fehlt.« Für den leidenschaftlich Reisenden Montaigne, den auch mal süddeutsche Suppen beglücken konnten, hatte das Reiten auf Pferden, wie sein Übersetzer Hans Stilett schreibt, »auch deshalb eine derart große Bedeutung, weil er hier seine Vorstellung eines freien Zusammenspiels von Eigen- und Fremdbewegung auf ideale Weise verwirklicht sah«. Freies Zusammenspiel der verschiedenen Kräfte, auch von Mensch und Tier – das ist ein Motiv aus der Mythologie des Goldenen Zeitalters, zugleich ein Grundgedanke der klassischen Ästhetik, die von einem humanen Glücksbild schwer zu trennen ist. Immanuel Kant (1724 bis 1804), der diese Schönheitslehre in seiner Schrift *Kritik der Urteilskraft* philosophisch begründet hat, erklärt das Schönheitserlebnis als »Wirkung aus dem freien Spiel unsrer Erkenntniskräfte«, also unserer Vernunft und unserer Sinne; angesichts des Schönen verzichten diese unsere »Gemütskräfte« darauf, die jeweils andere Kraft so zu beherrschen, wie etwa die Vernunft im Erkenntnisakt die Wahrnehmung reguliert. Angesichts des Schönen, egal ob in der Kunst oder in der Natur, schwingen diese Kräfte vielmehr so gelassen und konzentriert zusammen wie Ross und Reiter, wie die Bewegungen von Tier und Mensch im idealen Schritt oder Trab (dass der Reiter das Ross beherrscht wie der Offizierskopf den Körper, ist eine überholte Vorstellung, die zu wenig bedenkt, dass der gute Reiter zugleich aktiv und passiv, zielbewusst und einfühlsam-reaktiv mit dem Pferd zusammenarbeitet). Auch dies ist also Glück: Zugleich etwas bewegen und selbst bewegt werden wie bei einem guten Ritt, im gleichmäßigen Rhythmus durch die Landschaft oder eine schöne Stadt schweifen, als gehe es um nichts anderes als um diese Bewegung – Zeitnot oder der Gedanke an das Erreichen irgendeines nützlichen Reisezwecks dürfen diese Gestimmtheit nicht einschränken.

Dass ein toleranter Skeptiker und Lebensgourmet wie Montaigne, auch dank der glänzenden Neuübersetzung seiner Texte durch Hans Stilett, in den vergangenen Jahren hierzulande fast zu einem Medienstar werden konnte, hat einiges mit der Wiederkehr der Glücksdebatte – nach Jahren glücksfeindlicher Zukunftsbesessenheit – zu tun.

Sie wird auch durch Vorgänge wie diese belegt: Ein Heidelberger Wirtschaftsgymnasium setzte 2007 das Fach »Glück« auf den Stundenplan. Schüler, die zwischen 17 und 19 Jahre alt sind, können es ein ganzes Schuljahr belegen, darin eingeschlossen sind Übungen im Loben von Mitschülern und im gemeinsamen Kochen, aber auch in Philosophie.

Das Ratgeberglück und Besseres

Die Zeitschrift *Psychologie heute* beklagte im Jahr 2007 die »Fülle von seriösen bis seichten Glücksratgebern«. Und warf in das Puddingfass selbst noch eine dicke Portion, das *compact*-Sonderheft »Glücksmomente – Was das Leben gelingen lässt«. Die Internet-Suchmaschine Google registrierte gleichzeitig über vierzig Millionen Einträge zum Thema Glück, die Zahl blieb auch nach Abzug von »Glück GmbH Gebrauchte Wohnmobile« gewaltig. Der Internet-Buchanbieter Amazon verzeichnete 2800 deutschsprachige Bücher mit dem Lockruf »Glück« im Titel. Die Zahlen wechseln fast täglich, sind aber der Tendenz nach bis heute kaum anders.

Wie stark der Glückswunsch des Menschen diese Trefferquote beeinflusst, zeigt schon die schlichte Gegenprobe: »Unglück« kam 2008 nur auf 2,3 Millionen Google-Einträge.

Vor allem der Buchmarkt zeigt es: Der publizistische Glücksquell ist schier unerschöpflich. Betrachten wir die wichtigsten Titel der letzten Jahre.

Der Klassiker unter allen Glücksratgebern stammt aus der Feder eines US-Amerikaners, der einmal Lastwagen verkaufte und es dann, immerhin hatte er Pädagogik studiert, schaffte, kurz vor dem Ausbruch des Ersten Weltkriegs in New York Rhetoriklehrer zu werden: Dale Carnegie (1888 bis 1955). Sein Grundkurs in Selbstvertrauen, positiver Lebenseinstellung und Kommunikation heißt *Sorge dich nicht – lebe!* (*How to Stop Worrying and Start Living*) und erschien zuerst

1948 und – stark überarbeitet – 1984 in den USA, bevor er dann 2002 erstmals auf Deutsch herauskam und zu einem der erfolgreichsten Ratgebertitel der vergangenen Jahre wurde.

Carnegie glänzt mit erstaunlich platten Empfehlungen wie: »Räumen Sie alle Papiere von Ihrem Schreibtisch, die nicht unmittelbar zu Ihrer aktuellen Arbeit gehören«; oder: »Sollten Sie mittags kein Schläfchen machen können, legen Sie sich wenigstens vor dem Abendessen eine Stunde hin«. Aber unter Rubriken wie »Der beste Weg, seine Sorgen und Ängste zu besiegen« – hier geht es etwa um die »Rückkehr zur Religion« – oder »Finden Sie zu sich selbst und stehen Sie zu sich selbst« dokumentiert er auch etliche unterhaltsame Anekdoten und Erfahrungsschätze, die er prominenten Zeitgenossen wie Henry Ford abgelauscht hat. So manche Pseudoweisheit verstimmt, etwa »Eine der Hauptursachen der Müdigkeit ist die Langeweile« (ergo: »Ruhen Sie sich aus, ehe Sie müde werden!«). Der beste Teil des Buchs sind dreißig anschauliche »Erlebnisberichte« von Leuten, die ihre Sorgen besiegt haben. Unter der Überschrift »Ich ging zu Boden und stand wieder auf« erzählt da zum Beispiel Ted Ericksen von einem Sommer, den er in Alaska auf einem »Zehnmeterboot« verbrachte, das zum Lachsfang ausfuhr. Jeweils eine Woche am Stück musste er 24 Stunden täglich schuften – es blieb kaum Zeit, das Wasser aus den Gummistiefeln zu schütten. Vor allem musste er vom Heck aus das schwere Netz hereinziehen. Später brauchte Ericksen nur an diese Strapazen zu denken, wenn er irgendein Problem hatte – dieses sah dann »auf einmal unbedeutend« aus.

Von dem Buch wurden weltweit bis Ende 2008 rund fünfzig Millionen Exemplare in 38 Sprachen verkauft. In der 13. Auflage, die das Werk in der deutschen Version bei S. Fischer in Frankfurt – vorher gab es schon einige Auflagen im Scherz Verlag – Ende 2007 erreicht hatte, wird damit geworben, es habe »über zwölf Millionen Menschen in aller Welt Mut gemacht, ihnen neue Kraft und Gesundheit gegeben«. Da man wohl kaum zwölf Millionen Menschen befragt hat, dürfte diese Zahl der Geretteten schlicht aus der Zahl der verkauften Buchkopien hochgerechnet worden sein. Wo aber bleiben diejenigen, die das Werk mit den vielen Allerweltsweisheiten verärgert aus der Hand gelegt haben?

So erstaunlich Carnegies Erfolg numerisch sein mag – die Behauptung, er habe dazu beigetragen, zwölf Millionen Menschen glücklich zu machen, ist ungefähr genauso solide wie die These, jedes Frühjahr bewahre mit seiner warmen Luft, dem milden Licht, den frischen Blumen und dem saftigen Grün sechs Milliarden Menschen vor dem Selbstmord. Wer bitte kann das widerlegen?

Hier liegt das Kardinalproblem vieler gut gemeinter Sorgenbefreier innerhalb der Ratgeberliteratur: Die Tipps, die sie geben, klingen vielversprechend, ob und wie sie bei ihren Lesern aber wirklich etwas verbessern, lässt sich streng genommen nicht beweisen.

Das gilt auch für einen anderen Bestseller der letzten Jahre, der im Übrigen manches von Carnegie übernommen hat: *Simplify your life. Einfacher und glücklicher leben* von Werner Tiki Küstenmacher und Lothar J. Seiwert. Seit 2003 hat dieses Buch allein in Deutschland nicht weniger als 15 Auflagen erlebt – weltweit sind es mehr als zwei Millionen verkaufte Exemplare in 20 Sprachen. Unter jeweils acht Rubriken und in fünf Schritten leitet es zu mehr Selbstorganisation und besserem Zeitmanagement an. Die Bereiche zur »Entrümpelung« des Alltags lauten: Sachen, Geld, Zeit, Gesundheit, Mitmenschen, Partner, Ich, Spiritualität. Die spirituellen Tipps sind dem christlichen Glauben verpflichtet.

Die relativ einfache Botschaft des Buches – weniger ist mehr – ist das Echo der künstlerischen Überzeugung des Architekten Mies van der Rohe, eine Art moralische Bauhaus-Ästhetik. Mies van der Rohe wollte die Menschen durch kubische

Einfachheit, ausgeführt in edlen Materialien, beglücken. Eine solche Einfachheit – klare Formen, große Fenster, viel Licht, offene Räume, rechtwinklige Bescheidenheit – war selbst zu Bauhaus-Zeiten nicht nur ästhetisch, sondern auch moralisch intendiert. Im Sinne von: Besinnung auf das Wesentliche, Entschlackung, Verzicht auf Schnörkel und Pomp, Ehrlichkeit, Direktheit, Transparenz, Funktionalität. Nach dem Ersten Weltkrieg – das Bauhaus wurde 1919 gegründet – entsprach diese Ästhetik einer Sehnsucht der Zeit: Nur ein Bekenntnis zur Einfachheit, auch verstanden als Bündnis von Industrie und Handwerk, könne, so glaubte Bauhaus-Gründer Walter Gropius, langfristig zur »Einheit der Welt« führen; und diese Einheit sei das einzige Mittel, um Katastrophen zwischen den Völkern wie den Ersten Weltkrieg irgendwann unmöglich zu machen. So gesehen war das Bauhaus-Programm der Traum von einer glücklicheren, nämlich friedlicheren Welt. Befördert werden sollte er zunächst durch ehrliche, klare, funktionale, einfache Formen.

Die *Charta von Athen*, von dem Architekten Le Corbusier 1943 als Fibel der neuen »funktionellen Stadt« herausgegeben, hat einige dieser Bauhaus-Gedanken in den Städtebau hinein erweitert. Unter den Gesichtspunkten »Wohnen, Freizeit, Arbeit, Verkehr« sollte die Stadt der Zukunft funktionell klarer gegliedert werden, als es die historische Stadt vermocht hat. Sätze wie »Sonne, Grün, Raum sind das Ausgangsmaterial des Städtebaus« illustrieren: Die »unmenschlichen«, labyrinthischen, verstopften Städte mit ihrem lauten, schmutzigen Verkehr und ihren dunklen, unhygienischen Hinterhöfen sollten der sauberen, klar gegliederten, effektiven Stadt von morgen weichen, mit breiten Straßen, aber auch mit viel Grün, frischer Luft und ausreichend »Stunden der Besonnung« in allen Wohngebieten. Das Glück der modernen Stadt wäre demnach eine Art Urlaubsglück der sechziger Jahre: gute Luft, viel Sonne, Ruhe im Grünen, kombiniert mit schnellen Verkehrsverbindungen zwischen den Bereichen Wohnen, Freizeit und Arbeit, außerdem Hochhäuser, die zwischen sich große Freiflächen erlauben. Das Ideal der extrem aufgelockerten »Stadtlandschaft«, das daraus entwickelt wurde und beim deutschen Wiederaufbau nach 1945 so mächtig an Einfluss gewann, hat jedoch weniger zum endgültigen Stadtglück geführt als vielmehr zu einer sterilen Stadtrationalität ohne Seele. Das Glück gehorcht eben keinem rationalen Generalstabsplan – auch nicht im Städtebau. Die Bejahung der alten Funktionsmischung, die Restaurierung historischer Stadtkerne und damit einhergehend der Bau etlicher neuer Museen hat mehr zum städtischen Glück, zumal zur Verlangsamung des urbanen Tempos, beigetragen als die *Charta von Athen*.

Der Wiener Architekt Camillo Sitte hat schon 1889, in seinem Buch *Der Städtebau nach seinen künstlerischen Grundsätzen*, formuliert, was man der späteren Charta vorhalten musste. Sitte zufolge müsse eine Stadt »so gebaut sein«, dass sie »die Menschen sicher und zugleich glücklich« mache. Auch die Seele will wohnen, lautet seine Botschaft. Und dies sei »nicht bloß eine technische Frage«, sondern auch »eine Kunstfrage«. Sitte kritisierte die »Motivearmut und Nüchternheit moderner Stadtanlagen« noch bevor sie sich wirklich durchgesetzt hatten! In seinen Reflexionen über die Größe und Formen städtischer Plätze legte er zum Beispiel Wert auf das »Freihalten der Mitte«. Zentrale Gebäude wie Kirchen oder Rathäuser sollten seiner Meinung nach eher, wie in vielen alten Städten Italiens üblich, am Platzrand als in der Mitte stehen, das sei künstlerisch »interessanter«.

Die Autoren Küstenmacher und Seiwert sind allerdings weit entfernt davon, diese urbane Jahrhundertdimension ihres Rufes nach dem einfacheren, funktionell effektiveren Leben auszumessen. In ihrem graphisch hübsch aufgelockerten Buch hagelt es wohlfeile Tipps zur Zeit- und Lebensplanung nach dem Muster »Entfesseln Sie Ihre sexuelle Energie«

oder »Vereinfachen Sie Ihre Finanzen«. Küstenmacher, ein evangelischer Theologe, hätte besser noch einmal Martin Luther gelesen und diese den Geist ja durchaus kräftigende, durchrüttelnde Lektüre des großen Spracherneuerers weiterempfohlen.

Ein kalauersatter Titel wie *Die GLYX-Diät. Abnehmen mit Glücksgefühlen* (2003) von Marion Grillparzer – Motto: sich ohne Stress schlank schlemmen – steht stellvertretend für zahllose Ratgeberbücher und Zeitschriftentitel, die das Glück an ein bestimmtes modisches Körper- und Fitnessideal binden. Und daher etwa »neueste Erkenntnisse für eine schmalere Taille« (Grillparzer) verbreiten. Die Ökotrophologin Grillparzer empfiehlt eine Ernährung nach dem Prinzip, einen möglichst niedrigen »glykämischen Index« (daher das Kürzel Glyx), eine flache Blutzuckerreaktion, zu beachten. Das reduziere das Körpergewicht.

Sind Schlanke wirklich glücklicher als Dicke?

Wohl kaum in Ländern und Epochen, in denen Schlankheit ein Zeichen für Hunger ist. Das alte China liebte den wonnigen Bauch des Buddha, weil die Bäuche der meisten Menschen allzu oft leer waren. Finden wir es deshalb so erstrebenswert, es den Models gleichzutun, weil wir selbst als Sozialhilfeempfänger noch zu vollgefressen sind?

Wenn supermagere Mädchen mit affektiert finsterer Miene über den Laufsteg staksen, als seien sie wild entschlossen, sich erst im Jenseits von dem vielen Geld, das sie verdienen, auch einmal satt zu essen, dann erreicht die Abnehmwellness die Dimension des Grotesken – glücklich ist dabei nur noch derjenige, der wegschaut und von einem guten Braten träumt.

Gutes Essen ist übrigens eine uralte Glücksquelle und zugleich hochaktuell: Aus ihr schöpfen zur Zeit so viele Fernsehkochshows und Kochbücher, dass es nur so brutzelt.

Der Internetdienst Amazon annoncierte kürzlich mehr als 11 000 Bücher mit dem Begriff »kochen« im Titel. Auch all die Kochbuchkäufer sind letztlich Glückssucher. Sie suchen Nachhilfe für gesteigerten Lebensgenuss, sie wollen den Kohlgeruch der ostdeutschen »Sättigungsbeilage« und des westdeutschen Schweineschnitzels »Wiener Art« hinter sich lassen und auch die tägliche Mahlzeit in Lebenskunst verwandeln. Manch einem schmeckt es schon besser, wenn er beim Essen die Glück verheißende Titelseite des neuesten Kochbuchs anschaut.

Zu den Glücksbüchern der gehobenen Qualität, die über das übliche Ratgeberniveau deutlich hinausgehen, gehört jenes sehr erfolgreiche von dem Berliner Biophysiker und Wissenschaftsjournalisten Stefan Klein, Jahrgang 1965. Sein Bestseller *Die Glücksformel oder wie die guten Gefühle entstehen* (2002) befasst sich mit positiven Emotionen, wobei er vor allem zwei Wissenschaften zu Rate zieht: die Hirnforschung und die Sozialpsychologie. Die Hirnforschung kann zeigen, welche Gehirnregionen (»Lappen« genannt) für welche Gefühle und emotionalen Reaktionen zuständig sind und wie bestimmte hormonelle »Botenstoffe« dabei helfen. Klein behauptet, gezieltes Gehirntraining könne dazu beitragen, das Quantum positiver Emotionen zu steigern. Entsprechend sieht sein »Glückssystem« aber auch »Schaltungen für Lust und Schmerz« vor.

So erweckt er den Anschein, der Mensch sei eine steuerbare Glücksmaschine und das Glück bestünde hauptsächlich aus einer möglichst großen Zahl von Gefühlseruptionen. Aber angenommen, es erfände jemand eine Pille, die dem Konsumenten ein pausenloses Hochgefühl beschert, sozusagen Dauerglück auf chemischen Knopfdruck – das Ergebnis wäre nicht das wahre Glück, sondern ein einziger Albtraum. Denn: Dieses Mittel – reale Vorformen wie die Glückspille Prozac (die in Wahrheit aggressiv machen kann) haben sich gottlob nicht durchgesetzt – würde dem Menschen das Erlebnis des Glücklichwerdens nach einer Trauerphase, überhaupt das spannende Auf und Ab der Emotionen und nicht zuletzt jene melancholischen Tiefen nehmen, ohne deren Bassgrundierung jeder Jubeltenor flach klingt und à la longue unerträglich wird.

Klein sagt, der zentrale Schlüssel zu den »guten Gefühlen« heiße »Tätigkeit«, worunter er nicht nur »Bewegung« und »Sex« versteht, sondern auch geistige »Aufmerksamkeit«, »Neugier« und »Lernbereitschaft«. Das ist alles richtig, wenn auch nicht besonders neu – und schon gar nicht sind es Ergebnisse der Hirnforschung oder Sozialpsychologie. Die zentrale »Tätigkeit« geistiger »Aufmerksamkeit« ist altgriechisches und buddhistisches Gemeingut zugleich.

Eine sozialpsychologische These Kleins besagt, der Bürgersinn, die Erfahrungen von Gerechtigkeit und Selbstbestimmung seien wesentlich für das Glück der Menschen; und darum lebten die »glücklichsten Europäer« in der urdemokratischen Schweiz. Das Erlebnis der »direkten Demokratie« trage deutlich mehr zum Wohlbefinden der Eidgenossen bei als ihr Wohlstand – das gehe aus Umfragen hervor, die immer wieder diesen Demokratiebonus betonen. Man darf daran zweifeln: Gibt es nicht auch jede Menge demokratisch selbstbestimmter Nörgler und Trauerklöße? Und wer gibt schon gerne zu, wie wichtig ihm Geld wirklich ist? Ein Glückswert wie Demokratie klingt allemal nach edler Gesinnung, und die bescheinigt sich ein institutionell Befragter nur allzu gern, auch wenn die wahren Prioritäten seines Lebens und Strebens andere sind. Solche Zweifel kann man keiner Glücksumfrage dieser Welt ersparen. Es gibt keine Garantie für die Ehrlichkeit der Antwortenden. In manchen Kulturen gilt es sogar als diskret und rücksichtsvoll, ja geradezu als moralisch geboten zu sagen, man sei glücklich. Unglück wird nicht nur in Japan als Schande betrachtet. Auch hierzulande räumt das niemand gerne ein. Nicht zuletzt deshalb stagnieren die in deutschen Umfragen angegebenen Unglückswerte wohl seit Jahren bei zwei bis drei Prozent.

Gleichwohl sind Umfragewerte, Tabellen und Zahlen kolossal erfolgreiche »Ordner« in der an sich ziemlich unordentlichen Glücksliteratur. Über den Inhalt des Begriffs »Glück« sagen alle diese Umfragen nämlich genauso wenig aus wie über die möglichen Wege, diesen Begriff mit Leben zu füllen.

Die Versuche, bei der Beantwortung dieser Fragen voran- und über allzu pauschale Untersuchungsergebnisse hinauszukommen, gewinnen seit einigen Jahren frappierend an Dynamik, was wiederum ein kolossales Interesse am Thema Glück verrät. Der Soziologe Ruut Veenhoven, ein in Rotterdam lehrender Wegbereiter der sozialpsychologischen Glücksforschung, registrierte in seiner *World Database of Happiness* schon im Jahr 2001 über 3400 einschlägige Studien, die allein im deutsch- und englischsprachigen und niederländischen Raum durchgeführt wurden. Während für die Zeit zwischen 1951 und 1960 nur 58 solcher Studien nachgewiesen sind, registriert man für die Jahre zwischen 1961 bis 1970 schon 200, zwischen 1971 und 1980 dann 811 und von 1981 bis 1990 schließlich 1336 Glücksstudien.

Die vor allem seit 1980 eingetretene Explosion des Glücksdiskurses macht einen Wandel des Zeitgeists deutlich, auch dann noch, wenn man die allgemeine Expansion des Umfrage- und Publikationswesens dabei berücksichtigt. Tatsächlich hat man sich seither mehr und mehr von generellen Zukunftsentwürfen gesellschaftlicher Art abgewandt und immer ungenierter nach dem – lange als »privatistisch« verachteten – möglichen Glücks- und Lebensentwurf des Individuums gefragt.

Aber noch die intimsten Glücksratgeber, die aus diesem Zeitgeist heraus entstehen, sind tabellen-, listen- und zahlenhörig, wenn auch zuweilen auf seltsam archaische Weise. Ein Beispiel: Obwohl US-Autor Adam Jackson sein Werben für schmunzelnde Lebensfreude aus der »Kraft des Glaubens« – »dauerhaftes Glück« ist demnach ohne den Glauben an Gott »schwer« zu erlangen – episodisch aufbereitet, setzt er auf die Magie der ordnenden Zahl 10. *Die zehn Geheimnisse des Glücks* (1997) heißt sein Bestseller, der so erfolgreich war, dass ihm unweigerlich ein weiterer Titel, *Die zehn Geheimnisse der Liebe,* folgen musste.

Die Zahl 10 ist einer der ältesten Ordnungsschlager der Geschichte: 10 Gebote; 10 Plagen, die der jüdische Schutzgott Jahwe den Ägyptern schickt; 10 Jahre, in denen die Griechen Troja belagern; 10 »Kategorien« (wie Substanz, Quantität) ordnen das Seiende nach Aristoteles; der Mensch hat 10 Finger; die Pythagoreer meinen, die in zwei gleichwertige Hälften teilbare Zahl 10 spiegele die Symmetrie des Universums. Einer der Gründe für die Überschätzung der 10 ist ziemlich offensichtlich: Die Zahl 10 enthält die ganze Natur der Zahlen, denn wir zählen bis 10 und beginnen wieder mit der Eins: 11.

Der Benediktinerpater Anselm Grün ersetzt die 10 durch die 8: Sein erfolgreiches Buch *Glückseligkeit* (2007) möchte den »achtfachen Weg zum gelingenden Leben« weisen. Es orientiert sich dabei an den acht Tagen der Weltschöpfung und den acht Seligpreisungen der biblischen Bergpredigt (mit Leitsätzen wie: »Glücklich sind die Armen im Geiste«). Der »edle achtfache Pfad« (»rechtes Reden, sich versenken« etc.), den Buddha als Ausweg aus dem Leiden zeigt, gehört wohl auch zu den Vorbildern Grüns.

Eine auratische Zahl zur Hand zu haben, mit der sich das Chaos der Glücks- und Unglücksgefühle scheinbar ordnen lässt, ist gewiss hilfreich – ähnlich wie ein Placebo, an das man eben auch glauben muss. Insofern sind diese Zahlen selbst Glückshelfer, egal ob das, was sie an Tipps Huckepack genommen haben, besonders substanziell ist. Auch den Autoren der entsprechenden Glücksbücher vermitteln diese Zahlen eine gewisse Sicherheit, Übersicht, das Gefühl, im Mose-Stil gesetzgeberisch wirken zu können – ein Glücksgefühl eben.

Der TV-erprobte, stets elegant formulierende Journalisten-
ausbilder, Sprach- und Zeitkritiker Wolf Schneider, Jahrgang
1925, versammelt unter dem gebieterisch (oder höhnisch?)
gemeinten Buchtitel *Glück!* (2007), das den koketten Untertitel *Eine etwas andere Gebrauchsanweisung* trägt, seine
durchweg geistvoll formulierten Erfahrungswerte aus allen
Lebenslagen – von Geldsorgen zu »Festen und Räuschen«, von
der »Wahrheit über die Liebe« bis zu Fragen wie: »Machen
Kinder glücklich?« (einerseits ja, andererseits nein), »Welcher
Beruf ist der abscheulichste?« (Anwälte, die sich ständig strei-
ten müssen) und »Können siamesische Zwillinge glücklich
sein?« (was wir schon immer wissen wollten …).

Der schottische Moralphilosoph Francis Hutcheson, der im
18. Jahrhundert erstmals die Forderung nach dem »größten
Glück der größten Zahl« formuliert und im übrigen die Moral
aus Emotionen statt aus der Ratio abgeleitet hat, bekommt bei
Schneider unter anderem diesen amüsanten Auftritt:

»Ein Ehemann nimmt sich eine Geliebte. Von den drei
handelnden Personen sind zwei nun glücklicher als zuvor
(der Mann und die Geliebte) und nur eine unglücklicher (die
betrogene Frau). Mehr Glück für mehr Menschen – Hutche-
sons Forderung wäre erfüllt. Aber so kann sie nicht gemeint
gewesen sein. Auch die Umkehrung nicht: Ein Motorrad don-
nert durch die nächtliche Stadt, scheucht tausend Menschen
aus dem Schlaf und bereitet dem Fahrer ein königliches Vergnügen. Größtes Glück der kleinsten Zahl also – ein klarer
Verstoß gegen das Hutcheson-Prinzip. Nie sollte sich einer
auf Kosten von vielen ein Glücksgefühl verschaffen. Wie aber,
wenn viele sich auf Kosten von einem amüsieren?« Dieser eine,
womöglich ein belächelter Tropf, liefere der Mehrheit »das
Glück der Überlegenheit«.

Schneider zeichnet scharfsinnig die vielen Widersprüche
nach, die sich daraus ergeben, dass der Mensch Regeln für
das Unreglementierbare schlechthin aufstellen will: für das

Glück. So gipfelt denn auch seine Glückslehre in einer Absage ans eigene Thema: »Glück kann nicht das höchste Ziel auf Erden sein« – »auf Erden«: spricht hier etwa ein biblischer Prophet?

Immerhin begründet er: Wichtiger als das Glück seien große Kunstwerke, nicht selten in Qualen zur Welt gebracht, überhaupt gut gefertigte Werke, und schließlich die Hilfsbereitschaft gegenüber Notleidenden. Zudem mache Glück die Menschen träge, also unfähig, fanatischen Glücksverächtern (des Islam?) Paroli zu bieten.

Dem wäre zu entgegnen: Ein komplexer Glücksbegriff, wie wir ihn hier umkreisen, schließt Kunstekstase, befriedigende Werkarbeit und soziale Tugenden selbstverständlich nicht aus, sondern ein. All dies gehört zur Selbsterweiterung und Selbstüberschreitung des Ego, ohne die Glück niemals zustande kommt. Nur ein sehr verengter Glücksbegriff, die Identifikation von Glück mit maximalem Lustgewinn, ist als Lebensziel abzulehnen. Den Glücksbegriff erst künstlich zu verengen und ihn dann aus dem Reigen der Lebensziele zu werfen, ist nichts als ein rhetorischer Trick. Wenn Schneider außerdem empfiehlt, »so ziemlich alles, was Philosophen, Ideologen, Kirchenväter über das Glück geschrieben haben«, am besten zu »vergessen«, ist dies eine ziemlich plumpe Selbstempfehlung. Mal abgesehen davon: Die Zitate von Philosophen, Ideologen, Kirchenvätern ... sind nicht das Schlechteste an seinem Buch.

Die lebensklugen, der »Positiven Psychologie« verpflichteten Glücksseminare des israelisch-amerikanischen Harvard-Dozenten Tal Ben-Shahar gehörten jahrelang zu den begehrtesten Lehrveranstaltungen dieser amerikanischen Eliteuniversität. Sie beinhalten eine »Meditation« über »Eigeninteresse und Hilfsbereitschaft«, aus der Schneider lernen könnte, wie wichtig soziales Handeln für das Glück des Menschen ist. Darin heißt es so lapidar wie treffend: »Je mehr wir anderen nutzen, desto glücklicher sind wir. Und je glücklicher wir sind, desto mehr sind wir bereit, anderen zu helfen.« Echtes Glück fließt über wie kochendes Wasser – es fließt zu den anderen hin.

Der Psychologe Tal Ben-Shahar, Jahrgang 1971, der in seiner Jugend israelischer Squashmeister war und zu seinen Vorlesungen bis zu 1400 Studenten anlockt, hält in seinen Lektionen, die unter dem Titel *Glücklicher* (2007) als deutschsprachiges Buch erschienen sind, den »Spaß an der Sache«, egal welcher, für eine wesentliche Glückskomponente (das hat er von Bertrand Russell gelernt, siehe Seite 168 ff.). Dieser »Spaß« hat es heute schwer, weil die »zunehmende Komplexität des modernen Lebens« einen »konstanten Zeitdruck« erzeugt, der das Glück anhaltender Konzentration in der zerstreuten Teilnahme an »allem Möglichen« versprüht. Das »Surfen« im Internet ist daran heftig beteiligt.

Tal Ben-Shahar bietet konkrete Übungen an, die dem entgegenwirken: in Kapiteln wie »Glücklich sein beim Lernen«, »Glücklich sein in Beziehungen« oder »Glücklich sein am Arbeitsplatz«. Trotz seines Traums von einer gesellschaftlichen »Glücksrevolution« zweifelt er an einer definitiven Glücksformel für alle nach dem Motto: Es gibt ein Glück, das sich wie ein klar umrissenes Ziel anstreben und sogar erreichen lässt. Und das wäre es dann. Weil es so etwas nicht geben kann, würde eine solche Definition nur Frust erzeugen. Darum kommt es, so Ben-Shahar, lediglich darauf an, »immer glücklicher« als vorher zu werden. Glück ist kein Endpunkt irgendeiner Strategie oder eines Prozesses, sondern eine »lebenslange Aufgabe«. Dabei muss das schwierige Verhältnis zwischen »Lebensfreude« und »Bedeutung«, aktuellem und zukünftigem Nutzen immer neu ausbalanciert werden.

Extrem prozessual ist auch der Glücksbegriff von Mihaly Csikszentmihalyi angelegt, einem in den USA lehrenden

Ungarn. Sein zentraler Terminus für die flüchtige Materie Glück heißt *flow*, Fluss. Er entwickelt ihn in seinem Bestseller *Flow: Das Geheimnis des Glücks* (1992). *Flow* umkreist das schwebende Ineinander des Denkens, Fühlens und Wollens in animierenden, den Blutdruck erhöhenden Ausnahme- und Leistungssituationen, in denen die Menschen an die Grenze ihrer normalen Kräfte gehen; was sich nicht nur auf Sportler, sondern auch auf Musiker, Mystiker oder Spieler bezieht. Handeln und Empfinden stimmen dann in einem »einzigen Fließen« überein. Zum Beispiel wenn ein begeisterter Sportkletterer alle seine physischen und psychischen Ressourcen aufbringt, um so schnell und so hoch zu kommen, wie es ihm noch nie zuvor gelungen ist – die Zeit rast und das Selbst des Kletterers erweitert sich kreativ parallel zum optischen Weitblick. Ähnliches ereignet sich beim Kunstschaffen oder bei erotischen Eroberungen.

»*Flow*-Erfahrungen ermöglichen blitzartige Augenblicke intensiven Erlebens«, so Csikszentmihalyi. Bei Spielen »wie Schach, Tennis oder Poker gerät man leichter in *flow*, weil die Ziele und Handlungsregeln es dem Spieler ermöglichen zu handeln, ohne sich zu fragen, was er tun und wie er es tun sollte. Für die Dauer der Partie lebt der Spieler in einem geschlossenen Universum, in dem gleichsam alles schwarz oder weiß ist. Dieselbe Zielstrebigkeit entsteht auch, wenn man ein religiöses Ritual ausübt, ein Musikstück spielt, einen Gobelin webt, ein Computerprogramm schreibt, auf einen Berg steigt oder eine Operation durchführt.« Die wahren *Flow*-Ziele erkenne man auch an den Möglichkeiten, sich eindeutig zu »konzentrieren«; zudem gebe es ein rasches Feedback: Man weiß schnell genau, »wie gut man etwas gemacht hat«.

Der Begriff *flow* ist längst ein geflügeltes Wort unter Glücksexperten geworden. Er bezeichnet treffend das Unaussprechliche, Grenzüberschreitende, Vorbeihuschende im Glücksgefühl. Ein Nachteil ist die mangelhafte Bindung an Positives: Auch das verbrecherische, phasenweise rauschhafte Handeln eines Sexualmörders kann sich zur *Flow*-Erfahrung verdichten. *Flow* schwebt einfach über zu vielen Lebensprozessen zwischen Sport, Kunst, Kriminalität, Arbeit und Wissenschaft, der Begriff ist letztlich flau und moralisch indifferent. Die alte, einfache Weisheit, dass der Glückliche der relativen Dauer seines Glücks trauen und sich auch gut im moralischen Sinn fühlen muss, nicht bloß »gut drauf«, wie man sagt – sie wird hier vernachlässigt.

Naturglück

Eine der ältesten Glücksbestimmungen der Historie nennt Momente, die mit nachhaltigem und echtem Glück mehr zu tun haben als ein Haufen Geld, selbst wenn er eine Erfolgsprämie für redliches Bemühen sein sollte und kein Sterntalerglück, das aus der richtigen Zahlenfolge im Lottospiel purzelt. Sie stammt von dem römischen Dichter und Politiker Seneca (4 v. Chr. bis 65 n. Chr.), einem stolzen Unglücksraben – jener Kaiser Nero, den er erzogen hatte, zwang ihn später, sich selbst zu töten. »Glückselig«, schreibt Seneca in seiner berühmten Abhandlung *Vom glückseligen Leben* (*De vita beata*), sei »ein Leben, das mit seiner Natur in Einklang steht«. Zur »Natur« des Lebens gehöre, ergänzt Seneca, ein »gesunder Geist«, der »für den Körper und seine Bedürfnisse« sorgt, aber »geduldig«, mit Rücksicht auf die jeweiligen »Umstände«, in aller »Gemütsruhe« und inneren »Freiheit«, in einem Zustand, den Seneca auch »Harmonie der Seele« nennt. An anderer Stelle meint er, er wolle nun sogar »dreist behaupten, das höchste Gut sei Harmonie mit sich selbst«. Und entsprechend befänden sich lasterhafte Menschen – dies erinnert schon ein wenig an Hegels Begriff des in sich »entzweiten« Bewusstseins – »in Zwiespalt mit sich selbst«. Weil die Lust, die das Laster gewährt, nur ein Ziel kennt, nämlich dass sie immer »unersättlicher« erstrebt wird, und sich dabei in ihr Gegenteil, in Unlust verkehrt.

Das Maß der Natur ist ein fester Glücksrahmen – bis heute: »Artgerecht« sollen nicht nur Tiere behandelt werden, so die

Naturschützer; auch für den Menschen gilt so etwas wie ein natürliches, seiner Herkunft angemessenes Lebensziel, dem eine bestimmte Moral und Lebensart (zum Beispiel der Verzehr von Biokost) zugeordnet werden kann. Was aber heißt das genauer: Leben, Natur, Einklang, Bioglück? Natürlicher essen, mehr Bewegung in freier Natur, mehr Rücksicht auf den »Biorhythmus« des menschlichen Körpers?

Natürlicher leben – ein häufig gebrauchter Ausdruck, der aber sehr unterschiedlich verstanden wird. Er scheint diffus zu flimmern, sobald die Wegweisung, die er beansprucht, der konkreten Lebenssituation unterschiedlicher Individuen zugeordnet wird. »Natur« ist zwar ein Gegenbegriff zur Geschichte, aber dieser Begriff unterliegt auch einem historischen Wandel. Dennis Meadows, Jahrgang 1942, Mitverfasser der berühmten Club-of-Rome-Studie über *Die Grenzen des Wachstums* (1972), sagte in einem Interview mit der *Süddeutschen Zeitung* (21.10.2008) unter der Überschrift »Es geht darum, weniger zu konsumieren«, etwas, das wenigstens teilweise direkt von Seneca stammen könnte: »Es gibt mehrere 100 000 Lebensformen auf der Erde. Alle haben gelernt, dass sie im Einklang mit der Natur leben müssen, wenn sie überleben wollen. Es gibt nur eine Ausnahme: der Mensch. Ein Leben im Einklang mit der Natur, das geht mittlerweile nur mehr über einen Schrumpfungsprozess, nicht mehr über vermindertes Wachstum, wie es noch in den siebziger Jahren möglich gewesen wäre.«

Gewiss verstehen wir nur noch zum Teil dasselbe unter »Natur« wie der Römer Seneca, schiere Maßlosigkeit halten wir für so unnatürlich wie er. Doch Seneca denkt bei diesem Begriff auch an den Kosmos, an die »alles umfassende Natur, die alles regierende Gottheit«, der sich der »Weise« letztlich fügt, eine Norm, die wir heute kaum noch nachvollziehen können (auf die Lehre der Stoa, mit der diese Position Senecas zusammenhängt, kommen wir später zurück). Außerdem wird auch der Naturbegriff unserer Zeit unterschiedlich ausgelegt und angewandt, je nach der konkreten Situation, in der sich ein konkretes Individuum gerade zurechtfinden muss.

Zum Beispiel dieser: Katharina L., 26, eine angehende Speditionskauffrau aus Hamburg, träumte eben noch von allerlei Fernreisen, zum Beispiel, so sagt sie selbst, »mit Rucksack und Motorrad durch Vietnam«. Da stellt sie fest: »Zwei rosa Punkte auf dem Teststreifen.« Es schießt ihr durch den Kopf: »Schwanger? Ich? Jetzt? Das kann nicht sein! Wir haben doch aufgepasst, ich muss meine Ausbildung fertig machen … wie sollen wir das finanzieren, was werden meine Eltern sagen … was wird ER dazu sagen?«

Aber alles rüttelt sich irgendwie zurecht, die erste Aufregung hat sich bei allen Beteiligten nach einiger Zeit gelegt. Jetzt heißt es: »Meine Eltern freuen sich, seine Mutter auch.« Und: »Der Bauch wächst langsam … die erste Übelkeit ist überstanden, ich fühle mich neuerdings erstaunlich kraftvoll und beschwingt. Es passiert mir häufiger, dass ich von richtigen Glückswellen durchflutet werde. Neulich beim Joggen etwa, als ich im Schritttempo durch den Park lief, vorbei an Ententeichen und den ersten Blumen im Jahr, fühlte ich mich plötzlich so frei und angekommen im Leben. Nichts ergab in diesem Moment so viel Sinn wie das Kind in meinem Bauch. Der Glücksschauer war so stark, dass ich anhalten musste und mir die Tränen kamen.«

Mutterglück. Im Rückblick hat diese Frau, wie sie sagt, »erkannt, dass das Glücksempfinden sich allmählich entwickelt und genau dann so deutlich spürbar wird, wenn wir ganz allein mit uns sind und es nicht erwarten.«

Allein mit uns? Wie war das noch mit der beglückenden Anerkennung durch andere? Es ist eben doch nicht so einfach mit dem Glück, wie mancher kluge Kalenderspruch und viele weise Bücher es nahelegen.

»Das Glitzern von Tautropfen lädt zum Träumen ein und lässt uns ehrfürchtig über die Natur staunen.« Diese Bildunterschrift stammt aus einem neueren Band mit dem Titel *Mein Wellness-Garten* (2006), darin geht es um »Trauminseln, Kuschelplätze, Streichelpflanzen, Naschobst, Wasserspiele, Beauty-Kräuter, Wellness für den Gaumen« und andere »Wohlfühl-Faktoren«. Die Daseinsecke, aus der dieses kaninchenhaft sanfte Naturgefühl hoppelt, ist uralt. Im Grunde begann die europäische Variante dieses auch in Asien verbreiteten Naturgefühls vor etwa 2500 Jahren, mit der sogenannten Anakreontik, die etwa mit dem Lob der Liebe das stimmungsvolle Gezirp der Zikade verband. Über den Arkadienmythos (siehe Seite 68 ff.) und das mittelalterliche Bild des unschuldig sittenreinen »Paradiesgärtleins«, über barocke Gartenfeste und Jean-Jacques Rousseaus Zivilisationskritik im Namen des »Naturrechts« *(loi naturelle)* oder des prinzipiell guten »Naturzustands« erreichte es schließlich die grüne Welle industriekritischer deutscher Waldschützer und »Bio«-Apostel.

Die Wappenfarbe all dieser Naturseligen ist Grün. Sie halten sich am liebsten im Garten auf. Eine steinalte Glücksutopie: Am Eingang zum Garten des griechischen »Lust«-Philosophen Epikur (siehe Seite 146 ff.) besagte eine Inschrift: »Freund, das ist ein guter Ort; hier wird nichts mehr verehrt als das Glück.« Zwei Jahrtausende später erkennt der desillusionierte Weltenbummler Candide, den Voltaire (in dem Roman *Candide oder Der Optimismus*, 1759) gründlich an der besten aller möglichen Welten zweifeln lässt, zu guter Letzt: »Nun aber müssen wir unseren Garten bestellen.«

Als der Ölmagnat und Multimillionär John D. Rockefeller schwer krank wurde – er litt an Schlaflosigkeit, Haarausfall, Verdauungsproblemen und anderen Stresskrankheiten –, rieten ihm die Ärzte, sich vor allem an drei Dinge zu halten: sich unter keinen Umständen über irgendetwas aufzuregen; sich bei Bewegung an frischer Luft zu entspannen; und dann mit dem Essen aufzuhören, wenn er noch ein wenig hungrig sei.

Rockefeller befolgte die Ratschläge und tat noch mehr: Er setzte sich zur Ruhe, lernte Golfspielen, sang und – begann im Garten zu arbeiten.

Wenig später hat er große Teile seines privaten Vermögens für soziale und wissenschaftliche Zwecke gespendet (diesen Spenden verdankt die Welt die Entwicklung des Penizillins im Jahr 1940). Als die von ihm aufgebaute Firma Standard Oil wegen Verstoßes gegen die Anti-Monopol-Gesetze zu einer riesigen Geldstrafe verurteilt wurde, soll er einem seiner Anwälte gesagt haben, er möge sich »die Sache« nicht »zu sehr zu Herzen nehmen«. Eine wahrlich gelassene Reaktion für einen Mann, der in jungen Jahren schon bei einem Verlust von 150 Dollar so krank geworden war, dass er das Bett hüten musste.

Der amerikanische Psychologe Jonathan Haidt hält Glück für das Ergebnis eines günstigen Zusammenwirkens von Lebenseinstellung, Lebensumständen und Willenskraft. Die Menschen seien, meint er in seinem Buch *Die Glückshypothese* (2007), »wie Pflanzen« *(like plants);* »Liebe und Arbeit« seien für sie ähnlich elementar wichtig wie »Wasser und Sonnenschein« für die grüne Natur. Haidt erzählt in diesem Kontext auch von dem pflanzenhaften Glück, das er in einem »kleinen Garten« in Philadelphia empfinde.

Bodo Kirchhoffs Roman *Eros und Asche* (2007), die Geschichte einer Männerfreundschaft, beginnt mit der Rückschau des Icherzählers auf einen Glückstraum seines früh verstorbenen Freundes M.: Der habe kurz vor seinem Tod plötzlich von einem stillen, »versteckten See« erzählt, »auf dem zu rudern für ihn wohl noch einmal das Glück war; ihn, der schon immer für sich war, hatten Stille und Schönheit dieses Sees geöffnet, die Farben im Ton der Ufer, flaschen- und salbeigrün, sagte er, je nach Wald oder Schilf, und der Geruch von Harz, wo Bäume bis ans Wasser reichten, oder nach Moder, wo Äste und Laub im Flachen trieben. Er klang süchtig nach der Reinheit eines Sommermorgens, dem leisen Klatschen der Ruderblätter, oder der frühen, über Kiefern und Birken schießenden Sonne. Sein versteckter See schien das letzte, für ihn erreichbare Stück Welt zu sein, das ihn noch staunen ließ, obwohl er dort alles kannte … und so war es die richtige Umgebung, sein Leben zu lassen.«

Kirchhoff, Jahrgang 1952, beschreibt hier – mit den Worten Robert Spaemanns – einen jener »glücklichen Augenblicke, in denen das Leben zu einem Ganzen wird«. Dass das Leben noch einmal als Ganzes aufleuchtet, erfahren nicht selten Menschen, »die sich an der Todesgrenze« befinden, schreibt Spaemann in seinem Essay *Philosophie als Lehre vom glücklichen Leben* (1978).

Das grüne Paradies, das diese Erfahrung rahmt, suggeriert eine Lebensganzheit jenseits von Spezialisierung, Arbeitsteilung, Gewinnstreben, Konkurrenzdruck und Stress. Es verbildlicht einen vermeintlichen Urzustand, der genauso illusionär ist wie die Utopie von einem Punkt Omega der Geschichte, an dem alle Menschen frei, gleich und glücklich seien. Der kleinformatige Traum vom Freizeit- und Gartenglück, den die meisten Menschen heute träumen, bezieht aus diesem größeren Zusammenhang eine Bedeutung, die es eigentlich verbietet, diese Form des Glücks als »kleinbürgerlich« zu verachten, wie es häufig geschieht.

Dies unterstreicht auch das folgende, eher wuchtige Beispiel für den Traum vom Naturglück: Es ist still, dunkel und kühl an einem Märzmorgen über der kalifornischen Pazifikküste, wenige Minuten nach fünf Uhr. Meer und Himmel fließen schwarz ineinander. Mit kräftigen Kraulzügen pflügt die 17-jährige Langstreckenschwimmerin Lynne Cox eine silbrige Furche in das Wasser, etwa 200 Meter vom Strand entfernt.

Das Morgentraining der Sportlerin sprengt bald jede Alltäglichkeit: »Das Wasser schien unter Strom zu stehen«, so wird sie später in einem autobiografischen Bericht das Gefühl beschreiben, plötzlich einer »geheimnisvollen Energie« ausgesetzt zu sein.

Aus Tausenden von glitzernden Sardellen, die sie durchs Wasser schießen sieht, tauchen Schwärme von Ährenfischen, später Thunfische und übermütige Delphine auf, ein einziger herrlicher Tanz der Kreaturen beginnt: im nassen Element, das von alters her die fließende Feuchte des Lebendigen repräsentiert. Plötzlich stockt ihr der Atem: Ein junger Grauwal, über fünf Meter lang und einen Meter breit, ein riesiger atmender Schatten, gleitet wenige Meter von ihr entfernt durchs Wasser. Er hat seine Mutter verloren. Erwartet er Hilfe von der Schwimmerin?

Es scheint fast so. Er bleibt hartnäckig in ihrer Nähe, grunzt und piepst, will anscheinend mit ihr spielen, springt hoch über die Wasseroberfläche und taucht elegant wieder hinein, entfernt sich und kehrt zurück und schaut sie immer wieder fragend »mit seinen großen haselnussbraunen Augen« an. Cox ist so ratlos wie überwältigt. Das mächtige Tier lässt sich sogar von ihr anfassen.

Diese Liebesgeschichte zwischen einem Mädchen und einem zutraulichen Meeresgoliath hat ein Happy End: Gegen Mittag erscheint überraschend das 13 Meter lange Muttertier, auf dessen fette Milch der große Kleine angewiesen ist, und nimmt den verlorenen Sohn mit auf die Weiterreise in die Arktis.

Zum Abschied umkreist die Mutter, mit dem jungen Wal an ihrer Seite, die Schwimmerin, die jetzt in einem kleinen Boot kauert – ohne Cox wäre das Walkind wohl aufs weite Meer hinausgeschwommen, wo seine Mutter es kaum noch gefunden hätte. Cox: »Ich spürte, dass eine Verbindung zwischen uns bestand; ähnlich wie zwischen mir und dem kleinen Wal. Sie sah mich an, und ich sah sie an. Es war, als ob sie sich bei mir bedankte – wenigstens hatte ich das Gefühl. Ich war so voller Glück! An diesen Tag werde ich mich erinnern, so lange ich lebe.«

Sentimentale Naturverklärung? Unvergessliches Glück habe sie erfahren, sagt Lynne Cox, die ihre Story 2006 unter dem Titel *Grayson* als Buch veröffentlichte (deutscher Titel: *Der kleine Wal*). Diese Zeugenaussage zählt.

Aber Glück geht nicht in Naturerlebnissen auf, so poetisch sie sein mögen. Selbst an einem einsamen See oder am Meeresstrand entrinnt der Mensch nicht der Tatsache, dass er sein Glück auch in der Gesellschaft suchen muss. Die Gesellschaft verlangt von ihm die Einhaltung bestimmter Normen, die für alle gelten. Der legendär zornige junge Mann, der sein Glück außerhalb dieser Regeln sucht und die gesellschaftlichen Fesseln sprengt, verkörpert den Einbruch der Natur in die Kultur. Aber auch er wird älter und sich irgendwann den wichtigsten moralischen Geboten fügen.

Landschaft des Glücks: Arkadien

Im griechisch-römischen Bild der arkadischen Ideallandschaft wird die Natur selbst zu einem Symbol bestimmter gesellschaftlicher Normen. Arkadien steht für sorglose Sinnlichkeit, erotische Sehnsucht, einen vom Profitzwang weitgehend unberührten Umgang des Menschen mit Tieren und Pflanzen, natürliche Freiheit und Friedlichkeit, für eine juvenile Lebendigkeit, zu deren Schönheit auch der Schatten des betrauerten Toten gehört, also die Todesnähe.

Ein Kustos – das ist heute der Abteilungsleiter in einem Museum. Im 1. Jahrhundert v. Chr., in den Versepen des römischen Dichters Vergil (70 bis 19 v. Chr.), ist mit Kustos ein Kuhhirt, ein Schafhirt gemeint. Der berühmteste Nutztierhüter dieser Zeit ist der Sizilianer Daphnis, ein unglücklicher Halbbruder des erfolgreich auf Liebesaffären spezialisierten Bergdämons Pan. Daphnis, nicht zu verwechseln mit der weiblichen Daphne, wird von einer Nymphe – später heißt sie Chloe – geliebt; die jedoch blendet ihn, da er ihre Liebe nicht angemessen erwidert. Eine Variante der Sage meint, sie habe so seinen weinseligen Seitensprung gerächt. Im kurzen Rest seines Lebens beklagt Daphnis in traurigen Liedern sein schweres Schicksal – der Ursprung aller Hirtenlieder.

Vergil widmet diesem sagenhaften Naturhelden, in der fünften Ekloge, einen Grabspruch mit den Versen: »Daphnis bin ich, im Wald (*in silvis*) berühmt und bis zu den Gestirnen,/ Hüter ich für das schöne Vieh und schöner ich selbst.« Hüter des Viehs: *pecoris custos*. In der zweiten Ekloge lesen wir:

nobis placeant ante omnia silvae, vor allem anderen können uns die Wälder erfreuen. Schon lange bevor der römische Historiker Tacitus die Germanen als Waldschrate identifizierte, war *silva,* Wald, also ein Synonym für den Entfaltungsraum natürlicher Urwüchsigkeit, Anmut und Heiterkeit.

Zwischen den beiden Bedeutungen des Begriffs »Kustos« gibt es einen denkwürdigen, folgenreichen Zusammenhang: Schon in der griechisch-römischen Antike ist der Viehhüter zugleich ein Schönheitswächter, ein singender Apostel der Wälder, der Liebe, der natürlichen Harmonie – der Sehnsucht nach Harmonie vor allem. Der spätere museale Bedeutungswandel des Wortes »Kustos« ist also nicht absurd oder zufällig, er kommt aus dem heiteren Himmel einer Ästhetik, die Maß nimmt an dem Idealbild einer von melancholisch singenden und flötenden Schäfern und Nymphen sparsam bevölkerten, argrarökonomisch noch unberührten, wenn auch nicht urwaldartig unkultivierten Natur.

Den Tod des Daphnis beklagen – so Vergil – nicht nur die Nymphen und die anderen Hirten, sondern sogar die Tiere: Die Rinder mögen plötzlich nicht mehr grasen, die Löwen stöhnen, dass es in den Wäldern widerhallt, statt Veilchen und Narzissen wachsen nur noch Distel und Kreuzdorn. Kein Wunder, steht der Name Daphnis doch für eine natürliche Friedlichkeit, in der der Wolf keine Schafe reißt und der Hirsch nicht gejagt wird. Getreu dem Motto: *amat bonus otia Daphnis* – der freundliche Daphnis liebt die Ruhe, den gehaltvollen Müßiggang. Rastlosigkeit, Hektik, Aggressivität hingegen, die Jagd nach dem raschen Vorteil – das ist die harte Arbeitswelt nach dem Tod des schönen Daphnis.

Vor diesem Hintergrund hat der griechische Schriftsteller Longos von Lesbos, im 2. oder 3. Jahrhundert n. Chr., den Schäferroman *Daphnis und Chloe* geschrieben – er wurde zum Quell- und Schlüsselroman für alle späteren poetischen Hirten-Amouren und Naturidyllen bis hin zum 18. Jahrhundert.

Vergils berühmte Eklogen, auch *Bucolica* genannt (nach altgriechisch *boukolos*, Rinderhirt), orientierten sich vor allem am Vorbild des aus Sizilien stammenden griechischen Dichters Theokrit (um 310 bis 250 v. Chr.). Dessen raffinierte lyrische Idyllen (*Eidyllia*) bildeten die Volkslieder dieser Region nach. Schon bei Theokrit wird das einfache Landleben zwar als Idylle gezeichnet, aber zugleich mit sanfter Ironie bespöttelt; nicht einmal der Begründer der Schäferdichtung hielt die so beschworene Traumwelt für realistisch, was die meisten späteren Kritiker, die diese großartige Literatur-Illusion als gesellschaftsferne »Schäferideologie« schelten, übersehen.

Vergil hat nicht nur den schönen Daphnis besungen, sondern auch eine Landschaft dichterisch verewigt, die das ideale Bühnenbild für den Auftritt dieses musisch begnadeten, doch erotisch eher unglücklichen Viehhirten abgibt: Arkadien. Diese Ideallandschaft, sozusagen das Glück als Landschaftsbild, enthält eine der herrlichsten und umstrittensten Großerzählungen der europäischen Kulturgeschichte, die mindestens so oft zitiert und variiert wie missverstanden wird.

Verzwickt und merkwürdig ist diese Erzählung von Anfang an: Daphnis, Pan (der den Menschen die Syrinx, die aus sieben Schilfrohren gefertigte Hirtenflöte, bringt) und Eros (lateinisch *amor*) sind griechische Geschöpfe, deren ländliches Paradies der Grieche Theokrit in Italien, genauer Sizilien, ansiedelt; der römische Dichter Vergil hingegen verlegt die Traumwelt nach Griechenland, wo es – mitten auf dem Peloponnes – tatsächlich eine Gegend namens »Arkadia« gibt. Es ist ein dünn besiedeltes Hochland mit Wäldern, Sümpfen und vereinzelten Flusstälern, eine schon im Altertum vorwiegend als Weideland genutzte Gegend, die durch hohe Randgebirge von den übrigen Regionen der Halbinsel abgeschnitten wird. Vielleicht macht diese isolierte Lage es verständlich, dass sich die Arkadier für autochthon, ja für den ältesten Stamm der Menschen hielten.

Der bekannteste reale Arkadier ist der hellenistische Historiker Polybios (um 200 bis um 120 v. Chr.). Obwohl er in Rom Karriere gemacht hat, konnte er seine Heimat nicht vergessen und rühmte seine Landsleute dafür, dass sie von früher Jugend an das Singen übten und eifrig musikalische Wettkämpfe organisierten. Polybios verlebte die letzten Jahre in der Heimat, wo ihn ein wahrlich ländlicher Tod ereilte: Im Alter von 82 Jahren stürzte er so vom Pferd, dass er sich davon nicht mehr erholte.

Das Lob der arkadischen Sänger aus der Feder des Polybios wurde von Vergil gelesen; er »bezog es auf die arkadischen Hirten, denn Arkadien war Hirtenland und Heimat des Hirtengottes Pan« – so Bruno Snell in seinem grundlegenden Aufsatz »Arkadien – Die Entdeckung einer geistigen Landschaft« (1945, Neuauflage 1975). Zu Vergils Zeiten war das ehemals großgriechische Sizilien römische Provinz geworden, und die dort lebenden Hirten mussten für römische Großgrundbesitzer arbeiten. Insofern drängte es sich fast auf, dass Vergil für seine Schäfer eine Landschaft wählte, die von dieser hässlicher gewordenen Realität weit genug entfernt lag – jenes Arkadien auf dem Peloponnes.

So feiert Vergil (in der 8. und 10. Ekloge) denn auch das arkadische Gebirge Mainalus, wo der Wind durch die Haine weht und die Pinien »flüstern«, wo man »stets die Liebeslieder der Hirten hört und den Pan, der auf der Hirtenflöte bläst«. Und er appelliert an das Hirtenvolk: »Ihr Arkadier, die ihr allein erfahren seid im Gesang, sollt hiervon singen bei euch im Gebirge« – hiervon etwa: Wie Amor, »der grausame«, nie »satt« wird »von den Tränen« der Liebenden, so wie das Gras niemals genug Wasser bekommt, die Bienen nie genug Klee finden, die Ziegen nie genug Laub. Derweil wird – süßer Schreck – urplötzlich »Pan, Arkadiens Gott« gesichtet, »rot von der blutfarbenen Frucht des Zwergholunders und Mennig«. Pan zweifelt, ob es »je ein Maß« geben könne für

Schmerz und Lust der Liebenden, und hadert darum mit Amor, der kein Maß kenne.

In der zweiten Ekloge klagt ein unglücklich verliebter Hirt: »O grausamer Alexis, lassen dich meine Gesänge ungerührt? Wenn du mich nicht erhörst, muss ich am Ende noch sterben, während das Vieh Schatten und Kühle sucht und sich die Eidechsen im Dornstrauch verstecken.« Auch in der zehnten Ekloge verbindet Vergil den Liebesschmerz mit dem Todesmotiv. Als Pan zu Gallus sagt, Amor kümmere sich nicht um die Tränen des unglücklich Verliebten, findet dieser Trost in der lyrischen Vision: » O wie sanft möge mein Gebein dann ruhen, wenn eure Flöte einst meine Liebe besingt.«

Er malt sich aus, wie glücklich er hier an den kühlen Quellen, auf den sanften Wiesen, im Hain Arkadiens mit seiner Geliebten leben könnte, wäre diese nicht mit einem anderen fortgegangen – in den Krieg. Mag Arkadien, das Traumland einer goldenen Zeit, die im Dunst einer märchenhaften Ferne leuchtet, so unerreichbar sein wie das konkrete Liebesglück unter Bäumen, in der Gesellschaft von Nymphen und friedlich grasenden Tieren: Der Verzagte kann sich immerhin damit trösten, dass sein Name im gefühlvollen Lied der Arkadier fortlebt, auch über den Tod hinaus.

Gallus, unglücklich Liebender aus Vergils zehnter Ekloge, ist Poet. Einmal wird er sogar als »göttlicher Dichter« angeredet. Dahinter steckt ein neues Selbstbewusstsein des Dichters: Der große Lyriker »berührt mit dem Scheitel die Sterne«, wie Vergils Zeitgenosse Horaz es formuliert hat, jener Horaz, dem Maecenas ein ganzes Landgut schenkte, damit er in Ruhe dichten konnte. Poetenglück. Der Dichter ermöglicht den Menschen die »fühlende Teilnahme« (Bruno Snell) an allen Höhen und Tiefen der Liebe, die Dichter sind die Anwälte der wahren Empfindsamkeit in einer kalten, kriegerischen, egoistischen Welt. Ihr spezieller Zugang zu Arkadien und zum ewigen Ruhm privilegiert sie gegenüber allen anderen Zeitgenossen.

Dazu passt, dass Vergil seine eigenen Verse gelegentlich *silvae* nennt, arkadische »Wälder«. Die Wälder, in denen der schriftgelehrte Hirte Daphnis auftritt – *Daphnis ego in silvis –*, sind eben jene Verse, die diesen Auftritt beschreiben. Der dichterische Preisgesang auf Arkadien ist also indirekt stets auch ein Selbstlob des Dichters, der arkadische Gefühle und Träume erst spürbar macht. Es wäre ein grober Fehler, vom Thema der Bukolik – der seligen Naivität in einer noch heilen Natur – auf die Einfalt ihrer Autoren zu schließen.

Die pastoralen Naturbilder, die Theokrit und Vergil als Staffagen bukolischer Sehnsucht ausmalen, verselbständigen sich im Lauf der Literaturgeschichte zum vielfach einsetzbaren Motiv des *locus amoenus*, des lieblichen Ortes, auch »Lustort« genannt. Der Romanist Ernst Robert Curtius war der Erste, der – 1948 – diesem Motiv eine umfangreiche Spurensuche gewidmet hat, von Theokrit bis Goethe. Dieses beliebteste Motiv aller die Außenwelt ausschmückenden Epik charakterisiert Curtius so: Der *locus amoenus* ist »ein schöner, beschatteter Naturausschnitt. Sein Minimum an Ausstattung besteht aus einem Baum (oder mehreren Bäumen), einer Wiese und einem Quell oder Bach. Hinzutreten können Vogelgesang und Blumen. Die reichste Ausführung führt noch Windhauch hinzu.«

Als Muster, für die Zeit nach Vergil, zitiert Curtius den römischen Dichter Petronius, der bekannt ist für den – bruchstückhaft erhaltenen – frivolen, 1969 von Federico Fellini (unter dem Titel »Fellinis Satyricon«) verfilmten Roman *Satyricon:* »Die schwankende Platane hatte sommerlichen Schatten ausgegossen, wie auch der beerengeschmückte Lorbeer, die bebende Zypresse und die beschnittenen Pinien mit ihrem wogenden Scheitel. Zwischen diesen Bäumen plätscherte ein schäumender Bach und überspülte die Kiesel mit nassen Klagelauten. Der Ort war wie für die Liebe geschaffen: Möge die Nachtigall es bezeugen, die die Wälder liebt, und die Schwalbe, die der Stadt vertraut. Beide flatterten über

Rasen und zarte Veilchen und verschönten den Platz mit ihrem Sang.« Petronius war an Neros Hof als Richter in Fragen des feinsten Lebensgenusses *arbiter elegantiarum* tätig und wurde 66 n. Chr. – wegen des Verdachts auf Teilnahme an einer Verschwörung gegen den Kaiser – zum Selbstmord gezwungen.

Das idyllische Sammelsurium aus der Feder des Genussmenschen Petronius klingt im hohen Mittelalter, bei dem Dichter Walther von der Vogelweide (um 1170 bis um 1230), so nach: »Unter der Linde / auf der Heide / wo unser beider Lager war, / da kann man sehn / liebevoll gebrochen / Blumen und Gras. / Vor dem Wald in einem Tal / tandaradei / sang schön die Nachtigall.« Ein abgelegener Ort in der Landschaft, »wie zur Liebe geschaffen«, mit Blumen, Bäumen und Vögeln, die zu verschwiegenen Zeugen heimlicher Liebestaten werden…

Als bloße, wenn auch pittoreske Versatzstücke für den »Schmuck der Welt« (so heißt ein Gedicht von Petrus Riga aus dem 12. Jahrhundert n. Chr.) haben sich solche erotisch aufgeladenen Naturausschnitte allmählich aus dem arkadischen Zusammenhang gelöst. Sie werden zu reinen Farbtupfern des Glücks, denen die sanfte Rebellion gegen die Friedlosigkeit und Hektik des Alltags abhanden gekommen ist. Diese Rebellion war noch bei Vergil spürbar, wenn er – in den *Georgica* – feststellte, den Bauern fehle zwar der Luxus der großen Stadt, doch »dafür habt ihr den sicheren Trost einfältigen Wandels, / Reich an verschiednem Besitz; ihr habt im Frieden des Erbguts / Grotten, lebendige Seen und kühldurchduftete Täler, / Weidender Herden Gebrüll und Rast im Schatten der Bäume, / Habt der begrünten Schlüfte genug und Lager des Wildes« (Übersetzung von Rudolf Alexander Schröder).

Vergils Darstellung lieblicher Gefilde ist kein Protest gegen den hässlichen politischen und städtischen Arbeitsalltag, aber doch eine elysische Gegenwelt, deren Motive später von den christlichen Dichtern des Mittelalters zur Ausschmückung des himmlischen Paradieses, welches das Ursprungsparadies von

Adam und Eva weit überbietet, eingesetzt werden. Da das Paradies oft als üppiger Garten (»Paradiesgärtlein«) erscheint, wird umgekehrt ein reichhaltiger Garten dann auch Paradies genannt. Dabei heißt das Wort »Paradies«, das aus dem Altpersischen stammt, schon so viel wie »Garten«: ein Stück gepflegtes, umzäuntes Land. Die Prägung »Paradiesgarten« ist eigentlich ein weißer Schimmel.

Das paradiesische Stück Natur signalisiert Distanz nicht nur zu den Plagen des Alltags, sondern zum zeitlichen Wandel des Lebens überhaupt. Denn der Zaun, der regelmäßige Baum- und Strauchschnitt, das Jäten des sogenannten Unkrauts und die Abwesenheit »wilder« Tiere, all das sorgt dafür, dass das Gartenbild von Jahr zu Jahr erhalten bleibt – und so eine kleine Ewigkeit in der Zeit darstellt. Diese Symbolik gilt für den paradiesischen Garten Eden ebenso wie für die arkadische Ideallandschaft. Darüber hinaus verklärt Arkadien wohl auch das vermeintlich paradiesische Leben der Nomaden, jener Jäger und Sammler, die sozusagen frei umherschweifen und die Früchte von Wald und Flur noch ohne ackerbäuerliche Plackerei ernten konnten.

Ihre zweite Hochblüte erlebte die arkadische Schäferidyllik zwischen dem 14. und 17. Jahrhundert. Beginnend mit Francesco Petrarcas neulateinischen Hirtengedichten im 14. Jahrhundert, über Jacopo Sannazaro, einen Italiener, der in seiner Liebesklage *Arcadia* (1504) Gedicht und Erzählung mischt, bis hin zum *Diana*-Epos des spanisch schreibenden Portugiesen Jorge de Montemayor aus dem Jahr 1559, zu Torquato Tassos Bühnenromanze *Aminta* (1573) und der englischen Erzählung »The Countess of Pembroke's Arcadia« (1590) von Philip Sidney. Das sind nur einige Titel aus einem Füllhorn arkadischer Begeisterung jener Epoche.

Die schäferlichen »Idyllen« des Schweizers Salomon Geßner sind ehrenwerte Nachzügler (sie erscheinen erst 1756), die ihre höfischen Leser zu einer Zeit suchen, in der die erotische Bukolik schon den Spott eines Andreas Gryphius hatte ertragen müssen. Der große Barockdichter der Vergänglichkeit machte sich bereits 1663 über den Typus des »schwermenden Schäffers« lustig – in einer aus dem Französischen übertragenen Komödie, die einen liebeskranken Viehhirten, der sich im Erdreich wälzt, endlich in einen hohlen Baum plumpsen lässt.

Wie ein spätes Echo des Vergilischen *Daphnis ego in silvis* (Ich Daphnis in den Wäldern) erschallt im frühen 17. Jahrhundert jenes Memento mori (»Bedenke, dass du sterblich bist«), das der italienische Barockmaler Giovanni Francesco Barbieri, genannt Il Guercino (der Schielende), auf einem Gemälde verewigt hat. Es zeigt zwei Hirten, die erschrocken, wie Ertappte, auf einen großen Totenschädel herunterschauen, der auf einem verwitterten Steinsockel mit der Inschrift *Et in Arcadia ego* liegt.

Todesnähe im arkadischen Paradies: Nicolas Poussin (1594–1665), Idyll I und II ohne Titel, zwischen 1638 und 1655.

Der französische Maler Nicolas Poussin (1594 bis 1665)
hat Barbieris Anregung aufgegriffen und weiterentwickelt: In
zwei Idyllen ohne Titel, die jeweils drei Hirten und eine Hirtin
in einer einsamen, ziemlich unberührt wirkenden Landschaft
zeigen. Auf beiden Bildern beugen sich die Glücklichen über
einen kantigen Sarkophag mit der Aufschrift *Et in Arcadia ego*.
Einmal entblößt die Hirtin das rechte Bein fast bis zum Ansatz
des Oberschenkels: Sie ist offensichtlich die Geliebte des Hirten, der ihr am nächsten steht, sich jedoch von ihr abwendet, um die Inschrift auf dem Sarkophag zu entziffern – der
Gedanke an den Tod droht auch die Liebe zu töten. Auf dem
zweiten, wohl später (1650?) entstandenen Poussin-Gemälde
zu diesem Thema bleibt die ein wenig abseits stehende Hirtin
ganz bekleidet, sie wirkt sibyllinisch und scheint über den Sinn
des Grabspruchs nachzudenken.

Die Kunstwissenschaftlerin Petra Maisak hat diese zweite Arkadien-Variation Poussins so gedeutet: »Aus der inneren Ruhe der Seele heraus kann dem Tod mit Gelassenheit entgegengeblickt werden; im Bewusstsein seiner steten, latenten Anwesenheit hat er nichts Schreckliches oder Überraschendes mehr an sich. Ist das wahre Glück erreicht, das aus der ›virtus‹ (Tugend) und der ›tranquillitas animi‹ (Ruhe der Seele) resultiert, kann nicht einmal der Tod, das Todesbewusstsein, es mehr zerstören… Diese der Lehre der Stoa entsprechenden Postulate finden ihren Ausdruck in der Haltung der Frau gegenüber der existentiellen Frage nach dem Tod, die das epigrammatische *Et in Arcadia ego* aufwirft. In ihr spiegelt sich die Seelenharmonie in Ruhe, Gelassenheit und äußerer, würdevoller Schönheit wider«, so Maisak 1981 in der Studie *Arkadien. Genese und Typologie einer idyllischen Wunschwelt.*

Der Philosoph Reinhardt Brandt überbietet diese an sich ja plausible Deutung – in seinem Buch *Arkadien in Kunst, Philosophie und Dichtung* (2005) – durch folgenden Hinweis: Auf dem Sarkophag ist der Kopfumriss des knienden Hirten als Schatten sichtbar. Der Hirt rechts daneben zeigt mit dem Finger ausdrücklich auf den Schatten des Kopfes. Damit spielt Poussin etwas versteckt, aber erkennbar auf den antiken Schriftsteller Plinius an, der in seiner Naturgeschichte die Entstehung der Malerei daraus ableitet, dass jemand ganz einfach »den Schatten eines Menschen mit Linien nachgezogen« habe (Plinius zitiert diese Ableitung als seinerzeit geläufige These).

Brandt folgert, Poussins Bild erhebe »die bildliche Darstellung selbst« zu seinem »eigentlichen Thema«. Somit meine hier *Et in Arcadia ego*: »Auch ich, die Malkunst, bin jetzt in Arkadien«, der malende Künstler tut es dem dichtenden Kollegen gleich, der (schon bei Vergil) im ewigen Ruhm, den er sich selbst wie dem von ihm Dargestellten (seinem Auftraggeber) verschafft, den Tod überwindet. In dieser Interpretation ist das eigentliche Arkadien die Malerei, die arkadisches Leben darstellt. Und Poussin ist der Oberhirte dieser Glücksvision.

Abgesehen von der wohl zutreffend gedeuteten »selbstreflexiven Struktur« (Brandt) des jüngeren Poussin-Gemäldes steht fest: Für die bildliche und poetische Arkadien-Tradition ist die Vision einer paradiesischen, von Arbeit und Mühsal freien Natürlichkeit stets bezogen auf ihr drohendes Ende im Tod, also keineswegs die oberflächliche »Heile Welt«-Illusion, die dieser Tradition hartnäckig unterstellt wird.

Noch im 17. Jahrhundert verweist der Spruch *Et in Arcadia ego* entweder auf den Tod des Hirten Daphnis oder allgemeiner auf den Tod dessen, der – bei Poussin aus dem Sarkophag heraus – sich in Erinnerung bringt. Dabei bleibt offen, ob der Tote oder sogar der Tod selbst es ist, der die sorglosen Hirten ermahnt: Auch ich war einmal – als Lebender – in Arkadien; oder ich bin, als lauernde Gefahr, auch jetzt in Arkadien, vergiss mich nicht in deinem Liebesrausch!

Im 18. Jahrhundert geht dieser Zusammenhang dann aber weitgehend verloren. Salomon Geßners »Idyllen« malen in zarten Farben und in lyrisch rhythmisierter Prosa einen heiteren, bukolischen Naturzustand des Lebens ohne große Bedrohungen aus, zierlich und anmutig wie die entsprechende Rokokomalerei. Der Adel spielt das erotisch verwirrte Hirtenleben nach, wohl auch mit dem Hintergedanken, auf diese Weise in die Rolle des guten Hirten für die eigenen Untertanen schlüpfen zu können. Von einer Kritik an der Härte seiner Kriege und Herrschaftsformen ist diese Bukolik so weit entfernt wie von der älteren Memento-mori-Überlieferung.

Diese Verharmlosung des Arkadienbildes ist die historische Voraussetzung für Johann Wolfgang von Goethes berühmte Sentenz »Auch ich in Arkadien«. Sie ist das Motto der Erstausgabe seiner *Italienischen Reise* (1816/17). Goethe hatte sich zwischen 1786 und 1788 sowie 1790 in Italien aufgehalten, der Reisebericht erschien gut ein Vierteljahrhundert später. Bei Goethe (1749 bis 1832) meint sie so viel wie: Endlich bin auch ich, der gestrenge Nordländer, in der Heimat klassischer Schönheit und unbeschwerter Natürlichkeit angekommen – in Rom, Neapel und Sizilien. »Ich« (*ego*) ist hier nicht mehr der Tod oder ein Toter, sondern dessen Widerpart: der lebensfrohe Dichter Goethe. Friedrich Schillers Verse »Auch ich war in Arkadien geboren, / Doch Thränen gab der kurze Lenz mir nur« huldigen demselben Ideal, lassen aber, anders als Goethes Motto, auch eine gewisse Distanz anklingen.

Der Maler Johann Heinrich Wilhelm Tischbein hat seinen hessischen Landsmann und Dichterfreund 1787 auf dem Ölgemälde »Goethe in der Campagna« verewigt: Der 37 Jahre alte Poet ruht, in einen hellen Mantel gehüllt, auf antikem Trümmerwerk und blickt so gelassen wie nachdenklich in die Ferne; hinter ihm sieht der Betrachter eine offene, menschenleere Landschaft in weichem Licht, Bäume, Büsche, Ruinen, am Horizont die Albaner Berge. Dieses Gemälde, das die typische Szenerie der arkadischen Landschaft zitiert, verwandelt die mythische Figur des Hirten Daphnis in den realen Naturdichter und Naturforscher Goethe. Goethe in der Campagna, das ist bis heute die suggestivste Arkadien-Variante. In Italien erlebte Goethe nicht zufällig seine glücklichsten Jahre.

Die 1690 in Rom gegründete Accademia degli Arcadi, eine Institution zur Pflege der Schäferpoesie und anderer volkssprachlicher Literatur des Landes, hat Goethe noch während der Entstehung des Tischbein-Gemäldes, im Jahr 1787, als Mitglied aufgenommen – durch die Vermittlung des Fürsten von Liechtenstein. Goethe, der in Rom als *pittore* (Maler) unter dem Pseudonym Filippo Miller Quartier bezogen hatte, erhielt den Schäfernamen *Megalio Melpomenio*, wie es ihm ein Diplom bescheinigte.

In Goethes Augen ist Arkadien die ideale Verbindung jener freien Sinnlichkeit, die seine »Römischen Elegien« besingen, mit der ästhetischen Harmonie klassischer Kunst, frei nach

Johann Joachim Winckelmanns Vorstellung, die antike Kunst habe »edle Einfalt und stille Größe« – das Natürliche und das Ideelle, Idyllik und Erhabenheit – ausbalanciert. Der junge Friedrich Nietzsche hat diese Kombination zu der Gegenüberstellung von apollinischem Traum (Natürliche Klarheit, Form) und dionysischem Rausch (Größe, Entgrenzung) vereinfacht – ein ferner Nachhall der Arkadien-Mythologie, die ja auch Apollon, als Patron des Gesangs, mit Dionysos, in der Figur des Pan aus dem Gefolge des Gottes, verbindet.

Ist Arkadien eine Utopie des Glücks? Ja und nein. Ja, sofern diese Seelenlandschaft einen »Nirgend-Ort« benennt, ursprünglich eine lateinische Projektion auf eine griechische Halbinsel, später eine Art Garten Eden, der – im 18. Jahrhundert – auch schon mal in brandenburgische Gartenparadiese wie Sanssouci oder den Schlosspark Rheinsberg verlegt werden konnte. Nein, weil im idealen Naturbild der Entwurf einer ganz anderen Gesellschaftsordnung zwar aufscheint, aber gedanklich nicht als solcher aufgearbeitet wird.

Glückliche Inseln

Arkadien ist ein Traumgebilde, aber keine eigentliche Utopie. Von einer richtigen Utopie hingegen erzählt der Roman »über die beste Staatsform und die neue Insel Utopia« (1516). Darin entwirft Thomas Morus eine vor allem gerechte Idealgesellschaft an einem entrückten Ort. Ein Motiv, das wir auch bei dem italienischen Dominikanermönch Tommaso Campanella finden, einer der schillerndsten und faszinierendsten Persönlichkeiten des späten 16. und frühen 17. Jahrhunderts. Campanellas Dialog-Erzählung über die *civitas solis*, den Sonnenstaat (auch: Sonnenstadt), stammt aus dem Jahr 1602 und ist formal der Reisebericht eines Weltumseglers, der nahe dem Äquator das ferne Land Taprobana kennengelernt hat. Inhaltlich schildert diese Erzählung eine priesterlich gelenkte Idealgesellschaft katholischer Sonnenanbeter. In ihr gibt es kein Privateigentum und – geregelt von einer Herrschaft der Wissenden – ein Leben ohne allzu viel Plackerei: Jedermann soll nicht mehr als vier Stunden täglich arbeiten müssen, die »übrige Zeit kann er mit angenehmem Studium, Disputieren, Lesen, Erzählen, Schreiben, Spazierengehen, geistigen und körperlichen Übungen und mit Vergnügen zubringen«. Campanella, der ständig von der Inquisition verfolgt wurde und insgesamt 27 Jahre seines Lebens inhaftiert gewesen ist, musste für solche Entwürfe einer spirituell-kommunistischen Wissensgesellschaft den Verdacht ertragen, er sei ein Häretiker.

Der berühmte englische Denker Francis Bacon verfolgte wenig später ähnliche Phantastereien: Seine Vision eines fernen, insularen Wissenschaftsstaates erschien erst ein Jahr nach seinem Tod, 1627. Ihr Titel *Nova Atlantis*, Neues Atlantis, erinnert an Platons Erzählungen über jene mythische »Insel des Atlas«, die dem griechischen Philosophen zufolge, äußerst fruchtbar und mächtig, unter der Regie des Meeresgottes Poseidon, einst das ganze südliche Mittelmeer beherrscht habe und um 9600 v. Chr. an einem einzigen Tage untergegangen sei.

Bacons Neuinterpretation dieses uralten Stoffs spielt auf der pazifischen Südseeinsel Bensalem und lässt in manchem Detail an die technische Phantasie von Jules Verne denken. Auf Bensalem hören die fast ausschließlich auf Wissen erpichten Bewohner unerhörte Klänge, essen völlig neue Speisen, die zum Teil aus genmanipulierten Pflanzen bestehen, und benutzen sogar schon Unterseeboote.

All diese Inselbilder sind zugleich utopisch, als Vorgriffe auf eine ferne Zukunft und gegenwartskritisch intendiert. Der Blick in ganz andere Gesellschaften soll den Blick auf die Missstände gegenwärtiger Verhältnisse schärfen. Damit sind fast immer die ärgerlich ungerechten Besitzverhältnisse gemeint, die in jenen Jahrhunderten – neben der schlechten Hygiene, den Epidemien, Kriegen und Hungerperioden – die wohl häufigsten Hindernisse bei der Suche nach Lebensglück waren.

Das zeitkritische Element dieser Tradition hat lange fortgewirkt – zum Beispiel in jener »utopischen Romanze« des britischen Jugendstilkünstlers und Kunstreformers William Morris, die den Titel *Kunde von Nirgendwo oder Ein Zeitalter der Ruhe* trägt (1891); sie träumt vom antikapitalistischen »Glück« eines neuen »kameradschaftlichen Miteinanders«, das keine Gefängnisse mehr braucht und den friedlichen Alltag mit handgefertigter Schönheit bereichert.

Der britische Schriftsteller Aldous Huxley (1894 bis 1963) hat innerhalb dieses Genres erstmals klar die utopische von der zeitkritischen Linie getrennt. Während er in der schwarzen Utopie *Schöne neue Welt* (1932) eine Gesellschaft total kritikloser, raffiniert gleichgeschalteter Konsumidioten vorführt, malt sein später Roman *Eiland* (1962) das rosige Gegenbild aus: ein irgendwo im indonesischen Archipel blühendes Inselparadies, auf dem sexuelle Anarchie und genossenschaftlich organisierte Arbeit mit massenhaftem Drogenkonsum einhergehen, der jedoch nicht betäubt, sondern die Sinne erweitert zu mystischen Seinserfahrungen und einem ekstatischen Yoga der Liebe.

Die hier skizzierten Beispiele der erotischen und vor allem politisch-ökonomischen Insel-Utopie unterscheiden sich deutlich vom primär künstlerischen Lebensentwurf arkadischer Tradition. Das ist erstaunlich. Denn die Renaissance, die die größten Vorbilder dieses Genres hervorgebracht hat, erhob letztlich den Künstler zum Idealbild des Menschen, der möglichst viele seiner natürlichen Anlagen zu vollenden, insofern ein ganzer Mensch, ein Glücksmensch, zu werden versucht – man denke nur an den universal-ästhetischen Geist der 108 Künstlerbiografien aus der Feder des toskanischen Allroundschreibers, Architekten und Ästheten Giorgio Vasari, der im 16. Jahrhundert gelebt hat. Aber in der fälligen Abwendung vom Mittelalter ging es zunächst einmal um den Primat des Wissens gegenüber der alten Vorherrschaft des Glaubens. Die Wissensgesellschaft war vordringlicher als die verfeinerte Empfindungsgesellschaft. Erst im 18. Jahrhundert kehrt das antike Leitmotiv der vor allem künstlerisch-erotischen Freiheit in die gesellschaftliche Utopie zurück.

Etwa in dem erstaunlichen, 1787 veröffentlichten Ideen-Roman *Ardinghello und die glückseligen Inseln* des Mainzer Bibliothekars Wilhelm Heinse (1746 bis 1803). Obwohl beim Erzbischof angestellt, tut Heinse darin sein sinnenfrohes, kunstseliges Credo geselliger Galanterie kund: »Der erste Trieb in jedem Lebendigen ist das Vergnügen, nicht allein oder vereinzelt zu sein.« Ardinghello ist der Tarnname des Renaissancekünstlers Prospero Frescobaldi, der aus einer florentinischen Adelsfamilie stammt. Er ist ein sinnlicher, geis-

tig begabter, schöner junger Mann, der sein Glück sucht. Er
träumt von einem Staat, der jedem Bürger das gleiche Recht
auf sinnliche Selbstverwirklichung und Wohlleben zubilligt,
der Maler und Bildhauer fördert und dem Schönen huldigt
wie die Demokratie Athens unter Perikles – und der die schönen, selbstbewussten Frauen nicht in der Ehe versklavt. Da
dieser Traum im Italien des 16. Jahrhunderts nicht Wirklichkeit werden kann, gründet Ardinghello zusammen mit gleich-
gesinnten Freunden ein seliges Inselreich auf den Ägäisinseln
Naxos und Paros. Eine Art Wiedergeburt der altgriechischen
Polis, doch mit einer romantischen Naturreligion: Ardinghello
wird Sonnenpriester, die Verehrung der Natur wird Staats-
religion. »Glückseligkeit« besteht für Ardinghello »in einem
unzertrennlichen Drei: in Kraft zu genießen, Gegenstand und
Genuss«. Das freie Individuum muss genießen können, etwas
zu genießen haben und dann auch wirklich genießen. Dazu
gehört die freie Liebe ohne Ehe, das Schaffen und Betrachten
edler Bildwerke und die Freude an »jedem Dinge« der Natur.
»Hier wird kein Nero gedeihen.«

Ob Peloponnes oder Sizilien, ob Paros oder Naxos, ob
Atlantis oder Bensalem – das mit dem Bild ästhetisch anspre-
chender Natürlichkeit und Sinnlichkeit verknüpfte Halbinsel-
oder Inselmotiv deutet schon klar darauf hin, dass all diese
Projektionen mit dem realen Leben wenig zu tun haben wollen. Doch dies wurde nie wirklich kritisch intoniert, eher als
Versuch, das Bild des freien, natürlichen Lebens künstlerisch
begabter Landmenschen gegenüber der kruden Agrarökono-
mie und der nüchternen Kaufmannsgesellschaft in Erinnerung
zu halten. Lebensgeschichtlich spiegelt sich dieses Ideal reiner Ursprünglichkeit und Anmut auch in Friedrich Hölderlins
schwärmerischer Rede von den »Wäldern meiner Jugend«, die
noch dem Erwachsenen »Ruhe« versprächen.

Ruhe, Stille, entspannte Konzentration auf das eigene
Selbst: Das verspricht auch das zeitlose Glücksbild der ein-

samen Insel mit Palmen, umspült von sanft plätscherndem Meer unter blauem, sonnigem Himmel.

So lässt sich der Erfolg, den Daniel Defoe mit seinem dreiteiligen Roman *Das Leben und die äußerst überraschenden Abenteuer des Robinson Crusoe* (1719/20) weltweit gehabt hat, nicht zuletzt damit erklären, dass er das Traumbild des isolierten, von den üblichen Alltagskonflikten fernen Eilands genial mit der Realität eines vermeintlich authentischen Falls zu verbinden wusste. Der schottische Seemann Alexander Selkirk, der als Vorbild für den Romanhelden gilt, hat ja wirklich gelebt. Selkirk (1676 bis 1721), ein Wüstling und Trunkenbold, wurde von seinem Kapitän eines Tages auf einer Insel im Südpazifik ausgesetzt – er war also nicht, wie Robinson, ein Schiffbrüchiger; zweieinhalb Jahre hat er sich auf diesem menschenleeren, aber klimatisch günstigen Stück Land, das immerhin über Süßwasser und einige früher dort ausgewilderte Ziegen verfügte, am Leben erhalten, bis ihn im Jahre 1708 ein britisches Seeräuberschiff auflas, um ihn drei weitere Jahre auf diverse Raubzügen mitzunehmen. Relativ wohlhabend kehrte Selkirk 1711 nach England zurück und wurde dort fortan als wunderlicher Abenteurer hofiert, herumgereicht, ausgehalten. Es ging ihm nicht schlecht. Dennoch soll er einem Reporter anvertraut haben: »Ich habe jetzt 800 Pfund, aber nie wieder werde ich so glücklich sein wie damals, als ich keinen Viertelpenny besaß.« Damals – das war die verlorene Vulkaninsel weit vor der chilenischen Küste, bei den Ziegen, Katzen, Vögeln, Fischen und Ratten. Allein sein in der sich selbst überlassenen Natur – diese Glücksgeschichte wurde rasch zum Mythos, dem zahllose spätere Robinsonaden nacheiferten. Defoe hat Robinson als autonomen Mustermann puritanischer Selbstdisziplin dargestellt. In der Rezeption dieser Geschichte wurde daraus ein romantischer Naturheld, der fern aller menschlichen Geschäftigkeit Langusten fängt und Beeren sammelt, mit den Ziegen Freundschaft schließt, wenn er sie nicht gerade essen muss. Defoe stellte Robinson noch einen Eingeborenen an die Seite, dem historischen Selkirk wurde dieses soziale Glück nicht zuteil.

Der Robinson-Mythos konnte nur deshalb so übermächtig nachwirken, weil schon lange vor Selkirk weit entfernte Länder und Inseln, am besten jenseits eines großen Meeres, Träume von Friedlichkeit und unerschöpflichen Nahrungsvorräten geweckt haben. Im frühen 16. Jahrhundert schwärmt ein anonymer Autor aus dem italienischen Modena von der Entdeckung eines »schönen Landes«, und zwar »durch Seefahrer im Meere Ozean«, das »Gutes Leben mit Namen genannt wird«. An diesem Glücksort, der »nie zuvor gesehen ward«, findet man »inmitten der Ebene einen einzigen Berg von geriebenem Käse, auf dessen Gipfel man einen Kessel gebracht hat« – einen Kessel voll kochender Maccheroni. Sind sie gar, wirft der Kessel die Nudeln heraus, sodass sie den Berg »hinunterpurzeln«. Und vom besten Wein sind dann auch »die Quellen voll«, außerdem gibt es reichlich Kräuter, Flüsse aus Milch, Eier, Feigen, Melonen, Rebhühner und Torten. Die Esel werden festgebunden – »mit Würsten«. Wenn es regnet, regnet es Ravioli. Lauter italienische Leckereien des 15. und 16. Jahrhunderts. Die versteckte Quelle dieser Glücksvision ist eher traurig: die Angst vor dem Hunger, der damals auch Europa regelmäßig heimgesucht hat.

Das Bild vom irgendwie exotischen Insel- oder Halbinselparadies ist realistisch als Projektion aus einer echten Notlage heraus; und es ist zugleich der Realität entrückt und statisch, eine in die Ferne irgendeiner Weltgegend, der stets ja zurückliegenden Jugend oder Frühgeschichte, verlegte Glückslandschaft, die Handeln und Sein, Bedürfnis und Befriedigung als Einheit begreift.

Der US-Film »Cast Away« (2001), in Deutschland unter dem Titel »Verschollen« in die Kinos gekommen, variiert die

Robinson-Geschichte so: Ein Geschäftsmann, gespielt von Tom Hanks, überlebt als Einziger einen Flugzeugabsturz, er fällt ins Meer, Glück im Unglück – in die Südsee, nicht weit entfernt von der Küste einer üppig begrünten Insel. Er richtet sich dort so ein, dass er ganz gut von Früchten und Fisch lebt, aber recht bald dröhnt die nur vom Wind, von Blätter- und Meeresrauschen und Vogelgezwitscher unterbrochene Stille in seinem Kopf wie ein Fieberschmerz. Am heftigsten schmerzt ihn die Einsamkeit. Er versucht sie zu bannen, indem er sich regelmäßig mit einem Fußball unterhält, der angeschwemmt wurde. Er hat ihm ein Gesicht aufgemalt. Als er schließlich gerettet wird, ist er dem Wahnsinn nah.

Der Film verkündet die Botschaft: Die einsame Insel ist keine selige Insel, sondern kaum besser als eine Freiluft-Folterkammer, denn das Fehlen anderer Menschen ist auf die Dauer unerträglich. Der Mensch ist ein sozial besonders sensibler Primat, der ohne die Gesellschaft von seinesgleichen, ohne Nähe, ohne wahrgenommen zu werden und ohne durch Artgenossen anerkannt zu werden verkümmert – von Glück keine Spur.

Gewiss steht das Inselglück noch für etwas anderes: für Autonomie, für ein Leben, das sich selbst bestimmt und genügt und dessen Tun reiner Selbstzweck ist. Eine ästhetische Utopie im Sinne Wilhelm Heinses. Nur Tätigkeiten, die nicht bedürfnislos sind, die nicht anderen Tätigkeiten oder einem äußeren Ziel dienen, also um ihrer selbst willen ausgeführt werden, machen den Menschen glücklich – etwa das Malen eines Bildes, das Summen einer Melodie, die Betrachtung des Weltalls oder der schönen Natur. Alle anderen Tätigkeiten halten den Menschen in Unruhe, insofern als sie ja nur sinnvoll in Bezug auf weitere Aktivitäten sind – etwa wenn der Mensch ein Auto erwirbt, weil er damit zur Arbeit fahren muss, um das Geld zu verdienen, mit dem er das Auto bezahlt und im Supermarkt Lebensmittel kauft, die er und die Seinen später konsumieren, um satt zu werden, um dann im Auto … und so weiter. Die Betrachtung eines entzückenden Bildes dagegen hat kein »Um … zu«, sie ist bei sich selbst am Ziel.

Das gilt auch für die Betrachtung eines anderen Sehnsuchtsbildes namens »Heimat«, bekanntlich ein Ort, an dem wir uns so unglaublich wohlgefühlt haben, weil wir nie wirklich dort gewesen sind. Nach der Heimat sehnen wir uns – weil es eben die Heimat ist. Der Philosoph Ernst Bloch schreibt in *Das Prinzip Hoffnung* (1954/59): »Die vergesellschaftete Menschheit im Bund mit einer ihr vermittelten Natur ist der Umbau der Welt zur Heimat.«

Der Marxist Bloch mobilisiert den emotional unglaublich aufgeladenen Begriff »Heimat« gegen das, was er mit Marx »Entfremdung« nennt. Indes: Heimat wie Fremde sind Bilder, die voneinander zehren. Ohne Entfremdung wäre Heimat weniger anziehend, ohne Heimat wäre Entfremdung weniger katastrophal. Ist der Mensch in der Heimat, womöglich zurückgekehrt nach jahrelangen Irrfahrten in der Fremde, endlich glücklich? Der Spätheimkehrer Odysseus, der bei seiner Rückkehr zunächst nur von seinem alten Hund erkannt wird, muss erst einmal die Freier, die seiner Frau zugesetzt haben, verjagen, dann endlich kann er sich seiner Heimkehr erfreuen. Auch das Heimkehren ist Mühsal, kaum weniger ambivalent als der Aufbruch in die Glück verheißende Fremde irgendeines Inselreichs.

»Heimat« ist die Identität des Unruhegeists namens Mensch mit sich selbst, sein Einkehren bei sich nach dem Ausschweifen ins andere – gewiss ist das auch Glück; aber wer endgültig fortgeht ins andere, kann ebenso glücklich sein wie derjenige, der heimkehrt. Das wahre Glücke wäre dies: Zu sich selbst heimkehren mitten im Fortgang. Eine Utopie, eine Hoffnung, ein kühnes Bild – mehr nicht, aber auch nicht weniger.

Für die Utopie des In-sich-selbst-Ruhens, des absolut glückhaften Lebensvollzugs, sind das arkadische Hirtenidyll ebenso wie das vermeintlich unberührte Inselglück und die tränenreiche Heimkehr in den Heimathafen zeitlose Sehnsuchtsbilder. Was sie wie eine Fata morgana in die Luft malen, ist nirgends wirklich heimisch, doch überall und immer wirksam.

Ganz in diesem Sinne beschwört der portugiesische Dichter Fernando Pessoa (1888 bis 1935) in einer Ode dieses elfenhafte Wesen des Glücks, in diesem Fall: des arkadischen Glücks.

> Du Hirte des Berges, so fern von mir mit Deinen Schafen –
> Was ist das für ein Glück, das Du zu genießen scheinst –
> Ist es Dein oder Mein?
> Der Friede, den ich bei Deinem Anblick spüre, gehört er mir oder Dir?
> Nein, Hirte, weder Dir noch mir.
> Er gehört nur dem Glück und dem Frieden.
> Du hast ihn nicht, denn Du weißt nicht, dass Du ihn hast.
> Ich habe ihn auch nicht, denn ich weiß, dass ich ihn nicht habe.
> Er ist nur er und fällt auf uns wie die Sonne.

Das intensive, gleichsam naive Glücksgefühl gibt es eigentlich nur als »erinnerte Unmittelbarkeit« (Robert Spaemann in *Glück und Wohlwollen*, 1998). Die geschichtsferne, erfüllte Gegenwart, die vom Hirtenidyll (wie von der Glücksinsel oder der Wo-auch-immer-Heimat) symbolisiert wird, steht letztlich, wie Spaemann sagt, für den Traum von der »Integration des Lebens zu einem Ganzen«. Darum gehört der »Friede«, den das lyrische Ich bei Pessoa im Hirtenbild spürt, weder dem Hirten noch dem Betrachter, sondern allein sich selbst. Die keinem fremden Zweck mehr unterworfene, erfüllte Gegenwart gibt es nur als Erwartung oder Erinnerung. Das ist der eigentliche Grund dafür, dass die schöne Daphnis-Geschichte immer auch eine traurige Geschichte bleiben muss.

Epochen des Glücks

Die ideale Landschaft des Glücks braucht einen sonnig glänzenden Zeitrahmen, um sich zu entfalten: zum Beispiel das Goldene Zeitalter. Es wird in der Regel mit Ingredienzien der arkadischen Naturidylle gewürzt, repräsentiert darüber hinaus aber noch eine ganz andere Dimension: jenes dem modernen Fortschrittsdenken so fremde Bild eines geschichtlichen Abstiegs zum immer Schlechteren – in einigen Varianten, etwa der altiranischen Mythologie, ist mit der Katastrophe, auf die alles zuläuft, das Weltgeschehen nicht zu Ende, vielmehr gebiert das Chaos eine erneuerte Welt. Diese Geschichtsauffassung, der auch der deutsche Zarathustra-Fan Friedrich Nietzsche zuneigte, legt dem historischen Wandel kosmische Zyklen der Wiederkehr zugrunde und relativiert damit seine finale Dramatik.

In der alteuropäischen Regel ist der Mythos vom Goldenen Zeitalter aber pessimistisch gefärbt, wohl weil sonst die Kritik an der Gegenwart, der er letztlich dient, entschärft werden würde. Demnach folgen auf das Goldene Zeitalter, das auch die Seelen der Menschen goldig-glücklich strahlen lässt, das Silberne und schließlich das Eiserne Zeitalter – die graue, harte Gegenwart. Dies ist auch das Urmotiv für den fundamentalen Kulturpessimismus, den Oswald Spenglers Buch *Der Untergang des Abendlands* repräsentiert. Der geschichtsphilosophische Entwurf machte 1918, unmittelbar nach dem Ersten Weltkrieg, Furore und hat mittlerweile eine Gesamtauflage von über 240 000 Exemplaren erlebt. Es ist das erfolgreichste geschichtsphilosophische Werk der deutschen Geistesgeschichte. Spenglers Goldenes Zeitalter ist die Blütezeit eines jeweiligen Volkes, dessen Kultur unvermeidlich irgendwann zu einer bloßen Zivilisation absinkt; in der Zivilisation geht es nicht mehr um eine kollektive Haltung, Idee und Symbolik, sondern nur noch um das »Denken in Geld«, das eine verstädterte Masse Mensch schließlich auf Politik verzichten lässt: zugunsten eines »Caesarismus«, der den geschichtlichen Willen eines Volkes seinem Eigenwillen unterwirft.

Die letztlich auch bei Spengler vorherrschende Heroisierung der edelmütigen Altvorderen, vor dem abschreckenden Gegenbild gegenwärtiger Dekadenz, ist ein bewährtes kritisches Muster in fast allen Kulturen der Erde. Die griechisch-römische Antike hat drei Autoren, die dieses Muster besonders eindrucksvoll veranschaulichen: Hesiod, Platon und Ovid.

Hesiod, der im 8. Jahrhundert v. Chr. als Bauernsohn in Griechenland geboren wurde, ist Autor der Versdichtung *Werke und Tage*, einer poetisch ausgeschmückten Anleitung zum Arbeiten, vor allem auf dem Acker und im Schiffsbau. Sie enthält auch eine Schilderung der fünf Weltalter. Dabei setzt Hesiod dem »Goldenen Geschlecht der Sterblichen«, also der fernen Epoche der Gerechtigkeit, des Friedens und der Mühelosigkeit, die gegenwärtige Menschheit des Eisernen Zeitalters entgegen. Das Goldene Zeitalter wird beherrscht von dem titanischen Gott Kronos, dessen Name so viel wie »Vollender, Reifer« bedeutet (die beliebte Ableitung von griechisch *chronos*, Zeit, nennt Mythologieexperte Herbert Jennings Rose »unmöglich«); ihm war ein Erntefest geweiht, bei dem Herren und Knechte gemeinsam feierten, eine gewisse Klassenlosigkeit auf Zeit, die von den römischen Saturnalien übernommen wurde. Unter Kronos haben die Menschen, wenn sie ihm, was vorkommt, nicht gerade geopfert werden, ein langes, fröhliches Leben in »unschuldiger Glückseligkeit« (H. J. Rose). Sie leben im Überfluss fruchtbarer Natur, ohne zu arbeiten oder zu kämpfen. Alle Dinge besitzen sie gemeinsam. Im Silbernen Zeitalter geht es dann bergab: Die Menschen, die hundert Jahre brauchen, um erwachsen zu werden, zeigen sich mehr und mehr ungerecht und gottlos. Im Bronzezeitalter, in dem sogar die Häuser aus Bronze gemacht sind, fallen die Menschen dann wütend übereinander her und vernichten sich gegenseitig so, dass sie nach dem Tod nicht einmal mehr als Dämonen fortexistieren – wie noch die Erdenbewohner der vorherigen Weltepochen.

Im Heroischen Zeitalter, dem des Trojanischen Krieges, wird alles etwas besser, jedenfalls so lange, bis das Eiserne Zeitalter anbricht: die Jetztzeit der Mühseligen und Beladenen, der regelmäßigen Arbeit nach göttlichen Vorgaben, im Einklang mit den Jahreszeiten, verdüstert vom Leiden unter dem Übermut der Mächtigen und Ungerechten. Den Menschen dieses Zeitalters droht der definitive Untergang, wenn die Sitten noch weiter verfallen und die schamlosen Gewalttäter noch mächtiger werden. Diese im Kern pessimistische Lehre von fünf Weltepochen, der jeder Gedanke an einen kontinuierlichen historischen Fortschritt fremd ist, gibt es übrigens auch in der altindischen Mythologie.

Der griechische Philosoph Platon (427 bis 348/347 v. Chr.), der aus einer vornehmen Athener Familie stammte, zehn Jahre lang Schüler des Sokrates war und von einigen seiner Verehrer für einen Sohn des Gottes Apollon gehalten wurde, beschreibt das Goldene Zeitalter (in dem Dialog *Der Staatsmann*), das von Kronos, dem Vater des Zeus, beherrscht wird, so: »Was aber von der Menschen mühelosem Leben gerühmt wird, wird folgendermaßen erzählt. Gott selbst hütete sie und stand ihnen vor, wie jetzt die Menschen als ein anderes, göttlicheres Lebendige andere, geringere Gattungen des Lebenden hüten. Unter seiner Hut aber gab es keine bürgerlichen Verfassungen noch auch Besitz von Weibern und Kindern; denn aus der Erde lebten sie alle auf, ohne sich des Vorherigen zu erinnern …

Früchte aber hatten sie reichlich von Eichen und vielen andern Gewächsen, nicht durch Ackerbau gezogene, sondern solche, die die Erde ihnen von selbst gab. Auch unbekleidet und ohne Lagerdecken lebten sie größtenteils im Freien; denn die Witterung war angenehm, und weich war ihr Lager, weil reichliches Gras aus der Erde wuchs.« Die »Pfleglinge des Kronos« hätten reichlich »Muße genossen« und hätten »nicht nur mit Menschen, sondern auch mit Tieren vernünftigen Umgang« gehabt. Insgesamt seien »die damaligen Menschen tausendmal glückseliger« gewesen »als die jetzigen«.

Die Harmonie zwischen Mensch und Tier habe es auch verboten, dass Menschen die Tiere töteten und verzehrten. Eine Lehre der Orphiker, deren bedeutendster Repräsentant der Mystiker und Philosoph Pythagoras aus Samos gewesen ist. »Jene vergangene Zeit, die wir die ›Goldene‹ nennen, ist mit den Früchten der Bäume und dem, was der Boden hervorbringt, glücklich gewesen und hat ihren Mund nicht mit Blut besudelt« – so lässt der römische Dichter Ovid (Publius Ovidius Naso) diesen Pythagoras in den *Metamorphosen* reden.

Der gefeierte Dichter Ovid (43 v. Chr. bis etwa 17 n. Chr.) wurde um 8 n. Chr. von Kaiser Augustus nach Tomis (heute Konstanza, Rumänien) ans Schwarze Meer verbannt, angeblich, weil er zu viel über die Ausschweifungen der Augustus-Enkelin Julia wusste. In Ovids *Metamorphosen* (Verwandlungen) findet sich eine wunderbar farbige Schilderung des Goldenen Zeitalters: »Erstes Alter war das Goldene. Ohne Gesetz und Sühner wahrte aus eigenem Trieb es die Treue und das Rechte. Fern war Strafe und Furcht, man las nicht in eherne Tafeln drohende Worte gereiht, es fürchtete nicht ihres Richters Mund die flehende Schar, kein Fürsprecher musste sie schützen. Noch war die Föhre, gefällt, um den fremden Erdkreis zu schauen, nicht von der Höh ihrer Berge hinab in die Fluten gestiegen (es gab noch keine Schiffe, Anm. d. Autors); außer den eigenen kannten die Sterblichen keine Gestade. Noch umschloss da nicht ein steiler Graben die Städte, Tuba und Hörner, gestreckt aus Erz und gebogen, und Helme, Schwerter waren da nicht; und keiner Krieger bedürfend, lebten die Völker dahin in sanfter sicherer Ruhe. Unverletzt durch den Karst, von keiner Pflugschar verwundet, nicht von Frondienst gab von sich aus alles die Erde; und mit der Nahrung begnügt, die keinem Zwange erwachsen, las man Hagäpfel da und Bergerdbeeren, des Waldes Kirschen und, was als Frucht an dem derben Dornengerank hing, las die von Juppiters lichtem Baum gefallenen Eicheln. Ewiger Frühling war, mit lauen Lüften umspielte sanfter West die Blumen, die nicht gesät werden mussten. Ungepflügt trug bald auch des Bodens Früchte die Erde, ohne Brachen gilbte das Feld von hangenden Ähren. Bald von Milch und bald von Nektar gingen die Flüsse, gelber Honig tropfte aus grünen- der Eiche hernieder. Als Saturnus gestürzt in den finsteren Tartarus, stand die Welt unter Juppiter dann; es folgte das Silberne Alter, minderen Wertes als Gold, doch dem rötlichen Erz überlegen.«

Die Parallele zum biblischen Paradies ist offensichtlich: »Und Gott der Herr pflanzte einen Garten Eden gegen Osten hin und setzte den Menschen hinein, den er (aus »Erde« und »Odem«, Anm. d. Autors) gemacht hatte. Und Gott der Herr ließ aufwachsen aus der Erde allerlei Bäume, verlockend anzu- sehen und gut zu essen, und den Baum des Lebens mitten im Garten… Und es ging aus von Eden ein Strom, den Garten zu bewässern, und teilte sich von da in vier Hauptarme. Der erste heißt Pischon, der fließt um das ganze Land Hewila, und dort findet man Gold; und das Gold des Landes ist kostbar… Und Gott der Herr baute ein Weib aus der Rippe, die er von dem Menschen nahm… Und sie waren beide nackt, der Mensch und sein Weib, und schämten sich nicht.«

Obwohl das Erste Buch Mose, aus dem dieser biblische Bericht über den Garten Eden – im muslimischen Koran wird das Paradies ähnlich ausgeschmückt – stammt, lange vor Platon und erst recht vor Ovid aufgezeichnet wurde, ist nicht ganz sicher, dass der griechisch-römische Mythos vom Goldenen Zeitalter oder von der glücklichen Epoche unter Saturn in der altjüdischen Literatur, wie man jahrhundertelang meinte, seinen Ursprung hat. Ein Garten nach dem Muster von Eden – das hebräische Wort *e'den* heißt Wonnen –, mit einem Wunderbaum und einer Wächterschlange, mit einem Fluss, der sich in vier Arme – die vier Himmelsrichtungen – aufteilt und mit Bäumen, die Früchte tragen, ist auch in der mesopotamischen Bilderwelt zu finden, ebenso wie etwa die Geschichte von der Sintflut. Das Gilgamesch-Epos, aufgezeichnet zwischen 1700 und 1000 v. Chr. und damit eine der ältesten überlieferten Dichtungen der Menschheit, erzählt von einem paradiesischen Land, das Tilmun heißt, angesiedelt in jenen »frühen Tagen, da ein jedes Ding vollkommen erschaffen war«. In Tilmun »mordet der Löwe nicht, kein Wolf raubt Lämmer … kein Augenkranker sagt: die Augen tun mir weh«. Hier darf auch der einzige menschliche Überlebende der siebentägigen Sintflut, Ziusudra, nachdem er sich dem Sonnengott unterworfen hat, den »ewigen Odem« der Götter atmen. Wächter sind in diesem Paradies überflüssig, die Menschen werden weder krank noch gewalttätig, sie sind auch nicht sterblich und insofern den Göttern recht nah. Wie zum Ausgleich wirken diese dann recht menschlich: Der Gott Enki, der Herr über dieses friedvolle Reich, schläft eine Ewigkeit – neben seiner noch jungfräulichen Gattin. Als er erwacht, schwängert er die Göttin Nin-gur-sag, dann auch die Tochter, die aus dieser Vereinigung hervorgeht, und schließlich sogar die Tochter der Tochter. Vom Zeugungseifer vermutlich etwas benommen, isst Enki bestimmte Pflanzen, bevor er deren Wesen und Funktion festgelegt, also bevor er sie benannt hat – eine schwerwiegende »Verfehlung«, aus der ein Götterdrama wird, das an die Vertreibung von Adam und Eva aus dem biblischen Paradies erinnert: Der Gott wird sterbenskrank, der Tod wird ihm angekündigt, aber am Ende rettet ihn doch wieder die Gattin. Auch Adam und Eva werden sterblich, nachdem sie die Frucht vom verbotenen Baum (der Erkenntnis) genossen haben. Die Schlange, die sie dazu verführt, lässt an die »Große Schlange« denken, die nach babylonischer Tradition ständig droht, die kosmische Ordnung in ein »Chaos« zu verwandeln.

Im ewigen Widerspiel von Ordnung und Chaos, Glück und Unglück sind bestimmte Feste so wichtig wie Götter und Dämonen. Besondere regenerative Energie wird dem Neujahrsfest zugesprochen. Der sumerische Name für das Neujahrsfest (*a-ki-til*) sagt so viel wie »Kraft, durch die die Welt wieder auflebt«. Dazu kann auch der Ritus einer »heiligen Hochzeit« zwischen zwei Gottheiten oder zwischen Göttern und Menschen gehören, stellvertretend verkörpert durch ein Stadtoberhaupt und eine Tempeldienerin. Die göttliche Kraft, die sich so über die jeweilige Stadt vom Tempelberg aus ergießt, sichert ihren Bewohnern Wohlstand und Glück für das kommende Jahr. Die Glückwünsche und Glückverheißungen, die noch heute zum Jahreswechsel weltweit ausgetauscht werden, sind ein uraltes Kulturgut – schon die vorchristlichen Herrscher an Euphrat und Tigris kannten sie.

Auch im archaischen Reich der Tibeter ist Neujahr ein mythisches Glücksfest – mit rituellen Pferderennen, Wettbewerben im Bogenschießen, Kälbertreiben, genauso wie um die Schönheit oder die beste Rede. Das Grundthema dabei ist der Kampf zwischen den Himmelsgöttern und den Dämonen, die durch unterschiedliche Berge dargestellt werden. Der Sieg der guten Götter ist der Sieg des neuen Lebens im beginnenden Jahr. Die Götter wohnen den Schaukämpfen der Menschen lachend bei. Das Fest, das wichtig für Ernte und Viehbestand ist, vereint nicht nur Götter und Menschen, sondern mildert auch die sozialen Unterschiede zwischen den

Menschen. So schöpft die Gesellschaft außerdem sozialpsychologisch neue Kraft.

Im alten Ägypten heißt das Goldene Zeitalter »das erste Mal« (*Tep zepi*). In dieser mythischen Anfangszeit, in der der Schöpfergott erstmals über den Urwassern erscheint, wird alles für die ägyptische Kultur Wesentliche geschaffen – vom Kalender und der Schrift über Tempelpläne bis zu allen möglichen Ritualen. Das Goldene Zeitalter ist die Anfangszeit der ungetrübten Vollkommenheit, »noch ehe es Zorn, Lärm, Kampf oder Unordnung gab«. Weder Tod noch Krankheit kommt in dieser paradiesischen »Zeit des Re«, der Zeit des Sonnengotts, vor. Als das Böse erstmals auftritt und damit die Unordnung, ist das Goldene Zeitalter zu Ende. Rituell kann es aber immer reaktiviert werden.

In der tibetischen Kosmologie, die die altindische Gleichsetzung von Geist und Licht übernimmt, ist der erste Mensch aus einem Ei geschlüpft, das zuvor aus weißem Licht entstanden ist. Die frühen Menschen waren asexuelle Lichtwesen, die strahlten, als es Sonne und Mond noch nicht gab. Das Licht, das aus dem Körper des Mannes strahlte, befruchtete die Frau. Der Anblick des anderen Geschlechts war sexueller Reiz genug. Erst als die Menschen degenerierten, begannen sie, sich gegenseitig abzutasten, und entwickelten dabei die körperliche Vereinigung.

Der spätere Manichäismus, eine im 4. Jahrhundert n. Chr. im Mittelmeerraum, dann auch in China verbreitete Lehre, verschärft diesen Zwiespalt zwischen Licht und Finsternis, Geist und Materie derart, dass die Lichtseele erst im Tod zu ihrem wahren Ursprungsglück zurückfindet. Hier ist der erste Mensch ein Gebilde aus fünf Lichtquellen, die im Menschen gleichsam verpuppt, verdunkelt sind, insbesondere im männlichen Sperma. Der Strahl des fünffachen Lichtes wird, nach einer indisch-tibetischen Interpretation, sozusagen erlöst in einer rituellen geschlechtlichen Vereinigung, die das göttliche »Spiel« nachspielt.

Auch die – im Wesentlichen mündlich geprägte – Kultur des östlichen Zentralafrika kennt die Geschichte von den ersten Menschen, die vom Himmel – oder von einem hohen Baum – auf die Erde herabkommen, von ihrem Schöpfergott, auch »Töpfer« genannt, geschaffen in Reinheit. Sie leben erst einmal in einem »Zustand großen Glücks, tiefen Friedens und einer familiären Beziehung« zum Allerhöchsten (Mircea Eliade in der *Geschichte der religiösen Ideen*) und führen ein paradiesisches Leben mit Kindern, ausreichendem Essen und ohne Krankheit und Tod. Wenn sie alt werden, winkt Verjüngung, wenn sie sterben, können sie wiederauferstehen. Der Verlust des Paradieses, der Anfang von Kampf, Krankheit, Tod wird mit dem Verzehr verbotener Früchte oder der Verletzung irgendwelcher Regeln (zum Beispiel übertriebener Wissensdurst) begründet; manchmal auch damit, dass irgendein Botentier, ein Vogel oder eine Eidechse, von Gott mit einer bestimmten Nachricht zu den Menschen geschickt wurde, den genauen Wortlaut der Nachricht aber vergessen und diese darum fehlerhaft übermittelt habe.

Doch auch der Verlust des Paradieses ist kein endgültiger Sieg des Todes – der Verstorbene existiert als »Lebend-Toter in der Welt der Geister« (Mircea Eliade) weiter. Da er immer noch zur Familie gehört, wird seiner regelmäßig gedacht, ursprünglich sogar mit Ess- und Trinkbarem, das an den Ort geschafft wird, wo er begraben liegt (meist in der Nähe seines ehemaligen Wohnhauses). Der Tod ist nicht das totale Ende des Lebens – die Überzeugung, dass es so sei, ist in archaischen Kulturen eine wesentliche Mitursache alltäglichen Glücksempfindens.

Können die Mythen vom Garten Eden oder vom Goldenen Zeitalter etwas zu einer heutigen Lehre vom Glück beitragen? Im Kern projiziert das Bild vom Goldenen Zeitalter eine bestimmte Vorstellung von Kindheit in die frühgeschichtliche oder vorgeschichtliche Zeit. Glück wäre demnach vor allem: Abwesenheit vom Kampf um Vormacht, von mühseligem Broterwerb; kein Arbeitszwang; ein im Wesentlichen friedliches, harmonisches, gleichsam natürliches Neben- und Miteinander von Erwachsenen und Kindern, Herren und Knechten, Vorgesetzten und Untergebenen, Männern und Frauen, Menschen und Tieren. Das Wichtigste aber: Unterwerfung unter den Sonnengott, kreative Anverwandlung der Herkunft des Geistes aus dem Licht. Die Sonnenanbeter des modernen Tourismus bedienen mit kleiner Münze den Kredit dieses gewaltigen kulturhistorischen Schatzes.

Das kostbare Gold, das in einem der vier Flussarme aus dem Garten Eden bereitliegt, materialisiert den Glanz des ungetrübten göttlichen Lichtes, das in der Seele strahlt, bevor sie sich im Dunkel der Bosheit verirrt – bevor sie, um mit Hegel zu sprechen, in sich »entzweit« ist. Das Goldene Zeitalter meint auch die Überwindung dieses in sich »entzweiten« Bewusstseins, die Identität von Wollen, Sollen und Sein, von wandelbarem und konstantem Selbst, die letztlich eine Utopie sein dürfte, aber als Ziel seelischer Selbstsuche dennoch gültig bleibt. Die vom wechselhaften Zeitgeschehen unbelastete, gleichsam zeitüberhobene Naivität von Kindern, die weder an sich selbst zweifeln noch ums tägliche Brot bangen, die für eine kurze Lebensspanne sind, was sie sein möchten – das ist der Vor-Schein dieser Utopie geglückten Lebens in jedermanns Biografie. Durchaus im Sinne dessen, was Jesus im Neuen Testament (Matthäus 18, 3) seinen Jüngern antwortet, als sie fragen, wer denn »der Größte im Himmelreich« sei: »Wenn ihr nicht umkehrt und werdet wie die Kinder, werdet ihr nicht ins Himmelreich kommen.«

Das »Himmelreich« ist das wahre christliche Glück. Keiner kann darauf verzichten, es zu ersehnen; und keiner wird das Ersehnte in seinem irdischen Leben vollständig erlangen. Das christliche Glück erwächst aus kindlicher Demut, die

die Ferne des himmlischen Glücks gelassen erträgt und dem Nächsten hilft, ein bisschen weniger unglücklich zu sein. Es ist ein Glück des Überschreitens, des Transzendierens: Ich überschreite mein Ich zum Nächsten hin; und ich überschreite die Begrenztheit meines Lebens durch die Erwartung dessen, was die Bibel bildhaft »Himmelreich« nennt: eine existenzielle Ganzheit, die wir uns nicht vorstellen können, da wir alles, was wir uns vorstellen, eben in diesem Vorstellungsakt der Ganzheit berauben – indem wir es vereinfachen, von uns und anderem unterscheiden, indem wir es einteilen, zerlegen, berechnen, objektivieren.

Gibt es nicht nur legendäre, sondern auch historisch reale Epochen des Glücks? Oder sind diese Letzteren in Wahrheit doch legendär?

Starke Glücksgefühle erlebte Friedrich der Große (1712 bis 1786) als Kronprinz zwischen 1736 und 1740. Damals hielt er sich in dem idyllischen, durch den Architekten Georg Wenzeslaus von Knobelsdorff umgebauten märkischen Renaissanceschloss im brandenburgischen Rheinsberg auf. Kurz vor dem Ende seines Lebens (1786) bekannte er, dass er »nur in Rheinsberg glücklich gewesen« sei.

Der Blick zurück hat ihm klargemacht: Glücklich war er nicht im Bannkreis von Macht, Krieg und Sieg; glücklich war er in der vermeintlich provinziellen Distanz zum Berliner Hauptschloss, zum strengen Vater, dem Soldatenkönig, der Friedrichs besten Freund hatte hinrichten lassen. Glücklich hatte ihn dabei vermutlich der vorübergehende Triumph der Ästhetik über die Politik gemacht, der alltägliche Umgang mit schönen Dingen, Gesprächen und Festen. Das zweckfreie Zusammenspiel von Denken und Empfinden – nach Kant und Schiller das eigentlich Beglückende der ästhetischen Erfahrung – genoss Friedrich an einem mittelgroßen Musenhof, wo er den Ausbau des Schlosses erlebte, das Flötenspiel kultivierte, komponierte und ein eigenes Theater unterhielt, mit

Voltaire philosophische Briefe tauschte und den Wohlklang aus Architektur und Seelandschaft schätzte. Natur als Kultur. Eine glückliche Lebensphase an einem Glücksort: in einem schönen Schloss in einem weitläufigen Landschaftspark.

Der amerikanische Schriftsteller Julien Green (1900 bis 1998) bezeugt eine ähnliche Symphonie aus Lebensperiode und außergewöhnlichem Ort in seinen *Erinnerungen an glückliche Tage* (1942, deutsche Erstausgabe 2008), die er lange vor seiner vierbändigen Autobiografie verfasste. Der Text erzählt von einer Reise durch Italien, die Green mitten im Ersten Weltkrieg als Sanitäter im Dienst des Roten Kreuzes machte: »Ein einziges Mal erlaubte man uns, nach Venedig zu fahren. Mit siebzehn Jahren zum ersten Mal Venedig sehen … Welche Träume ich auch haben mochte, und ich lebte viel in Träumen, Venedig übertraf sie alle. Hier war nichts als Schönheit von so seltener und so erlesener Art, dass ich bei jedem Schritt nur mit offenem Mund staunen und bewundern konnte. Ich weiß nicht, welche Wirkung Venedig auf meine Kameraden hatte, aber für mich war es, als erwachte ich zu einem neuen Leben. Auch wenn überall in Europa der Krieg tobte, hier war er nicht, trotz der Sandsäcke, die an einen möglichen Luftangriff gemahnten. Eine Gondel trug mich gemächlich die schmalen Kanäle hinauf und hinunter, und selbst die in der Sonne hängenden Lumpen kamen mir schön vor; ich war so glücklich, dass ich meine Gefühle nicht mit Worten hätte ausdrücken können … Nichts in meinem späteren Leben hat mir solche Freude bereitet.«

Wenn es solche glücklichen Phasen in einem individuellen Leben gibt – und es gibt sie ja –, warum soll es dann nicht auch, für bestimmte Gesellschaften, glückliche Perioden in ihrer Geschichte geben können?

In seiner berühmten Vorlesung »Über Glück und Unglück in der Weltgeschichte« (1868/70) sagt der Basler Historiker Jacob Burckhardt, Urteile über glückliche oder unglückliche

Zeitalter entsprächen zwar einem »literarischen Konsens« der Zeit und seien beliebt, in Wahrheit aber seien sie »die Todfeinde der wahren geschichtlichen Erkenntnis«. Meist verwechselten wir dabei »das Wünschbare entlegener Zeiten (wenn es eins gab) mit dem Ergötzen unserer Einbildungskraft«. Aktuelle Geschmacksurteile oder Urteile »der politischen Sympathie« verfälschten das Gewesene im Interesse einer »lächerlichen Selbstsucht« des jeweiligen Betrachters. Burckhardt: »Wir müssten überhaupt suchen, den Ausdruck ›Glück‹ aus dem Völkerleben loszuwerden … während wir den Ausdruck Unglück beizubehalten haben. Die Naturgeschichte zeigt uns einen angstvollen Kampf ums Dasein, und dieser nämliche Kampf erstreckt sich bis weit in Völkerleben und Geschichte hinein.« Wer zum Beispiel das Leben in Athen zur Zeit der Regentschaft von Perikles (5. Jahrhundert v. Chr.) im Blick auf die kulturelle Blüte, etwa den großen Dramatiker Sophokles oder den Bildhauer Phidias, für besonders glücklich halte, vergesse die immense Menge der Sklaven oder auch das unselige Treiben zahlreicher Demagogen und Spitzel, die aufpassten, dass auch jeder Bürger seinen gesellschaftlichen Pflichten nachkam.

Burckhardt verrät uns allerdings, indem er ihre historische Verbindlichkeit verneint, seine eigene kleine Glücksvision, wenn auch wohl unfreiwillig: »Eine optische Täuschung spiegelt uns das Glück in gewissen Zeiten, bei gewissen Völkern vor, und wir malen es nach Analogie der menschlichen Jugend, des Frühlings, des Sonnenaufgangs und in andern Bildern aus. Ja wir denken es uns in einer schönen Gegend, in einem bestimmten Hause wohnhaft, etwa wie abendlicher Rauch aus einer entfernten Hütte die Wirkung hat, dass wir uns eine Vorstellung von der Innigkeit zwischen den dort Wohnenden machen.« Friedlich-innig und in schöner Gegend ein beheiztes Haus bewohnen – auch das ist ein freundlicher Stein im großen Glücksmosaik.

Der britische Historiker Edward Gibbon, in diesem Punkt weniger streng als Burckhardt, meinte in seiner *Geschichte vom Aufstieg und Fall des römischen Reiches* (1776 bis 1788), die Epoche der römischen Adoptivkaiser (mit Hadrian und Marc Aurel) zwischen 98 und 180 n. Chr. sei die »glücklichste« der Geschichte gewesen. Die Jahrhunderte danach seien dagegen beherrscht von moralischem Niedergang und Machtverfall. Der Althistoriker Alexander Demandt trifft es wohl genauer, wenn er – ziemlich sarkastisch – die römischen Caesaren generell »eine Gesellschaft aus völlig selbstverwirklichten Menschen« nennt. Sie verfügten über luxuriöse Bäder, feierten prachtvolle Feste, schmausten und tranken und hurten, wie sie wollten, Feinde oder solche, die sie dafür hielten, ließen sie töten, sie jagten Bären und Löwen und leisteten sich die damals besten Ärzte. Glücklich waren sie dennoch selten, wie etwa die melancholischen »Selbstbetrachtungen« von Marc Aurel (121 bis 180 n. Chr.) beweisen, in denen es zum Beispiel heißt: »Bald – und du hast alles vergessen. Bald – und alles hat dich vergessen.«

Burckhardt zitiert einige typische Glücksurteile historischer Art wie: »Es war ein Glück, dass die Griechen über die Perser« siegten oder »Rom über Karthago«; desgleichen »ein Glück, dass Europa im 8. Jahrhundert sich im ganzen des Islam erwehrte«. Sein Dementi, auch diese Meinungen seien »naiv« und letzten Endes hinfällig, wirkt ein wenig forciert; diese Ereignisse waren ja wohl, aus damaliger wie aus heutiger Perspektive, unzweifelhaft eher glücklich als unglücklich. Das gilt gewiss auch für das Ende des Mörderregimes von Adolf Hitler im Mai 1945. Als dieses Regime im April 1938 zu seinen schlimmsten Exzessen ansetzte, schrieb Konrad Adenauer, den die Nazis fünf Jahre vorher aus dem Amt des Kölner Oberbürgermeisters gejagt hatten, an Dora Pferdmenges die anrührenden Zeilen: »Welch' ein Glück, daß man die Natur, die Kunst, das Reich der Gedanken und der Seele und Gott hat – nach allem Schweren kommt einmal die Auferstehung, die Befreiung von allem Drückenden.« Bescheidener Trost mitten in der gewiss unglückseligsten Periode der deutschen Geschichte. Die »Auferstehung« aus der Not, die der aktive Katholik Adenauer auch metaphysisch gemeint hatte, fand nach 1945 dann auch in seinem Leben statt: Er wurde wieder Kölner Oberbürgermeister und bald darauf sogar, im Alter von 73 Jahren, Kanzler der Bundesrepublik Deutschland. Das Glück des Tüchtigen war nicht zuletzt Teil einer bescheidenen Glücksphase des ganzen Landes. Noch glücklicher für dieses Land war aber die Öffnung der Berliner Mauer im November 1989, der Auftakt zur deutschen Wiedervereinigung, der Anfang vom Ende einer brutalen Teilung Europas – »Wahnsinn« riefen viele derer, die es erlebten; Berlins amtierender Bürgermeister nannte damals spontan die Deutschen das »glücklichste Volk der Welt«. So urteilt ein überzeugter Europäer – wer sonst?

Glück und Melancholie

Vorsicht, Glück! »Glück und Glas, wie leicht bricht das«, reimt ein alter Spruch. Glück – und schon zerbrochen. Das Glück ist eine Diva, es ist da und gleich wieder fort; es lässt sich nicht herbeizwingen, und wenn es da ist, lässt es sich nicht festhalten. Das Glück muss uns auch einmal überfallen dürfen wie das schleierartige Frühlicht im Herbst, das uns an den Morgen nach der ersten aufregenden Liebesnacht unseres Lebens denken und in diese schöne Erinnerung eine seltsame Wehmut sickern lässt, die allein schon aus dem Wissen rührt, dass es nie wieder eine erste Liebesnacht in unserem Leben geben kann. Vergänglichkeit ist der größte Widersacher des Glücks – zugleich der Geburtshelfer seiner seelischen Tiefe. Menschen, die nicht offen sind für das so unvorhersehbare wie flüchtige Schöne oder Schreckliche, die ihr Leben durchplanen wie einen Terminkalender, sind nur schwer zu beglücken. Strategische Glücksrezepte führen schon darum nicht weit. Ihnen fehlt meist auch der paradoxe Rückbezug des Glücksgefühls auf Trauer und Melancholie. Wahres, anhaltendes Lebensglück hat den Tod mit im Boot.

Die Kölner Journalistin Clara W., 30, berichtet von einer solchen, irritierend paradoxen Erfahrung. Ihr Vater, schwer krebskrank, lag im Sterben. »Die ganze Familie, meine Mutter, meine drei Geschwister und ich saßen am Krankenhausbett, hielten und streichelten seine Hand. Wir schluchzten und beteten, schreckliche Monate der Trauer und Verzweiflung lagen hinter uns – in ständiger Angst vor diesem Moment des

Abschieds für immer. Jede Minute rechneten wir damit, dass sein Blick starr werden und er seinen letzten Atemzug tun würde. Plötzlich der schrille Piepton aus dem Gerät, das den Herzschlag registriert: die Totenglocke der modernen Intensivstation.

Ich ließ die Hand des Vaters nicht los, umfasste mit meiner anderen Hand das Knie meines Bruders und blickte ratlos in die Runde. Das Weinen meiner Mutter war kaum zu ertragen, noch weniger waren es die apathischen Blicke der Geschwister. Ich hatte auf einmal Atemnot, rang nach Luft und musste hinaus in den Krankenhausgarten. Die warme Sonne schien mir ins Gesicht. Ich setzte mich auf eine Bank, schloss die Augen, lauschte einer schimpfenden Amsel und sah meinen Vater vor mir. Nicht so bleich und abgemagert, wie er jetzt war, sondern rund und lebensfroh wie früher.

Ich sah ihn den Weihnachtsbaum schmücken, in der einen Hand ein Glas Rotwein, in der anderen eine silbern blitzende Kugel. Im Hintergrund hörte ich Bachkantaten. Dann sah ich ihn beim Baden im Baggersee: Er, der große, fast massive Mann, quietschte wie ein Kind, als er den großen Zeh ins kalte Wasser tauchte.

Während ich so in der Sonne saß, allein mit meinen Erinnerungen, durchströmte mich urplötzlich eine Welle stiller Freude und tiefer Dankbarkeit, ein Gefühl, das ich so zum ersten Mal in meinem Leben empfand. Ich fühlte mich irgendwie eins mit der Welt und mir selber, und dachte, dies Gefühl sei dem Sinn des Lebens sehr nah. Dass dies ein ungewöhnlicher Glücksmoment war, wusste ich spätestens, als er langsam abklang. Ein kostbarer, fragiler Augenblick. Als ich zurück ins Krankenhaus ging und die Trauer wieder bleischwer über mich kam, war dieser Augenblick schon eine Erinnerung, eine unvergessliche Erinnerung.«

Im Grunde lassen sich tiefere Glückserfahrungen nicht nur nicht vom Gedanken an den Tod – und an den Untergang, der allem Leben zum Ende des Sonnensystems droht – abkoppeln; sie werden sogar intensiver, wenn sie den Tod offensiv integrieren. Der Jubel des Glücklichen reißt seine Mitmenschen erst richtig mit, wenn in ihm das Gefühl für Tragik mitschwingt. So wie es in der großen Musik der Romantik oder auch schon bei Wolfgang Amadeus Mozart geschieht – nicht nur in seinem »Requiem«.

Mozarts Vater Leopold, der Ausbildung und Karriere seines Sohnes entscheidend geprägt hat, ist im Mai 1787 in Salzburg gestorben. Kurz zuvor hat Mozart dem sterbenskranken Vater einen denkwürdigen Brief geschrieben. Darin nennt er den Tod »den wahren Endzweck unseres Lebens«. Und fährt fort: »So habe ich mich seit ein paar Jahren mit diesem wahren, besten Freund des Menschen so bekannt gemacht, dass sein Bild nicht allein nichts Schreckendes mehr für mich hat, sondern recht viel Beruhigendes und Tröstendes! Und ich danke meinem Gott, dass er mir das Glück gegönnt hat, mir die Gelegenheit – Sie verstehen mich – zu verschaffen, ihn als den Schlüssel zu unserer wahren Glückseligkeit kennen zu lernen. Ich lege mich nie zu Bette ohne zu bedenken, dass ich vielleicht (so jung ich bin) den anderen Tag nicht mehr sein werde.«

Als der Sohn schließlich die Nachricht vom Tod des Vaters erhielt und wenig später ein Vogel, den sie im Käfig gehalten hatten, starb, verfasste der Musiker ein Gedicht – auf den Vogel. Ein unglaublich leichtes, heiteres Stück, ähnlich der »Kleinen Nachtmusik«, ist noch im selben Sommer entstanden.

Dass Mozart Tod und Glückseligkeit zusammendenken konnte, lag nicht nur an der christlichen Tradition, in der er erzogen wurde, in der der Mensch erst im Jenseits Gott erkennt und somit selig wird. Der letzte Satz des Briefes verrät noch einen anderen Grund: Das Glück des heutigen Tages wird mir erst richtig klar und intensiv, wenn ich bedenke, dass ich »vielleicht den anderen Tag nicht mehr sein werde«.

Mozart hören, ist auch ein Glück – doch die unglaublich melodiöse Beschwingtheit, der Schwebe-Charme seiner Kompositionen vermittelt keine prickelnde Wellness, sondern ein Glücksgefühl, das vom Klagegesang über die Vergänglichkeit allen Lebens immer wieder eingeholt wird – meist im Andante-Satz.

Es ist Sommer im Rheingau: Der Dirigent Herbert Blomstedt, Jahrgang 1927, führt in Wiesbaden, in der Nähe des schönsten Rebenlandes, im Rahmen des »Rheingau Musik Festivals« mit dem Berliner Deutschen Symphonie Orchester und dem Pianisten Lars Vogt Mozarts letztes Klavierkonzert und Anton Bruckners Vierte Symphonie auf. Es ist Blomstedts Wunschprogramm: »Wie fast immer bei Mozart kann man in einem sehr tragischen Kontext plötzlich ein unbeschreibliches Glück finden, umgekehrt glaubt man in den heitersten Momenten: Man steht vor einem Abgrund.«

Nicht nur in dieser hübschen Umgebung des Festivals konnten die Hörer die Erfahrung machen: Musik ist Arkadien fürs Ohr, Glück ohne Grund und Ziel, sinnliche Sinn-Erfahrung pur – sie überspielt den Tod, vergisst ihn aber schon deshalb nicht, weil sie Ton für Ton – im wechselnden Tempo – das Nacheinander der kleinsten Zeitschritte spürbar macht bis zum schweigenden Ende. Die Stille nach einem Stück großer Musik hat immer etwas von der berühmten »Totenstille«.

Der wahrhaft Glückliche ist eben »unglücklich glücklich«. So lautet der deutsche Titel einer fulminanten Kritik der eindimensionalen amerikanischen *Happiness*-Obsession, die der Literaturwissenschaftler Eric G. Wilson, der in North Carolina lehrt, 2008 veröffentlicht hat (*Against Happiness. In Praise of Melancholy*; deutsche Ausgabe 2009). Wilson hält der amerikanischen *Happiness*-Kultur entgegen: »Wer eine Gesellschaft umfassenden Glücks propagiert, befördert letztlich eine Kultur der Angst.« Es mache den Menschen nicht wirklich glücklich, die Angst vor »dem eigenen Verschwinden« und dem drohenden Ende des Sonnensystems in dem »hohlen Gerede« zu begraben, letztlich werde »alles gut«. Aber nur der Mut, »vor dem Abgrund« nicht »die Augen« zu verschließen, eröffne die Chance zu wahrem Glück.

Wilson spitzt zu: »Wenn wir unsere Endlichkeit bis ins Mark spüren, dann machen wir, vielleicht zum ersten Mal, die Erfahrung von Schönheit. Der Tod verzehrt unser Herz in langsamer, verborgener Glut ... Jeder einzelne Herzschlag wird zu einem Wunder, einem weiteren Aufschub des letzten Schlags vor dem Schweigen. Wir lechzen nach jedem Atemzug frischen Sauerstoffs, wir schauen uns um, verwirrt, bis unser Augen-Blick auf einem todgeweihten Lebewesen zur Ruhe kommt: einem welken Krokus vielleicht, einer schwarzen Katze. Plötzlich erscheinen uns diese Lebewesen als das, was sie sind – eigenständige Lichter, Offenbarungen des schnell vergänglichen Brausens des Lebens: Visionen. Sie sind in emphatischem Sinne da: der violette Krokus, die Katze mit den wilden Augen.«

Philosophisch gesagt: Erst das Nichts macht die Erfahrung des wunderbaren Da-Seins zu einer glücklichen. Der Berliner Lebenskunst-Philosoph Wilhelm Schmid, Jahrgang 1953, dessen Büchlein *Glück. Alles, was Sie darüber wissen müssen, und warum es nicht das Wichtigste im Leben ist* (2007) lange ganz oben auf der Bestsellerliste stand, bestätigt diese Paradoxie. In einem Gespräch mit dem SPIEGEL formulierte er: »Unser Leben ist geteilt in Positives und Negatives, und nur wenn wir in unserem Lebensbegriff beide Pole übergreifen können, nähern wir uns der wahren Lebenskunst. Der Versuch der Moderne, vom Leben nur das Positive zu erwarten und mit allerlei chemischen Keulen Schmerzen und Leid zu besiegen, ist doch gescheitert. Wir brauchen die Rückbesinnung auf die philosophische Lebenskunst, die auch Schmerzen und Misserfolge als konstitutiv für das Leben betrachtet.«

Und Schmid ergänzt: »Zur Fülle des Lebens, mit allen Gegensätzen, gehört nun einmal der Tod, wir müssen uns mit ihm anfreunden.« Eines seiner Argumente dafür lautet: »Denken wir uns den Tod doch einmal weg. Angenommen, aus achtzig Lebensjahren werden 200. Da gibt es dieses schöne Buch über 1000 Orte, die man sehen sollte, bevor man stirbt. Wenn ich zweimal im Jahr Urlaub mache, schaffe ich vielleicht 400. Wenn mir weitere 1000 Orte einfallen, brauche ich schon 500 Lebensjahre. Kann das immer so weitergehen? Bleibt die Lebensfreude dabei erhalten? Es dürfte furchtbar öde werden.« Man müsse sich nur vor Augen halten, nicht nur wir blieben, sondern auch unsere Nachbarn.

Schmid stellt auch fest, das »Wichtigste im Leben« sei »die Erfahrung von Sinn«. Die Menschen der Moderne, denen der christliche Lebenssinn »oft auch mit Druck vermittelt wurde«, hätten auf dem Weg in die aufgeklärte Mündigkeit irgendwann gemerkt: Wir haben für den alten Sinn keinen Ersatz. Sie hätten unterwegs zur Moderne »zu viel über Bord geworfen«. Aber der Weg zurück zur alten Sinn-Architektur sei unmöglich, meint Schmid. Heute müsse jeder »sein Lebensziel selbst finden«, jeder trage eine »individuelle Sinn-Verantwortung«. Staat und Kirche fielen da aus. Schmid selbst benennt als seinen persönlichen Sinnhorizont die beglückende Zusammenwirkung der wahrnehmenden Sinne – nicht zuletzt des Tastsinns, den auch demenzkranke Greise noch genießen könnten – sowie den Grundgedanken der Polarität alles Seienden: »Wenn es stimmt, dass alles polar organisiert ist in dieser Welt, dann muss es auch zum Pol der Endlichkeit einen Gegenpol geben, die Unendlichkeit.« Und er fügt hinzu: »Seit die Astrophysik von der Möglichkeit eines Multiversums spricht, öffnet auch der Nachthimmel ein Fenster in echte Unendlichkeit.«

Das Unendliche ist die Verneinung alles Endlichen. Auch dies gehört zur Paradoxie glückhafter Sinnerfahrung: Erst

Verneinung ermöglicht die substanzielle Bejahung des Lebens. Der Blick in den unermesslichen Nachthimmel klärt die Kostbarkeit des Morgenlichts. Dass wir, denken wir erst einmal über alles Endliche nach, eine Unendlichkeit entdecken, die wir nicht begreifen können – das befreit uns von der Enge täglicher Zumutungen, macht uns insofern glücklicher; und es beschert uns gleichzeitig Furcht und Zittern, weil uns die Unendlichkeit das Ende alles Endlichen bewusst macht.

Das deutsche (Un)Glück

Der Begriff des Glücks »steht für die Möglichkeit, dass das menschliche Leben überhaupt sinnvoll sein kann«, und ist insofern ein zentrales Thema der philosophischen Anthropologie, wie der Hamburger Theologe Johann Hinrich Claussen in seinem Buch *Glück und Gegenglück* (2005) schreibt – einem der substanziell ergiebigsten Titel, die in den letzten zwanzig Jahren zu unserem Thema veröffentlicht wurden. Glück wurde lange nicht so häufig, so ausdrücklich und so vielstimmig diskutiert wie in jüngster Zeit, zumal unter deutschen Bedenkenträgern, die mehr oder weniger verdruckst singen: Glücklich ist, wer vergisst... dass er nur ein Deutscher ist. Immerhin: Die Zahl derer, die so denken, schrumpft.

In der Abenddämmerung deutscher Glücksbetrübnis rennt Eric G. Wilson mit seiner Forderung, »in einer fraglos tragischen Welt« die unvermeidliche »Traurigkeit« in die »Kultur des Glücks« einzubeziehen, offene Türen ein. Ein helles Glück ohne dunkle Kulisse war hier lange Zeit unvorstellbar. Die deutsche Geschichte hat die Besonderheit, dass der romantische Weltschmerz im 19. Jahrhundert vorweggenommen hat, was im 20. Jahrhundert, durch die Kriege und die ungeheuerlichen Naziverbrechen am Menschenrecht auf Glück, zur obligatorischen Grundhaltung jedes sensiblen Zeitgenossen wurde: Trauerarbeit.

Jedes erträgliche Glücksgefühl eines Deutschen wurde so zu einem Gefühl »trotz alledem«, einem Überlebensglück, das die Millionen nicht vergessen konnte, die der glücklich

Davongekommene hinter sich gelassen hatte. Schon im Ersten Weltkrieg hat sich das schwierige deutsche Dennoch-Glück umrisshaft abgezeichnet. Philosophisch fand es im Existenzialismus als einem tief pessimistischen Lebensgefühl (etwa wenn Martin Heidegger Dasein als »Sein zum Tode« bestimmt) seinen Ausdruck. Literarisch etwa in Erich Maria Remarques erschütterndem Bestseller *Im Westen nichts Neues* (1929), der die schwarze Apokalypse des Ersten Weltkriegs unerträglich konkret abbildet. Die Offenheit und Ehrlichkeit dessen, der sich der Apokalypse stellt, ist – nach diesem Verständnis – aus einem geglückten Leben nicht wegzudenken. Das meint: Glück ist auch der Gewinn aus einer wachen Haltung, einem Ethos, einer spannungsreichen Verbindung von existenzieller, sozialer und intellektueller Kompetenz. Damit beschäftigt sich eine philosophische Disziplin, die sich »Ethik« nennt.

Deutsche Ethiker reden traditionell lieber von geistigen Haltungsschäden als vom Glücklichsein. Wahrscheinlich macht sie das Moment des Unberechenbaren und Plötzlichen misstrauisch, so dass sie das Thema Glück lieber der Literatur überlassen.

Immanuel Kant (1724 bis 1804) findet den Begriff Glück zu unbestimmt; jenen schwankenden Neigungen der Sinne, die er zu bezeichnen scheint, verpasst Kant, gut preußisch, den herben Begriff der »Pflicht« als Oberaufseher. Dass der Gute letzten Endes auch glücklich werde, akzeptiert Kant als Postulat der Moral, dessen Einlösung er aber frühestens im (unerkennbaren) Jenseits erwartet (siehe auch Seite 139, »Glück und Tugend«).

Obwohl Hegel in seiner Analyse der »Anerkennung« eine wesentliche Voraussetzung für jedes geglückte Leben dargelegt hat, zeigt er sich letztlich über die Niederungen des Glückgefühls so erhaben wie über alle Segnungen des bloß »Unmittelbaren«. Er sagt mit stirnrunzelnder Düsternis, die Perioden des Glücks seien allenfalls »leere Blätter« der

»Weltgeschichte« und damit keine relevanten Stationen auf dem Jahrtausendweg des selbstbewussten Geistes zur eigenen Absolutheit.

Für Marxisten ist Glück von vornherein ein konterrevolutionäres Phantom der Bourgeoisie, das jenem Mut zur Askese hinderlich ist, den man für den Klassenkampf braucht. Die klassenlose Glücksgesellschaft, in der das Individuum will, was es gesellschaftlich wollen soll, wird von ihnen primär negativ beschrieben: als Abwesenheit von Unterdrückung und Ausbeutung.

Absurderweise wandeln die Revoluzzer dabei auf den Spuren des bürgerlichen Pessimisten Arthur Schopenhauer (1788 bis 1860), der vom Ideal eines »positiven Glücks« gar nichts hält: »Kommt zu einem schmerzlosen Zustand noch die Abwesenheit der Langeweile; so ist das irdische Glück im Wesentlichen erreicht: Denn das Übrige ist Chimäre.« Glück ist Abwesenheit von Unglück. Wie Theodor Fontane (1819 bis 1998) sagt: »Grießsuppe, eine Schlafstelle und keine körperlichen Schmerzen.«

Für Friedrich Nietzsche (1844 bis 1900), den tragisch jubilierenden Totengräber Gottes, ist »die Art des besten Glücks« das »Wenigste« oder »das Leiseste, Leichteste, einer Eidechse Rascheln, ein Hauch, ein Husch, ein Augenblick«. Womit er treffend das Glücksgefühl als flüchtiges Zufallsglück charakterisiert, und zwar in einer Weise, die vermuten lässt, er habe derlei auch selbst einmal erlebt. Aber dann polemisiert er: »Der Mensch strebt nicht nach Glück; nur der Engländer tut das.« Gelobt sei – ausnahmsweise – der Engländer.

Der Psychoanalytiker Sigmund Freud (1856 bis 1939) meint schroff: »Die Absicht, dass der Mensch ›glücklich‹ sei, ist im Plan der ›Schöpfung‹ nicht enthalten.« Wobei Freud, der das Glücklichsein allenfalls im Sinne von »weniger unglücklich« akzeptiert, die geschlechtliche Liebe zum Urmuster jeglicher Glücksphantasie erklärt.

Die große Ausnahme in dieser Denkergalerie des hehren Trübsinns heißt Ludwig Marcuse (1894 bis 1971). Seine *Philosophie des Glücks* (1949) ist ein Langzeitbestseller wie der Duden. Sie liest sich wie ein Unterhaltungsroman, hat Esprit und Witz, kurz: ist beglückende Prosa. Marcuse schreibt: »Fast alles, was im neunzehnten Jahrhundert gegen Hegel rebellierte, ist die Rebellion des atmenden Einzelnen gewesen, der sein ›Leben‹, seine ›Existenz‹, sein ›Heil‹, sein ›Glück‹ (vier Worte für dasselbe) nicht in Betracht gezogen fand.«

Marcuses eigene Glücksbilanz ist positiv: »Wenn ich die Erfahrungen meines Lebens summieren darf (das Liebesleben sei nicht erwähnt), so würde ich sagen, es sind in das Leben Glückseligkeitsmomente eingesprenkelt.« Vollständiges Glück setze voraus, dass der Mensch den Sinn seiner Existenz begreife und darin »Geborgenheit« finde. Das aber sei unmöglich. Immerhin: »Momentane Glücks- und Seligkeits-Partikelchen gibt es genug. Der Mensch muss lernen, bescheidener zu werden.«

Der Gedanke ist richtig, aber ein typisch deutsches Nachkriegsprodukt. Nach der großmäuligen Nazizeit lag eine entschieden bescheidene Glücksvorstellung nahe. Und deren lyrische Anwendung: Günter Eichs Gedicht »Inventur«, das 1948 lauter Nebensachen aus dem Soldatengepäck als Kostbarkeiten feiert: »Dies ist meine Mütze, / dies ist mein Mantel, / hier mein Rasierzeug / im Beutel aus Leinen… Dies ist mein Notizbuch, / dies meine Zeltbahn, / dies ist mein Handtuch, / dies ist mein Zwirn.« Dem, der alles verlor, lächeln sie zu, die Restbestände der verlässlichen Welt.

Das kleine graue Überlebensglück der Stunde null nach dem Zweiten Weltkrieg hat lange nachgewirkt – bis zur Rebellion von 1968. Deren Vordenker, Theodor W. Adorno, glaubte, dass das »einzelmenschliche Glück jetzt und hier« eine »Schein«-Veranstaltung sei. Entsprechend miese Laune – und trotz sexueller Emanzipation und Fritz Teufels Anarchospäßen kein bisschen Glück – verbreitete denn auch der Aufstand der Studenten, die sich eine Zeitlang an Adorno hielten.

Es gibt einen asketisch-elitären Begriff von »Geist«, der, weit entfernt von der munteren Diesseitigkeit, die ihm noch bei Goethe beiwohnt, das Glück ebenso abwertet wie die Operette oder die medienbeherrschte »Kulturindustrie«. Im übersteigerten Begriff von »Geist« steht der Denker Adorno dem Dichter Gottfried Benn (1886 bis 1956) verblüffend nahe. Dessen Poem »Einsamer nie« ist die pure Glücksverwerfung: »Wo alles sich durch Glück beweist / und tauscht den Blick und tauscht die Ringe / im Weingeruch, im Rausch der Dinge –: / dienst du dem Gegenglück, dem Geist.«

Adorno und Benn, der eine von links, der andere von rechts, haben die Sehnsucht des Menschen nach Glück bei den deutschen Intellektuellen der Nachkriegszeit zum kleinbürgerlichen Winkelglück degradiert, also zum Nichtthema. Glücksrezepte? Oberflächlichkeit, Trivialliteratur, billiger Witwentrost, Reader's Digest, pastorale Lebenshilfe, Hollywood. Dem folgten Heerscharen von Verzweiflungsdichtern und Abgrunddenkern. Sie betonierten die melancholische Grundmelodie der Weltliteratur, die ja eine Tatsache ist, zu einer einzigen, porenfreien Ausweglosigkeit allen Lebens und Strebens. »Schonungslos«, »unversöhnlich«, »radikal« – so lautete das Lieblingslob des typischen Nachkriegskritikers auf ein Stück neuer Literatur.

Dessen zeitgeschichtliches Koordinatensystem ließ auch kaum andere Adjektive zu: Die Wirklichkeitserfahrung, mit der sich Literatur nun einmal auseinanderzusetzen hat, war geprägt von Kriegserinnerung, Weltangst, Religionskrise, Ost-West-Spannung und – vor allem – dem anhaltenden Entsetzen über die nationalsozialistischen Verbrechen. Versöhnliche Töne mussten wie moralischer Verrat klingen, wie der Versuch, sich einer heillos gewordenen Welt durch die falsche Vorspiegelung einer heilen Welt zu entziehen. *Die heile Welt*, der Titel eines 1950 publizierten Lyrikbandes von Werner Bergengrün, wurde zum Inbegriff einer überholten illusionistischen Weltsicht und als solcher auch zum abgegriffenen Schlagwort.

Den mentalen Wandel, der dieses Urteilsschema gebrochen hat, macht nichts so deutlich wie das publizistische Desaster eines der eindrucksvollsten Bücher des 20. Jahrhunderts, des autobiografischen *Romans eines Schicksallosen* von dem ungarischen Schriftsteller Imre Kertész. Er erzählt darin, aus der Perspektive eines halbwüchsigen Jungen, vom grausamen Treiben in den Konzentrationslagern Auschwitz und Buchenwald. Und scheut sich nicht, den unerhörten Satz zu schreiben, sogar »dort, bei den Schornsteinen, gab es in der Pause zwischen den Qualen etwas, das dem Glück ähnlich war«.

Als der 1975 in Ungarn publizierte Roman erstmals auf Deutsch erschien, 1990, war die Resonanz gering. Ein jüdischer KZ-Überlebender, der vom »Glück« im Konzentrationslager zu schreiben wagte, stürzte die deutsche Kritik offenbar in tiefe Verlegenheit. Sechs Jahre später, als eine neue Übersetzung desselben Titels herauskam, war das Buch eine Sensation, immerhin noch sechs Jahre bevor dieser Autor den Nobelpreis erhielt.

Die frühere Verlegenheit war fast verflogen. Ein Jahr später, 1997, kam die abgründige italienische Lagerkomödie »Das Leben ist schön« in die Kinos. Der KZ-Film wurde nicht als Provokation abgelehnt, im Gegenteil, er erhielt zahllose internationale Preise, wurde anerkannt auch in Deutschland und den USA.

Der Richter Thomas Buergenthal, ein Auschwitz-Überlebender, schildert in seiner bewegenden Autobiografie unter anderem einen der berüchtigten »Todesmärsche« 1944/45 – aus den Lagern Richtung Westen: Auch der elfjährige Thomas verlässt im Januar 1944 Auschwitz-Birkenau, als einer von 66 000 Gefangenen. Die Nazis schaffen hastig die noch lebenden Opfer ihres Judenhasses fort, weil die Rote Armee näher rückt. Männer, Frauen und Kinder, ernährt von Brotkanten und Schnee, in dünner Häftlingskleidung dem eisigen Wind ausgesetzt, müssen drei Tage durch die Winterkälte marschieren, ehe sie in offenen Güterwaggons weiter ins KZ Sachsenhausen befördert werden. Tausende sterben dabei. Thomas überlebt. Glück gehabt.

Eines Nachmittags, inzwischen ist es 1946, kommt die Direktorin des polnischen Waisenhauses, in dem Thomas gelandet ist, auf den Fußballplatz gelaufen, der Junge spielt dort gerade. Sie winkt mit einem Brief. Rasch erkennt er auf dem Umschlag die Handschrift seiner Mutter. »Ich wusste auf der Stelle, dass sie lebte«, erinnert er sich sechzig Jahre später.

»Sie lebt!, sagte ich mir immer wieder. Es war der glücklichste Augenblick meines Lebens. Ich fing an zu weinen und zu lachen, alles auf einmal … Ich hatte eine Mutter, und das hieß, dass ich wieder ein Kind sein konnte.«

Das intensive Glücksgefühl besteht hier darin, nicht mehr mutterseelenallein auf der Welt zu sein! Glück haben und glücklich sein, das sind auch in diesem Fall zwei Arten von Glück, die zu einem einzigen großen Glück zusammenfließen – zu einem Glück im Unglück.

Den Vater hatten die Nazis ermordet. Buergenthal, der 1951 von Göttingen aus in die USA emigrierte, wurde nach 2000 Richter am Internationalen Gerichtshof in Den Haag. Als Buergenthals Buch 2007 unter dem irritierenden Titel *Ein Glückskind* erschien, nahm daran kaum jemand Anstoß.

Wenn der Berliner Lebemann, Nachtclubbesitzer, Schauspieler und Selfmademan Rolf Eden, dessen jüdische Familie 1932 vor Hitler nach Palästina geflohen war, seine Autobiografie *Rolf Eden – das ganze Leben nur Glück gehabt* (2009) tituliert, profitiert er vom Tabubruch eines Buergenthal, auch wenn er sich damit – in dem Gesellschaftsmagazin *Dummy*, das im Winter 2008/09 zum Thema Glück erschienen ist – das etwas zweideutige Lebensmotto eingefangen hat: »Vergeben, vergessen, verdrängen – das ist es. Das ist das ganze Glück.«

Weil das bloß Verdrängte unweigerlich wiederkehrt, ist dies eben nicht »das ganze Glück«. Dennoch, der Zeitgeist hat in diesen Jahren entschieden: Wenn schon in den Erinnerungen unmittelbar betroffener Holocaustopfer das Lebensglück wiederentdeckt wird, dann darf das simple Glücklichseinwollen auch bei avancierten deutschen Intellektuellen kein Tabu mehr sein.

Bei der renommierten Vortragsreihe der Münchner Carl Friedrich von Siemens Stiftung, die sich im Sommer 2007 »Über das Glück« beugte, verblüffte der Zürcher Germanist Peter von Matt sein Publikum mit einem Plädoyer für das literarische »Happy End«. Diesen Bonbon haben die Verfechter der provokanten Moderne lange Zeit versöhnlichen Erbauungsschriften und süßlichen Hollywoodfilmen überlassen. Die Pointe des Weltalls, auf die alles abziele, sei, so von Matt, Jahrgang 1936, im Blick auf ein Goethe-Wort, niemand anderes als der Mensch, der »sich unbewusst seines Daseins erfreut«.

Während von Matt zwanzig Jahre früher als spießiger Illusionist bespöttelt worden wäre, etwa in dem Sinne, dass hier ein wohlsituierter, untragischer Professor aus der Schweiz seinem bürgerlichen Harmoniebedürfnis erlegen sei (von Matts Amtsvorgänger an der Universität Zürich, Emil Staiger, wurde wegen seines an Goethe geschulten Literaturbegriffs regelrecht hingerichtet), wird diese These heute nicht belästert, sondern wohlwollend rezipiert. Der Vorgang zeigt: Die fortgeschrittene Westintegration der deutschen Innerlichkeit hat eben auch eine Annäherung an den angelsächsischen Pragmatismus und dessen Bejahung der Unterhaltungsliteratur mit sich gebracht. Wohl darum benennen wir einen guten Ausgang englisch: eben als Happy End.

Die publizistische Glückswelle dieser Jahre wird in Werbe-, Event- und TV-Kreisen oft zum lärmenden, leicht auch leerlaufenden »Spaßfaktor«. Und zwar so penetrant, dass ein gedruckter Zwischenruf wie »Schluss mit lustig!« auch schon wieder zum Bestseller werden kann: Der theologisch beschlagene Fernsehmoderator Peter Hahne, Jahrgang 1952, publizierte 2004 unter dem Titel *Schluss mit lustig – das Ende der Spaßgesellschaft* eine mäßig elegant geschriebene, in ihrem kritischen Furor aber ernst zu nehmende und durchaus berechtigte Polemik gegen jenen Werterelativismus, der aus Unkenntnis der eigenen Tradition und aus Gleichgültigkeit entsteht. »Die meisten schreiben Toleranz mit Doppel-›l‹: sie finden alles toll«, so Hahne. Das Buch kam in drei Jahren auf eine verkaufte Auflage von über 1,5 Millionen Exemplare. Offensichtlich hat hier jemand einen Nerv getroffen.

Weniger lächerlich als der rasende Spaßfaktor, vielmehr bemerkenswert vor dem Hintergrund deutscher Düsternis- und Trauerkultur, ist die erstaunliche Tatsache, dass die besten und erfolgreichsten deutschen Filme in den vergangenen Jahren meistens ziemlich unverklemmte, selbstironische Komödien waren: Von Doris Dörries spritziger Satire auf die »Männer« (1985) über Sönke Wortmanns Schwulenschwank »Der bewegte Mann« (1994) bis zu Til Schweigers kinderseligem Lustspiel »Keinohrhasen« (2008).

Dazu passt das Ergebnis einer Umfrage, die das Institut TNS Forschung im Dezember 2007 im Auftrag des SPIEGEL erarbeitet hat. Sie bestätigt, dass die Deutschen inzwischen wirklich glücksfähiger geworden sind. Und zwar im Sinne des beruhigend Unspektakulären: 71 Prozent der über 18-jährigen Deutschen halten »gute Gesundheit« für die »wichtigste Grundlage« ihres Lebensglücks. An zweiter Stelle erscheinen »Freunde, auf die man sich verlassen kann« (38 Prozent); an dritter steht eine gute, sichere Arbeit (37 Prozent); an vierter eine »erfüllte Liebesbeziehung« (30 Prozent); auf dem fünften Rang, mit 16 Prozent Zustimmung, folgt die Glücksquelle »genügend Geld«.

Als »sehr glücklich« schätzen immerhin 24 von 100 ihr »gegenwärtiges Leben« ein, 58 als »ziemlich glücklich«, 14 als »weniger glücklich«, und nur 3 Prozent der Befragten bezeichnen sich schlicht als »unglücklich«. Die stärkste Altersgruppe der »sehr glücklichen« Deutschen bilden jene, die 18 bis 29 Jahre alt sind (33 Prozent); die stärkste Gruppe der »ziemlich« Glücklichen wird von den 45- bis 59-jährigen Deutschen gestellt (62 Prozent); »sehr glücklich« sind mehr Frauen als Männer, »ziemlich glücklich« mehr Männer als Frauen.

Die Schulbildung sorgt bei der Verteilung der Glücksnoten für keine besonders markanten Unterschiede. Der Ost-West-Gegensatz hingegen macht sich bei der Bestnote »sehr glücklich« klar bemerkbar: 14 Prozent im Osten, 26 Prozent im Westen; aber kaum noch bei »ziemlich glücklich« (59 Prozent im Ost, 58 im Westen).

Aus der Addition der ziemlich und der sehr Glücklichen – 82 Prozent – resultiert das überraschende Bild eines im Ganzen recht glücklichen Volkes.

Dieser Befund hat sich grundsätzlich bestätigt, als wir die Umfrage am 20. und 21. Januar 2009 wiederholen ließen. Was umso erstaunlicher ist, als die zu dieser Zeit fast täglich in den Medien beschworene »schlimmste Wirtschafts- und Finanzkrise seit 1929«, gewiss auch die tatsächliche wirtschaftliche Rezession, die Stimmung in den tiefsten Keller des Gemüts hätte drücken müssen.

Auf die Frage, wie sie ihr gegenwärtiges Leben einschätzen, antworten diesmal 19 Prozent der über 18-jährigen Deutschen »sehr glücklich« und 62 Prozent »ziemlich glücklich« – die sehr Glücklichen sind gegenüber 2007 um den Faktor 5 geschrumpft, dafür haben die ziemlich Glücklichen 4 Prozentpunkte zugelegt. »Sehr glücklich« nennen sich 22 Prozent im Westen, doch nur noch 8 Prozent im Osten. Bei »ziemlich glücklich« ist der Abstand zwischen West und Ost geringer: 64 zu 59. Im Ganzen ergeben sich gegenüber der Umfrage aus 2007 relativ kleinformatige Verschiebungen nach unten, was der aktuellen Wirtschaftslage geschuldet ist. Die weniger Glücklichen kommen auf 15 – statt wie 2007 auf 14 – Prozent; schlicht »unglücklich« nennen sich genauso viele wie bei der ersten Befragung: 3 Prozent. Die Zahl derer, die sich unglücklich fühlen und dies auch zugeben, ist erstaunlich stabil – und erstaunlich klein angesichts der Klischeevorstellung, die Deutschen seien eigentlich nie zufrieden.

Interessant dabei ist auch diese Zahl: Die Frage, ob die »gegenwärtige Finanz- und Wirtschaftskrise« ihr persönliches Befinden oder ihr Lebensgefühl »verändert« habe, wird von 62 Prozent verneint. Das entspricht genau der Zahl der »ziemlich« Glücklichen. 37 Prozent meinen dagegen, die Krise habe ihr Befinden verändert, sie rekrutieren sich wohl aus den Gruppen derer, die sich ziemlich, weniger und gar nicht glücklich bekannten. Damit trübt sich das Gesamtbild der glücklichen Deutschen etwas ein, aber nicht in dramatischer Weise.

Die Prozentzahl der »sehr glücklichen« Deutschen ist seit fast dreißig Jahren erstaunlich konstant: Eine langfristig angelegte sozialwissenschaftliche Wohlfahrtsstudie, die seit 1978 regelmäßig an der Universität Mannheim erarbeitet wird, fragte die Deutschen unter anderem, wie sie ihr Leben »im Augenblick« empfänden. Für den Wert »sehr glücklich« ergab sich eine Schwankung zwischen 26 Prozent (1980) und 19 Prozent (1998). Dabei zeigten sich die Westdeutschen »glücklicher« als die Ostdeutschen, Männer »glücklicher« als Frauen, berufstätige Frauen »glücklicher« als Hausfrauen. Diese Rückblende beweist: Jeder vierte bis fünfte Deutsche nennt sich seit vielen Jahren »sehr glücklich«.

Das ist eine deutliche Korrektur des handelsüblichen Vorurteils vom germanischen Miesepeter. Das hübsche Schimpfwort meint eigentlich »Sumpfnörgler«, denn »Mies« bedeutet ursprünglich Sumpf, Moor.

Warum aber sind die Deutschen, wie viele Umfragen immer wieder beweisen, zum Beispiel weniger glücklich als die Dänen, von denen sie sich, was den Wohlstand angeht, kaum unterscheiden? Die Schriftstellerin Sibylle Berg, Jahrgang 1962, in Weimar geboren und heute zu Hause in Zürich und Tel Aviv, veröffentlichte 1997 den Roman *Ein paar Leute suchen das Glück und lachen sich tot.* Für sie gilt als größtes Hindernis auf dem Weg zum Glück die Unfähigkeit vieler Menschen, das richtige Wort im rechten Augenblick zu finden, überhaupt eine Mischung aus Sprachlosigkeit und Verständnislosigkeit gegenüber dem jeweils anderen Geschlecht. Über das Verhältnis der Deutschen zum Glück schrieb Sibylle Berg 2008 (in einer Kolumne der Zeitschrift *Literaturen*):

»Keine hinreichende Erklärung findet man dafür, warum das Glücklichsein in Deutschland schwierig zu sein scheint. Obwohl es immer noch das fünftreichste Land der Welt ist, sieht man doch selten lachende Kinderaugen auf den Straßen. Am Fehlen der Glücksvoraussetzungen kann es nicht liegen. Woran aber dann? Vermutlich sitzt die preußische Erziehung in ihrer Rigorosität den Menschen noch in den Genen. Immer der Beste in allem sein zu wollen, hat seine Narben hinterlassen. Es macht neidisch und unzufrieden, und auch der absurde Wunsch, den besten Sozialstaat der Welt zu haben, hat nicht unbedingt zu einem sahnigen Klima im Land beigetragen. Die Menschen verlassen sich mehr auf Obrigkeiten als auf sich selbst, was den Basispunkten der Autonomie und der Selbstachtung widerspricht. Selten wird, zum besseren emotionalen Verständnis, ein abhängig Angestellter die gleiche Zufriedenheit empfinden wie ein selbstbestimmter Selbständiger, selbst wenn das scheinbare Unsicherheiten und mehr Arbeitszeit mit sich bringt.«

Mehr Selbstachtung durch mehr Autonomie, also Selbstbestimmung – tun sich die Deutschen damit schwerer als andere Völker, weil sie soziale Sicherheit überschätzen und

deshalb mehrheitlich die Mentalität eines typischen Ange-
stellten haben? Und weil sie partout »die Besten« sein wollen – seit einiger Zeit lieber im weltweiten Kampf gegen die
viel beschworene Klimakatastrophe als beim Bruttosozialprodukt?

Sibylle Berg hat hier sicherlich einen wunden Punkt der bis
heute virulenten deutschen Mentalität benannt. Andererseits
widerspricht ihrer Beobachtung, sie sähe kaum »lachende Kinderaugen«, jene landesweite Großgruppenheiterkeit, die bei
der auf deutschem Boden ausgetragenen Fußballweltmeister-
schaft 2006 so überwältigend und überraschend ausbrach wie
ein homerisches Gelächter, das allzu lange unterdrückt war.
Dass Millionen von Deutschen dieses Fußballfest nicht nur in
den Stadien, sondern auch bei öffentlichen Übertragungen auf
Straßen und Plätzen *(public viewing)* erstaunlich offen, unver-
krampft und fremdenfreundlich feiern und am Ende auch noch
generös verlieren konnten, verrät durchaus einen kollektiven
Mentalitätswandel zumal der jüngeren Generationen – von
dem kleinen Wunder dieser »glücklichen Deutschen« sprach
im Sommer 2006 fast die ganze Welt.

Wird es ein nachhaltiger Wandel sein?

»Glück ist nie genau das, was man sich darunter vorgestellt
hat«, meint der britische Erzähler William Somerset Maugham
(1874 bis 1965). Er selbst suchte sein reales Lebensglück in
der Sonne der französischen Riviera, und zwar ein halbes
Jahrhundert vor den glückshungrigen deutschen Touristen.

Deren Glücksformel war lange Zeit relativ simpel: Entspannung im Urlaub, auf Reisen im eigenen Volkswagen nach
Italien, Spanien oder Frankreich, jedenfalls in die Sonne, ans
Meer oder auch in die Berge (Österreich); das eigene Häuschen
im Grünen, »Das Glück im Winkel«, wie ein Theaterstück des
ostpreußischen Schriftstellers Hermann Sudermann es 1895
nennt – ein Titel, der sprichwörtlich geworden ist; ein bisschen
Wohlleben, Familiengewusel mit Kind und Hund, kleine Eks-

tasen, die neue Freundin, der neue Freund, überhaupt Freunde gewinnen und treffen, Sport treiben oder auch nur gucken, auswärts essen und trinken, vor allem: friedlich sein, Partys feiern, Ruhe genießen. Partikel dieses harmlosen Nachkriegsglücks, das auch ein partieller Ausstieg aus jener Geschichte war, in der sich die Eltern dieser Deutschen so mörderisch ausgetobt hatten, schwirren noch heute über germanischen Mittelstandsterrassen, nur dass aus dem Volkswagen nicht selten ein flotter Audi oder BMW geworden ist, aus dem Italientrip eine exotische Fernreise, und aus dem Häuschen ein veritables Landhaus mit ökologisch korrektem Fischteich, einer Sauna und Pferdeboxen.

Buddha: Glück von innen

Ein äußerst beliebter Tummelplatz neudeutscher Alltagsbeglückung ist die schon mehrfach zitierte »Wellness«, jene eigenartige Verbindung diffusen Wohlbefindens mit Naturmedizin und Mystik, die sich oft auf fernöstliche Lebensweisheiten beruft, vor allem auf jene des Buddha. Dieser Buddha war ein nordindischer Prinz, der von 563 bis 483 v. Chr. (einer neueren Version zufolge etwa hundert Jahre später) gelebt hat. Sein Vater gehörte zum herrschenden Adel eines kleinen Staates im indisch-nepalesischen Grenzgebiet. Seiner Mutter wurde die Geburt des Prinzen durch einen weißen Elefanten angekündigt, der ihr im Traum erschien und mit seinem Rüssel eine Lotosblüte umklammerte. Eine Variante dieser Legende macht aus dem Elefanten den Erzeuger des Prinzen, der Siddharta Gautama oder auch Shakyamuni hieß, ehe er Frau (mit 16 hatte er geheiratet) und Sohn verließ und – auf Geheiß des Gottes Brahma – zum asketischen Wanderprediger und Menschenfreund mutierte. Er verzichtete auf jeglichen Luxus, sammelte Jünger um sich und hatte viele Jahre keinen festen Wohnsitz mehr. Sein Erweckungserlebnis war ein dreifaches: die Begegnungen mit einem zitternden Greis, einem Fieberkranken und einem Toten, also mit drei Versionen der Vergänglichkeit und des Leidens. Erst danach wurde aus Siddharta »Buddha«, der »Erwachte«.

Von seiner Lehre, die sich im Lauf der Jahrhunderte von Indien über China und Südostasien bis nach Japan verbreitet hat, gibt es zahlreiche Varianten. Sie enthält im Kern eine praktische Anleitung dazu, das Leid dieser Welt zu ertragen. Sie ist eher eine Lehre der Unglücksvermeidung als eine direkte Anweisung zum Glück. Vereinfacht gesagt: Buddha empfiehlt dem, der nicht unglücklich werden will, vor allem den ungezwungenen Verzicht auf forciertes Selbstseinwollen, auf Besitzgier und jede Art von Aggressivität. Auf dem Weg zu wahrer Gelassenheit sieht er zunächst fünf geistige Hindernisse: Zweifel, Unruhe, Trägheit, Verlangen und Bosheit. Die letzten beiden begleiten den Menschen lebenslänglich. Ein zentraler Begriff der buddhistischen Ethik ist Achtsamkeit. Achtsamkeit, so lehrt Buddha auch, muss den ganzen Tag über vorhalten oder wenigstens gesucht werden.

Die Meditationspädagogin Marie Mannschatz empfiehlt in ihrem Buch *Buddhas Anleitung zum Glücklichsein* (2007) unter anderem folgende »Übung« zur »täglichen Achtsamkeit«: »Bevor Sie morgens aus dem Bett steigen, bleiben Sie einige Minuten ganz ruhig mit offenen Augen liegen und rufen Sie sich ins Bewusstsein: Ich bin wach, ich liege noch, spüre meinen Körper, nehme mir vor, mich heute immer wieder daran zu erinnern, mit Achtsamkeit allen Erfahrungen zu begegnen.«

Sie regt außerdem an, möglichst in jedem Moment des Tages Bewusstsein, Gefühl, Körperempfindung zu beachten und auszubalancieren. Ihr wichtigster Tipp: »Halten Sie von Zeit zu Zeit inne.« Und gegen jede Art von Widerwillen, Böswilligkeit und Ablehnung erinnert sie an buddhistische Formen des Loslassens wie: bejahen, großzügig sein, dankbar sein, hilfsbereit und bescheiden sein, mitfühlen, lieben, ohne Bedingungen zu stellen.

Die philosophische Voraussetzung dieser großen Gelassenheitslehre ist die altindische Überzeugung vom Kreislauf der Wiedergeburten, von der Welt als einer gewaltigen Illusion, hinter der das wahre, unbewegte Sein – *brahman*, die feine Substanz der All-Seele – zeitlos wirkt. Das menschliche Selbst muss versuchen, mit dieser All-Seele zu verschmelzen, dann kann es den störenden »Durst« nach Dasein und Besitz überwinden, ebenso wie Hass und Neigung zur Gewalt. Wer alle Leidensursachen, vor allem das Begehren, durchschaut und in sich gebändigt hat, wird reif für die Befreiung von den Wiedergeburten, reif für das »Nirvana«, eine recht irdische Himmelsvorstellung, deren Inhalt eigentümlich zwischen absoluter Leere und absoluter Erfüllung hin- und herschwebt und mal als eine Art Jenseits, mal als ein besonderer Bewusstseinszustand gedeutet wird.

Wörtlich bedeutet Nirvana so viel wie »erlöschen, verwehen, leer werden«, konkret vor allem den Abschied von Gier, Selbst-Sein-Wollen, Hass. Meditationsphilosophisch meint Nirvana ein Wissen vom Sein, das sich nicht mehr auf etwas Konkretes, das ist, auf dies oder jenes Seiende bezieht, sondern auf ein Sein, das »leer« von Seiendem und insofern dem Nichts nahe ist, ohne mit ihm identisch zu werden. Nirvana ist die Erkenntnis dieser Leere, die zugleich besagt, wie nichtig das viele veränderlich Seiende in Wahrheit ist.

In der altindischen Version des Brahmanismus, aus dem der Buddhismus ja entstanden ist, wird dabei eine unfassbar intensive Seele mitgedacht, die alles durchatmet. So etwa lässt sich das Nirvana einkreisen. Was auch heißt, dass es eigentlich undefinierbar ist, zumindest für Europäer, die von einer Definition Klarheit, Eindeutigkeit, Widerspruchsfreiheit erwarten.

»Achtsamkeit« zielt aber nicht bloß auf intellektuelle Konzentration oder rationales Erkennen. Sie umfasst Selbstdisziplin, Körpergefühl und Versenkung in die Einsicht, dass es angesichts des unendlichen Netzwerks von Verknüpfungen und Wechselwirkungen im Strom der materiellen und seelischen Prozesse ein stabiles Ich nicht geben kann. Auch die Welt ist nicht substanziell zu denken, wer sie fixieren will, greift ins Leere, sie ist insofern »leer«. Wahre Fülle dagegen verspricht das gereinigte Bewusstsein, eine gegenstandslose, über die Weite des Raumes ausgebreitete »Wachheit«, die nur in der Körper und Geist umgreifenden Meditation erreicht werden kann.

Dazu gehört eine korrekte, ruhige, in sich losgelassene Sitzhaltung, der sogenannte Lotossitz: Den Rücken gerade gerichtet, aber ohne Verspannung, Beine ineinandergesteckt, Hände ineinandergelegt, sodass die Daumen sich berühren, Augen halb geöffnet, den Blick auf den Boden gerichtet. Wichtig ist dabei ein willentlich nicht gesteuerter Atem, wodurch psychosomatische Energien gebündelt werden.

Die so verstandene Meditation zielt auf eine »Erweiterung des Bewusstseins in einem ichfreien Sinne der Selbstidentifikation mit allem, was lebt«, wie der Religionswissenschaftler Michael von Brück das Ethos des Mahayana (»Großes Gefährt«) in seiner *Einführung in den Buddhismus* (2007) charakterisiert.

Dieses erweiterte Bewusstsein ist es, das der vielzitierte Begriff »Nirvana« letztlich meint. Nirvana als das »Erlöschen des Ichwahns« ist das gereinigte Bewusstsein eines Menschen, der sein Denken und Fühlen auf die Einheit aller Gegensätze konzentriert und für das Fluidum des Seinsganzen öffnet; und der so die alltägliche Besitzgier überwindet, die an den Dingen klebt und darum auch für Gewalt und Krieg verantwortlich ist.

Ein erster, wesentlicher Schritt zur Loslösung von der Dingfixierung ist die »heilende Hinwendung zu allen Wesen« (von Brück). Das Bewusstsein darf zwischen eigener Leidens- und Glückserfahrung und jener der anderen nicht mehr unterscheiden. Der Bodhisattva, der selbst noch zum wahren Erwachen unterwegs ist, sich aber zunächst zurückhält, um anderen auf diesen Weg zu helfen, ist sozusagen ein kleinerer Buddha: Er verspricht, »für sich selbst das Glück des Nirvana so lange nicht genießen zu wollen, bis alle Lebewesen den Zustand der Befreiung (vom Leid) erlangt haben« (von Brück).

In dieser Einstellung kommt auch die frühbuddhistische Überzeugung zum Ausdruck: Alle Lebewesen haben gemeinsam, dass sie am Leben als solchem hängen und dem Tod zu entgehen versuchen. Daraus folgt das Gebot, alle fühlenden Wesen, neben dem Menschen vor allem die Tiere, unbedingt zu schützen. Bäume, Gräser und andere Pflanzen wiederum verdienen vor allem um dieser Lebewesen willen Schutz, weil diese Lebewesen sie als Nahrung brauchen. Pflanzen dürfen entwurzelt oder beschnitten werden, wenn man Häuser bauen oder Nahrung erwirtschaften will; doch das geisterhafte Leben, das in diesen Pflanzen wohnt, muss rituell höflich aufgefordert werden, den angestammten Platz zu räumen. Der Eingriff in die Natur muss sozusagen gesühnt werden. Ein alternativer Platz soll dann auch noch angeboten werden.

Die solchermaßen gehütete Natur bedankt sich: Sie kann den Menschen beglücken. Buddhistischen Mönchen, die zu intensiv über die Vergänglichkeit und anderes Leid meditiert haben und darum sterben wollen, wird in einschlägigen Schriften die Betrachtung von Gärten und Gewässern empfohlen, damit sie die Schwermut meistern.

Eine buddhistische Schule in China begreift das ganze Universum als den Leib des Buddha: als verwirklichte Erleuchtung, als Welt des Lichtes, deren Zentrum überall ist und die keine Grenzen hat. Um 700 n. Chr. hat ein Philosoph der Kaiserin Wu Tse-t'ien den Buddhismus so erklärt: Er ließ einen Raum an allen Wänden sowie am Boden und an der Decke verspiegeln. Dann stellte er eine Buddhafigur in die Mitte und installierte daneben ein Licht. So spiegelten sich alle gespiegelten Buddhas in allen anderen Spiegeln mit Buddhas. Ähnlich schwer fassbar, meinte der Philosoph, existieren alle Phänomene dieser Welt in unendlichen wechselseitigen Spiegelungen. Jedes Ding hat seine Identität in und aus dem anderen. Die Erscheinungen dieser Welt konkurrieren nicht miteinander, sie sind, was sie sind, jeweils aus dem anderen.

In dieser Auffassung, die modernen Theorien der Weltvernetzung verblüffend nahekommt, überlagern sich chinesische und indische Weltweisheiten: chinesische Ansichten von der Wechselwirkung des Einen und des Vielen (sofern es ist – und nicht vielmehr nicht ist – ist das Viele eins) sowie die indische Überzeugung von der Substanzlosigkeit (»Leere«) des Wirklichen, die aus ihrer vielfachen wechselseitigen Abhängigkeit resultiert.

Über einen Schöpfergott oder über die Unsterblichkeit der Seele hat Buddha nicht dezidiert nachgedacht. Wie genau etwa die Welt zu erklären und die Sterblichkeit des Menschen zu deuten oder gar zu überwinden wäre, hat ihn nicht besonders interessiert. Wer von einem Giftpfeil getroffen wird, fragt nicht lange nach dem Warum und Woher, sondern versucht, möglichst schnell den Pfeil herauszuziehen und die Wunde versorgen zu lassen – so dachte Buddha.

Im chinesischen Taoismus, der etwa im 4. Jahrhundert v. Chr. Buddhas Lehren weiterentwickelte, empfehlen die Ärzte die Embryonalatmung zur Entspannung: Es ist der Versuch, als Erwachsener die Atmung des Embryos im Mutterleib wiederherzustellen. Dazu gehört die Bemühung, möglichst lange »den Atem anzuhalten«, um sich sozusagen von ihm und nichts anderem zu ernähren. Der Asket Liu Ken, so eine Legende, konnte den Atem drei Tage lang anhalten und wurde unsterblich.

Die Embryonalatmung ist das Vorspiel zum »Gebrauch des Odems«, der verschiedene Möglichkeiten umfasst, den Atem durch den Körper zirkulieren zu lassen. Man kann den Atem dabei verschlucken, also in die Speiseröhre lenken, und über den innersten »Ozean des Odems« durch das Rückenmark zum Gehirn und dann wieder zur Lunge schicken. Erst danach darf er durch den Mund entweichen. Oder man lässt ihn durch den Leib entweichen – der Darmwind ist die »Läuterung des Odems«.

»Befreiung« und »Leere«, diese buddhistischen Schlüssel-begriffe, wirken fort bis hin zum Zen-Buddhismus, der sich, unter dem Einfluss des Mönchs Bodhidharma, im 6. Jahr-hundert n. Chr. aus dem etwa 500 Jahre früher entstandenen Mahayana-Buddhismus entwickelt hat. Im 13. Jahrhundert gelangte der Zen-Buddhismus nach Japan, von hier aus – eigentlich erst im 20. Jahrhundert – nach Europa und in die USA.

Zen heißt »Versenkung«, dem japanischen Wort entspre-chen altindisch *dhyana*, chinesisch *chan*, vietnamesisch *thien*, koreanisch *seon*. Es bezeichnet überall den Zustand medita-tiven Innehaltens und Nachdenkens, der aber nicht nur im (oben beschriebenen) Lotossitz erreicht werden kann, sondern etwa auch auf »Wegen« der Konzentration wie durch eine Teezeremonie, Schönschrift, Dichtkunst *(Haiku)*, die Kunst des Blumenarrangierens *(Ikebana)*, Bogenschießen, Schwert-kampf, Flötenspiel, Gartengestaltung.

Der Zengarten in seiner heute weltweit populären Form entstand erst im 15. Jahrhundert. Er ist ein kleines Land-schaftsabbild, das perspektivisch angelegt ist, auf eine domi-nierende Blickrichtung hin gestaltet. Kleinere Sträucher zitie-ren Bäume, Steine erinnern an Gebirgsformationen, Wiesen werden durch Grasbüschel und Moose angedeutet. Kies und Split werden so geharkt, dass der Betrachter an Wellen im Wasser denkt. Der Zengarten ist halbschattig, nicht zu dun-kel, nicht zu hell, das entspricht der Balance zwischen steini-gen und grünen Partien. Es gilt, wie bei der Meditation auch, einen Mittelweg zwischen den Extremen zu finden. So wie für Buddha die Meditation ein Mittelweg zwischen den Extremen Askese und Ekstase war. Die Meditation, der das Naturbild des Zengartens dient, beginnt schon beim Harken der Muster im Kies.

Ein wichtiger Erneuerer des japanischen Buddhismus im 20. Jahrhundert ist Nikkyo Niwano (1906 bis 1999). Seine

Autobiografie trägt den schönen Titel *Reise zum Unendlichen* (1963). Niwano hat als Gast dem Zweiten Vatikanischen Konzil in Rom beigewohnt, das sich ja besonders um den Dialog mit Andersgläubigen aus aller Welt bemüht hat.

Niwano fordert von der technischen Kommerzkultur der Moderne eine entschiedene »Rückkehr zum Menschen«, so auch der Titel eines Buches von ihm, das 1966 erschienen ist. Der altehrwürdigen Überzeugung des Buddhismus, dass nichts in der Welt Bestand und Substanz hat, versucht er weitgehend den Charakter einer pessimistischen Weltflucht auszutreiben. Seine Botschaft lautet: Das Leiden an der menschlichen Existenz kann durch eine Lebenskunst der »Anstrengung« überwunden oder wenigstens ertragen werden. Anstrengung heißt: jeden Tag versuchen, »angenehm«, »stark«, »klug«, »aufrichtig«, »hochgesinnt« , das heißt in der ständigen Bemühung um zwischenmenschliche Harmonie und um Abkehr vom angeborenen Egoismus, zu verbringen. Wer es schafft, dabei zugleich ein Vertrauen auf das »absolute Wesen« zu entwickeln, der kann »glücklich« leben. »Das absolute Wesen«, schreibt Niwano, »ist nichts anderes als das Große Leben des Weltalls. Einige nennen es Gott, andere nennen es Buddha.« Das heißt: Der historische Buddha namens Shakyamuni verkörpert eine ewige Buddha-Wahrheit (das erinnert an den christlichen Glauben, demzufolge Jesus als »Sohn« den »Vater«-Gott verkörpert). Bei der stillen Versenkung in diese Buddha-Wahrheit bilden Subjekt und Objekt, Mensch und Kosmos eine Einheit, die an die *unio mystica*, die mystische Einheitserfahrung denken lässt, von denen auch christliche Mönche des Mittelalters berichten, etwa der Straßburger Dominikaner Johannes Tauler. Sein Ordensbruder Meister Eckhart (um 1260 bis 1327) philosophierte über den Geist als Gottesgeburt im Menschen, als göttliches »Seelenfünklein« *(scintilla animae)*.

Die Voraussetzungen dieser Gottesgeburt wirken recht buddhistisch: Der Intellekt soll aufhören, sich mit den Dingen zu verwechseln, er soll sich von allen Fixierungen auf einzelnes Seiendes, auch von der auf das Ich, lösen und so jene Einheit mit dem Weltgrund, mit Gott als dem »überseienden Nichts«, suchen. Die Seele wird erst dann zum Geist, wenn sie sich von allen »natürlichen Wesen« abwendet und in der Konzentration auf den Urbefund, dass sie ist und als solche mit dem All des Seienden kommuniziert, »namenlos wie Gott« wird, was auch heißt: teilhaftig seiner »Ewigkeit«. Der Mystiker, dem diese Konzentration auf die »Geburt« des Absoluten in seiner Seele gelingt, ist ein glücklicher Asket. Er hat den Goldschatz des Seins in einer Seele gehoben, die sich nur allzu leicht an die Vielfalt der Welt und ihrer eigenen Gefühle verliert.

Christliche Mystik und Buddhismus – da passt verblüffend viel zusammen. Allerdings besteht aus christlicher Sicht bei der Zusammenschau dieser Traditionen die Gefahr, dass Jesus seine exklusive Rolle als Heilsvermittler zwischen Gott und Mensch verliert. Gott kommt ja in jeder einzelnen Seele unmittelbar zur Welt. Gegen Meister Eckhart wurde denn auch aus diesem Grund im 14. Jahrhundert ein Inquisitionsverfahren eröffnet, das zur Verbannung von 28 Sätzen aus seinen Schriften geführt hat. Heute könnte gerade aus Eckharts Philosophie des »Seelenfünkleins« ein neuer Dialog zwischen Christentum und Buddhismus entstehen.

Gegen die zunehmende Komplexität des modernen Lebens, die es so schwierig macht, sich zu konzentrieren, und einen störenden Zeitdruck erzeugt, hilft vielen Menschen der sogenannten westlichen Welt vor allem die Zenvariante des Buddhismus. Deren zentrale Botschaft – innere Ruhe durch absolute Aufmerksamkeit auf eine Sache – hat therapeutische Wirkung für so manches Nervenleiden. »Wenn ich sitze, sitze ich«, sagt der Zenmeister. Der zu temporären Depressionen verurteilte Turbomanager von heute denkt bereits, während er sich hinsetzt, wieder ans Aufstehen.

Das Begehren erkennen, das raffgierige Ego zurücknehmen, die Dinge loslassen, hektische Unruhe durch stille Achtsamkeit ersetzen, Vergänglichkeit beobachten und akzeptieren, mitfühlend und großzügig sein, täglich ein wenig meditieren, auch der verstorbenen Familienmitglieder gedenken, die eigene Seele in jedem Körperteil fühlen, Hass, Zweifel und Trägheit bekämpfen, wo es nur geht – diese Grundmotive buddhistischer Moral, die auch der tibetische Dalai Lama (*Die Regeln des Glücks*) lehrt, sind für alle Kulturen der Welt interessant, aktuell und sogar empfehlenswert. Was für ein Glück hätte die Welt, wenn zum Beispiel islamische Hassprediger und Erzieher von Selbstmordattentätern die moralische Grundschule des Buddhismus besuchen müssten und einiges davon beherzigen würden!

Allerdings gibt es auch Zenkitsch. So kombiniert die westliche Wellnessideologie die Zenmeditation in nicht selten kurioser Weise mit ausgetüftelten Teeritualen, speziellen Matratzen, Rieselmusik, Wasser- und Lichtinszenierungen, duftgeschwängerten Entspannungsübungen, aufdringlich sanften Wohn-, Koch- und Reise-»Alternativen«. Das Ganze ergibt eine creme- und rosafarbene, säuselnde Wellnesswelt, an der nur eines hart ist: der Umsatz. Er beträgt in Deutschland pro Jahr etwa 73 Milliarden Euro.

Glück wird dabei als schwingende Einheit von Seele und Körper verstanden, von emotionalem Wohlsein *(wellbeing)* und organischer Gesundheit *(fitness)*. Der zentrale Begriff *Wellness* ist alt: Er taucht, als *wealnesse* (gute Gesundheit) schon in einer englischen Biografie des Jahres 1654 auf und wurde in den USA, als nutzbringend für die Präventivmedizin, seit den fünfziger Jahren mehr und mehr propagiert. Spätestens mit der deutschen Wellnesssocke erreicht diese Glückslehre ihren finalen Triumph – und vielleicht auch schon den Beginn ihres baldigen Abstiegs in die Ebenen sportiver Normalität.

Das Grimmsche Märchen vom »Hans im Glück« lehrt die buddhistische Kunst des Loslassens geradezu vorbildlich, und das mit Humor: Der gutgläubige Hans verliert nach und nach alles, was er sich erarbeitet hat, vom Goldklumpen über das Pferd, die Kuh und das Schwein bis hin zur Gans und zum Schleifstein. Und doch kommt er am Ende zu der Erkenntnis, so »glücklich« wie er sei »kein Mensch unter der Sonne«. Mit »leichtem Herzen«, »frei von der Last« hüpft er heim zur Mutter. Die Lektion des Hans: Das Glück liegt in der Seele – und nicht in einem Klumpen Gold oder einer Gans oder einem Stein.

Hans ist ein bedürfnisloser, fröhlicher Asket wie jener antike Diogenes von Sinope, dem eine Tonne zum Wohnen genügt. Diogenes sagt: »Geh mir aus der Sonne«, und sobald Alexander der Große zur Seite tritt, ist Diogenes glücklich.

Zu solch legendärer Genügsamkeit kann die Einsicht beitragen, dass die Lebenszeit dramatisch begrenzt und es im Zweifelsfall angebracht ist, mit dem vorläufig Zugeteilten oder dem bloß Tradierten auch einmal zufrieden zu sein. Damit haben aber vor allem jüngere Menschen Schwierigkeiten. Sie selbst erleben das beglückende Gefühl »So viel Anfang war nie« (ein Vers des US-Dichters Walt Whitman) und wollen, dass auch um sie herum möglichst alles von vorne beginnt.

Die Privilegierung der Jugend, mit der die Gesellschaft dieses Anfangsgefühl auch kommerziell nutzt, ist in Wahrheit der Grund für weitverbreitetes Unglück. Der Jugendwahn erzeugt das Gefühl, man müsse von diesem Teil des Lebens als sozusagen letzter Gelegenheit hektisch bestmöglich profitieren, schließlich vergeht die Jugend rasch. Und weil sie so rasch vergeht, haben junge Leute schnell das Gefühl, es gehe vorwiegend bergab. Kulturen, die das Älterwerden höher schätzen, begünstigen ein anderes Zeitgefühl: Älter wird man allmählich, und jeder wird älter, jünger hingegen keiner.

Der Philosoph Robert Spaemann hat die übertriebene »Prämie auf Jugend« mit dafür verantwortlich gemacht, dass sich der Mensch der Moderne gerade dann, wenn er auf seine persönliche Selbstverwirklichung pocht, das wahre Glück verfehlt. Kulturen, die die Lebenserfahrung der Älteren auch für das Selbstverständnis der Jüngeren nutzen, fördern »Gelassenheit und Seelenruhe«. Diese beiden sind, sagt der Dalai Lama, jedem möglich. Sie sind die Säulen des meditativen Glücks.

Daraus folgt umgekehrt: Fanatiker des Neuen, des ewig jugendlichen Aufbruchs und Umbruchs, sind Analphabeten des Glücks; und so verwundert es auch nicht, dass ungeduldige Revolutionäre zu den Glücksverächtern zählen.

Glück und Tugend

Macht Tugend glücklich? Eine uralte Frage, meist wird sie in der Umkehrung formuliert: Warum sind Bösewichter so oft vom Glück begünstigt? Wie kommt es, »dass viele zwar ungerecht, aber glücklich«, hingegen viele »Gerechte unglücklich« sind? So fragt der griechische Philosoph Platon in *Der Staat*. Warum haben gute Menschen oft so viel Pech?

Letztlich kann der Ungerechte nicht wirklich glücklich sein. Das widerspricht dem menschlichen Selbstbewusstsein. Als reflexives Vernunftwesen braucht der Mensch das Gefühl der Selbstachtung. Ohne Selbstachtung macht das Leben keinen Spaß. Warum ist das so? Kann man sich selbst nicht als phantasievollen Verächter aller Moral bewundern?

Gewiss sind Einbrecher und andere Schurken zuweilen provozierend froh gelaunt und genießen materielle Sorglosigkeit. Doch ein Mensch, der immer wieder andere ungerecht behandelt, lebt in ständiger Furcht, dass ihm irgendwann dasselbe geschieht. Vor allem fürchtet er aber die Rache derer, denen er geschadet hat. Ähnlich begründet Platon, warum ein Despot, der alles hat und darf, nicht glücklich sein kann: Er kann, da er in der Regel nicht ganz tumb ist, entweder auf die Dauer die eigene Willkür nicht billigen, oder er misstraut sogar dem schwächsten Wachmann oder Kammerdiener. Und beides stört das Glücksgefühl.

Der Ungerechte kann nicht glücklich sein. So denkt auch Platons Schüler Aristoteles (384 bis 322 v. Chr.). Er begründet es zunächst vom Positiven her, durch das gute Selbstgefühl des Gerechten: »Mit denen nun, die die Glückseligkeit als Tugend bestimmen, ist unsere Lehre durchaus im Einklang.« Das Leben derer, die »richtig handeln«, sei »an sich genussreich«. Denn »das Genießen gehört zu den seelischen Dingen, und einem jeden ist genussreich, wozu er sich hingezogen fühlt, das Pferd dem Pferdeliebhaber, das Schauspiel dem Liebhaber von Schauspielen; ebenso das Gerechte dem Freund der Gerechtigkeit und überhaupt das Tugendgemäße dem Freund der Tugend.«

Das moralisch Gute ist »auch an sich genussreich«. Derjenige, der »sich nicht an edlen Taten freut«, ist »auch nicht gut«. Denn: »Man wird niemanden gerecht nennen, der sich nicht am gerechten Handeln freut, oder großzügig, der sich nicht an großzügigen Taten freut.« Somit sind »die tugendgemäßen Handlungen an sich genussreich«, sagt Aristoteles in der *Nikomachischen Ethik*, die seine ausführlichsten Darlegungen zum Thema Glück enthält. Wenn der Gesunde und der Gerechte erlangen, was sie möchten, dann »nennen wir« das »die Glückseligkeit«.

Letztlich geht es in diesem Zusammenhang um die äußerst schwierige Versöhnung eines fast schon ewigen Gegensatzes: um das gespannte Verhältnis zwischen Lebenskunst und einer Moral, die – wie es Jahrhunderte nach Aristoteles sein Kollege Immanuel Kant in der *Kritik der Urteilskraft* (1790) entwickelt – ein bestimmtes Verhalten nur dann billigt, wenn seine »Maxime«, also die in ihm vorausgesetzte Regel, »jederzeit zugleich als Prinzip einer allgemeinen Gesetzgebung gelten« kann. Sobald uns Unrecht geschieht, empört sich unsere praktische Vernunft: Was wäre, wenn alle so handeln würden wie dieser Schuft? Aber sobald wir selbst die Wahl haben, gerecht zu agieren oder auch nur unseren Vorteil zu suchen, sind wir nicht mehr so sicher, wie konsequent wir das Prinzip, das wir als Leidende so heftig eingeklagt haben, als Handelnde auch befolgen wollen oder sollen.

Für Kant hat der moralische »Imperativ«, also das sittliche Gebot, schon allein deswegen einen höheren Rang als das auf den materiellen oder sinnlichen Vorteil erpichte Lustprinzip, weil das sittliche Gebot eine Notwendigkeit ist, die sich aus der menschlichen Vernunftnatur ergibt. »Lust und Unlust« dagegen, also die Frage, »worein jeder seine Glückseligkeit zu setzen habe«, entsprechen einem »sehr zufälligen praktischen Prinzip«, darum sind sie nicht in ein »Gesetz« zu fassen, das »für alle vernünftigen Wesen« gelten könnte. Bei der »Begierde nach Glückseligkeit« komme es, so Kant, »lediglich auf die Materie« des jeweiligen Vergnügens an, und die werde von dem jeweiligen »Subjekt« je nach dem verschiedenen »Bedürfnis« bewertet, was aber »niemals ein Gesetz abgeben kann«.

Daraus folgt: Eine Glücksregel, die so strikt gilt wie etwa das Gerechtigkeitsgebot, kann es nicht geben. Was es aber gibt, sind Erfahrungssätze und Vorbilder, denen jedermann nacheifern kann.

»Glückseligkeit«, schreibt Kant in der *Kritik der praktischen Vernunft* (1788), sei »der Zustand eines vernünftigen Wesens in der Welt, dem es, im Ganzen seiner Existenz, alles nach Wunsch und Willen geht, und beruhet also auf der Übereinstimmung der Natur zu seinem ganzen Zwecke, im gleichen zum wesentlichen Bestimmungsgrunde seines Willens.«

Das moralische Gebot ist eine Selbstverpflichtung der praktischen Vernunft »als ein Gesetz der Freiheit«. Zum Glück führt die Erfüllung dieses Gebotes nur, wenn das, wozu sich der vernünftige Wille selbst »bestimmt«, mit der Natur und »unserem Begehrungsvermögen« harmoniert. Da wir die Natur nicht so lenken können wie unseren Willen, ist solche Harmonie nicht gesichert, eigentlich sogar dem Zufall überlassen – es sei denn, wir begehren nur, was wir auch sittlich wollen (mit dem Gedanken, es gebe eine Neigung zur Pflicht, hat Friedrich Schiller Kants Entgegensetzung von Moral und Begehren zu korrigieren versucht).

Dass der moralische Wille und eine ihm »proportionierte Glückseligkeit« letzten Endes dann doch nicht auseinanderfallen, verdankt der Mensch jener vernünftigen »obersten Ursache der Natur«, die »das höchste Gut in der Welt« schließlich ermöglicht. Dies führt Kant zum »Postulat«, also zu der aus Gründen der »reinen praktischen Vernunft« notwendigen Annahme »der Existenz Gottes«. Er nennt es auch einen »Vernunftglauben«, der »mit dem Bewusstsein unserer Pflicht verbunden« ist, wenn es denn einen Sinn haben soll, dass wir als sittliche Wesen grundsätzlich immer vollkommener zu sein versuchen, als wir dies tatsächlich jeweils sein können (sofern wir keine Heiligen sind).

Wir wollen uns unentwegt moralisch »bessern«, dabei streben wir nach dem »höchsten abgeleiteten Gut«, weil das »höchste ursprüngliche Gut«, nämlich Gott, unseren vernünftigen Willen so geschaffen – heute können wir auch sagen: so programmiert – hat. Die volle Übereinstimmung zwischen dem Streben nach Glück und der Suche nach dem moralisch Guten ist letztlich nicht von dieser Welt; aber als Ziel unseres Handelns hat sie nur eine Chance, wenn sie in einem anderen, jenseitigen Leben vollendet (und honoriert) wird.

Noch einige Jahre vor der *Kritik der praktischen Vernunft* hatte Kant, wie aus seinem handschriftlichen Nachlass hervorgeht, Moralität und Glücksstreben weniger rigoros getrennt. Da leitet er »Glückseligkeit« direkt aus dem »innern Quell« der Willensfreiheit ab, deren Gesetzmäßigkeit die »Moralität« ist. Kant meinte damit die Befriedigung, die mit einem Handeln aus Freiheit verbunden ist – eine Wertschätzung, die in Zeiten dominierender politischer Unfreiheit der Bürger, also im 18. Jahrhundert, noch nicht zum Allgemeingut der gebildeten Schichten gehörte.

Obwohl die so verstandene »Moralität« Voraussetzung irdischer Glückseligkeit ist, verfehlt der Mensch, so Kant, ebendieses Glück, wenn er nur in der »Absicht auf eigene

Glückseligkeit« moralisch handelt. Er verfehlt dann übrigens auch die wahre Moralität, weil diese nicht mehr um ihrer selbst willen zum Ziel wird.

In seinem glänzenden philosophie-historischen Buch *Über das Glück des Menschen* (1993), das die gedankliche Glückssträhne von Aristoteles bis Kant nachzeichnet, fasst Maximilian Forschner, Jahrgang 1943, diese Position des großen Königsbergers so zusammen:

»Der moralisch gute Mensch sieht und wünscht seine eigene Glückseligkeit als nicht primär intendierte Folge von Moralität, und zwar in Form eines Wissens um den Selbstbeglückungseffekt des Bewusstseins eigener Moralität – Glückseligkeit aus Freiheit – und in Gestalt einer zusätzlichen Hoffnung auf jenseitigen Ausgleich für möglicherweise entgangenes sinnliches Vergnügen und erlittenen Schmerz.«

Für ein vernunftgeleitetes Wesen gibt es kein wahres Glück ohne das Kontinuum einer anhaltenden moralischen Selbstbilligung. Der Tübinger Philosoph Otfried Höffe, Jahrgang 1943, vertieft vor allem diese Position des jüngeren Kant in seiner umfassenden Studie *Lebenskunst und Moral oder Macht Tugend glücklich?* (2007).

Höffe versucht dabei, ältere Lebenskunst-Tugenden wie Besonnenheit, prinzipielle Wohlgesinntheit selbst gegenüber Unbekannten, umfassende Gelassenheit und innere Freiheit so der strikteren autonomen Moral im Kantischen Sinne anzunähern, dass die Tradition der aus der griechischen Antike stammenden Lebenskunst-Lehre nicht aufgegeben werden muss. Aber er will damit auch erreichen, dass im warmen Licht der Lebenskunst die autonome Moral jene kalte Richtermiene ablegt, die ihr bei Sigmund Freud schließlich den verheerenden Ruf eingebracht hat, jede wahre Lebenskunst zu verhindern – indem diese Richterin als Agentin eines schon im Kindesalter geforderten Verzichts auf Triebbefriedigung auftritt und durch die entsprechenden Schuldgefühle im unvermeidlichen Fall des Versagens die Glücksunfähigkeit des Erwachsenen geradezu erzwingt.

Über die Lebenskunst-Tugend der inneren Freiheit, die das Kantische Freiheitsgesetz angenehm vermenschlicht, ohne es ersetzen zu können, schreibt Höffe:

»Die innere Freiheit beginnt etwa mit der Fähigkeit, weit verbreitete Lebensziele wie subjektives Wohlbefinden, beruflichen Erfolg, Wohlstand und Ansehen weder zu verachten noch für glücksentscheidend zu halten. Sie setzt sich in der Fähigkeit fort, für neue Erfahrungen offen zu bleiben. Und statt sich sehr früh und zu eng im Leben festzulegen, hält sie sich bereit, immer wieder einmal etwas Neues zu versuchen. Eine Rolle spielen zahlreiche weitere Fähigkeiten: eine Einsamkeit nicht (nur) als Verlassenheit zu verstehen; sich weder von Angst und Sorge auffressen noch eine berechtigte Trauer über Verluste (etwa eines Partners oder eines Kindes) in Schwermut abgleiten zu lassen; die Schönheiten des Lebens zu sehen und auch zu genießen; sich von dem, was einem angetan worden ist, zu lösen; insbesondere an einem Groll nicht festzuhalten oder ihn gar zu Hass auswachsen zu lassen. Zu Recht spricht Nietzsche von einer Kraft der Vergesslichkeit, ergänzt sie allerdings um die Gegenkraft, für eine Zukunft einzustehen.«

Die autonome Moral hält, so Höffe weiter, diese Haltungstugenden einer inneren Freiheit für wünschenswert, aber auch nur als Gebote der Lebensklugheit, in einem »vormoralischen Rang«. Im Konfliktfall könnte ein Gebot der »direkten Pflicht« verlangen, diese Art von Lebensklugheit zu vernachlässigen – zum Beispiel wenn die Pflicht, die kranke Mutter zu pflegen, den Radius für »neue Erfahrungen« klein hält.

Wie Kant sagt auch Höffe: Ohne Moral kein Glück, das tragfähig ist. Der Mensch ist ein »endliches Vernunftwesen«. Als Vernunftwesen will er moralisch, als endliches Wesen, das bedürftig und verletzbar ist, will er glücklich sein. Auch als bedürftiges und verletzbares Wesen darf der Mensch, der das

Beste aus seinem Leben machen möchte, nicht vergessen, dass er zugleich vernunftbegabt ist. Das heißt: Er kann »schwerlich auf unmoralische Weise glücklich sein«.

Warum eigentlich nicht? Weil Vernunft selbstreflexiv ist, weil sie das Bewusstsein ihrer selbst einschließt. Demjenigen, der auf unmoralische Weise sein Glück sucht, bleibt der Blick auf sich selbst nicht erspart. Er hat bei seinem Glück kein gutes Gefühl, und so ist dieses auch kein wirkliches Glück.

»Die Moral und deren Steigerung zur Moralität gewähren dagegen das moralische Gefühl der Selbstachtung. Dieses wiederum stiftet im Wechsel aller Aktivitäten und Widerfahrnisse jene Einheit und zugleich Sinnhaftigkeit, ohne die der Mensch kein nachhaltiges Glück findet«, so Höffe, der als Moraloptimist auch einräumt: »Die Welt ist nicht so eingerichtet, dass stets ein der Moralität proportionales Glück herauskommt.« Lebenssteigerung, Lebensgenuss, Lebensfreude gehören mit zum »erlebten Glück« – das kann Moralität nicht garantieren. Also gilt: »Moralität allein schafft lediglich ein gewisses Maß, aber kein volles Glück.«

Andererseits entspricht die martialische These, der Rechtschaffene werde unglücklich, der Lasterhafte aber glücklich, nicht einmal dem ehernen Gesetz einer »gottfreien Weltordnung«. »Wer die Hoffnung nicht teilt, dass der Rechtschaffene am Ende aller Tage, im Jenseits, definitiv glücklich werde«, schreibt Höffe, »braucht keinen sicheren Glücksverlust zu befürchten.« Auch ohne Jenseits verpflichtet sich die Vernunft, möglichst mit sich selbst im Reinen zu bleiben – aus Gründen der Selbstachtung. Wer aus freien Stücken einem Notleidenden hilft, erlebt zuweilen mehr als befriedigende Selbstachtung: ein leises Glück.

Lehrmeister des Glücks: Epikur

Als »Epikureer« gilt jemand, der den schlichten Genuss – vom Sekt zum Sex – für das Wichtigste im Leben hält. Wahr daran ist: Der auf Samos geborene Philosoph Epikur (341 bis 270 v. Chr.), auf den sich dieser Begriff bezieht, war dem sinnlichen Leben mehr zugewandt als der große Platon, auf dessen Spuren und Schüler er überall stieß, als er nach Athen kam. Anders als Platon glaubte Epikur nicht an die Unsterblichkeit der Seele und an ewige göttliche Ideen, die das wandelbare Wirkliche zu Schatten degradieren. Epikur war ein diesseitig orientierter Realist, insofern mehr von Aristoteles als von Platon beeinflusst. Seine oft missverstandene Lehre kreist um den Begriff der »Lust« *(hedone)*.

Ein reiner »Hedonist« war er trotzdem nicht, denn er hat nicht etwa den sinnlichen Genuss isoliert und verabsolutiert, sondern die Lust als Bestandteil eines insgesamt geglückten Lebens verstanden und von daher deutlich differenziert. Als eigentlicher Meister des Hedonismus unter den Griechen gilt Aristipp (um 435 bis nach 366 v. Chr.), der zum Kreis um Sokrates gehörte, aber bald eigene Wege ging. Aristipp – »Freund Aristipp«, wie ihn Christoph Martin Wieland wohlwollend nannte – führte zeitweilig ein Wanderleben, das ihn einmal sogar an den Hof von Syrakus verschlug. Lust in allen Lebenslagen, das bildet für Aristipp die Grundlage der Glückseligkeit *(eudaimonia)*. Lust wird dabei vor allem als körperliches Lustempfinden im aktuellen Augenblick verstanden, als *kinesis*, was so viel heißt wie: Unruhe, Bewegtheit, Aufregung, Tanz,

Verzehr, Kitzel, Erfüllung des aktiven Begehrens – nicht aber die Lust bedürfnisfreier Anschauung. Es muss schon, wie man heute sagt, »etwas los sein«, »etwas passieren« – gewiss in lustbetonter, fröhlicher Geselligkeit.

Aristipp unterrichtete gegen Geld und war bald wohlhabend. Er konnte es sich eine ganze Weile lang leisten, jeweils zwei Monate im Jahr nach Ägina zu reisen, um mit der berühmten Hetäre Lais zusammenzuleben und sie reich zu beschenken – luxuriöser Sexurlaub! Hetären dieser Zeit waren mehr als wohlfeile Huren: Sie waren nicht selten selbstbewusste, gepflegte Frauen, literarisch, philosophisch und musikalisch gebildet, gesellschaftlich durchaus geachtet. Dass ein griechischer Mann eine Hetäre anregender fand als die eigene Ehefrau, kam häufig vor und wurde von der Ehefrau oft sogar akzeptiert. Als die schöne Hetäre Phryne, die der Bildhauer Praxiteles in einer seiner Figuren verewigt hat, wegen Beleidigung der Religion vor einem Athener Gericht stand, hat der prominente Redner und Politiker Hypereides, der auch einmal öffentlich für die Freilassung der Sklaven plädierte und 322 v. Chr. hingerichtet wurde, sie wortreich verteidigt; und dann ihre Brüste entblößt, um die Richter milde zu stimmen. Lukian erzählt diese Geschichte in seinen *Hetären-Gesprächen*. Wer bei der Lust-Philosophie des Aristipp zuerst an diesen feineren Typus von Dirnen denkt, liegt vermutlich nicht falsch.

Epikur hat in manchem an Aristipp angeknüpft, wobei seine Glücksphilosophie viel komplexer und interessanter ist. Doch schon im Altertum wurde ihm der Aristipp sozusagen angehängt: Er vertrete, so schimpften seine Gegner von der Schule der Stoa, eine »Hurenphilosophie«. Zum Beweis fälschten sie gleich fünfzig Briefe, in denen er sich mit Halbweltdamen verabredete oder ihnen Komplimente machte.

Epikurs wichtigstes Motiv dafür, sich mit Philosophie zu befassen, ist die Überwindung der Furcht. Furchterregend sind entfesselte Begierden, unerträgliche Schmerzen, der Tod und der Glaube an böse Geister oder göttliche Mächte, die den Menschen bestrafen wollen. Der Mensch kann laut Epikur nur glücklich werden, wenn er furchtlos und auf die eigene Vernunft vertrauend herauszufinden versucht, welche Tätigkeiten seiner Natur angemessen sind, ihm also Lust bereiten, und welche von ihm zu meiden sind, weil sie Schmerzen verursachen. Der Begriff Lust meint hier gewiss das sinnliche Vergnügen des Bauches – der Meister, der im Großen und Ganzen bescheiden lebte, konnte sich schon königlich über eine halbe Flasche Wein oder ein Stück exquisiten Käse freuen. Aber »Lust« ist für Epikur auch die Freude an bestimmten Tätigkeiten, vor allem aber das ganzheitliche Wohlbefinden des Menschen als eines seiner selbst bewussten Wesens. »Geistige Vergnügungen« werden von ihm ausdrücklich gepriesen.

Die philosophische Geselligkeit, die Epikur in seiner Schule am Rand von Athen gepflegt hat – in einem berühmten Haus mit einem ebenso berühmten Garten –, mündete in einen lebhaften Freundschaftskult, der unter anderem aus diesen geistigen Vergnügungen bestand. Epikur versammelte in jenem Garten Kepos seine Anhänger um sich, neben seinem Bruder dessen Frau und einige Ehepaare, außerdem Junggesellen und Mädchen, über die viel getuschelt wurde. Außerdem kamen oft Gäste von außerhalb zu Besuch. Nicht weniger als 35 Jahre verbrachte Epikur in dieser Garten-Gemeinschaft, die aber keine Gütergemeinschaft war.

Worüber wurde da debattiert? Nicht über die große Politik, sondern über so intime Themen wie Lust und Schmerz oder die Suche nach Lebensglück.

Oder über ein Thema wie den Tod. Die Angst vor dem Tod galt schon damals als das größte Hindernis auf dem Weg zum Glück. Epikur sagt: »Das angeblich schaurigste aller Übel, das Tot-Sein, hat für uns keine Bedeutung; denn solange wir sind, ist der Tod nicht da, wenn aber der Tod da ist, sind wir nicht mehr.« An anderer Stelle heißt es: »Der Tod hat keine Bedeutung für uns: denn was aufgelöst ist, ist ohne Wahrnehmung; und was ohne Wahrnehmung ist, geht uns nichts an.«

Damit argumentiert der Philosoph den Tod als Verhinderung jeglichen Wohlbefindens einfach an die Wand, so als sei er nicht vorhanden. Das Argument, mit dem er dies tut, ist so verblüffend einfach und elegant, dass man ihm zunächst nichts entgegenzusetzen weiß. Darum hat es auch wie ein geflügeltes Wort die Jahrhunderte überlebt. Und trotzdem ist es falsch. Denn es geht fundamental vorbei an dem das Kommende stets vorwegnehmenden Verhältnis des Menschen zu sich selbst. Die schiere Gegenwart, die sich um den drohenden Tod nicht zu kümmern braucht, ist eine Abstraktion, die diesen Wesenszug der menschlichen Zeitlichkeit verfehlt. Unsere Gegenwartserfahrung besteht doch zu einem elementaren Teil aus Erinnerung an Gewesenes und Antizipation des Künftigen, das uns entweder bedrohlich oder verlockend erscheint. Wenn der Tod dem Menschen noch nicht akut gegenwärtig ist, bedeutet dies ja nur scheinbar, dass er als ein Nichts zu betrachten ist, das man ignorieren kann. Er existiert dennoch – in meiner Einbildungskraft, die einen wichtigen Teil meines Erkenntnisvermögens ausmacht.

Epikurs Begriff von Sein ist fixiert auf gewusste Gegenwart, die er künstlich abschottet gegen die Hoffnung (sie könnte enttäuscht werden) und gegen die Angst (vor dem bevorstehenden Tod) oder auch gegen die deprimierende Erinnerung an vergangenes Elend. Das Leben wird verengt auf ein Jetzt, das den Menschen letztlich der großartigen Möglichkeiten beraubt, dieses lustvolle Jetzt zu transzendieren – zum Beispiel in der Liebe, die sich nach länger zurückliegendem Glück sehnt und aus der Erinnerung daran das momentane Liebeserlebnis vertieft; oder in der Erkenntnis, deren Glück ja auch gesteigert wird, wenn die Erinnerung an frühere Kriege die Kostbarkeit des gegenwärtigen Friedens ins Bewusstsein ruft.

Hoffnungsvolle Erwartung und süße Erinnerung dürfen auf diesem Augenblicksdiwan nur bedingt Platz nehmen, dann nämlich, wenn sie direkt die Lust steigern. Die Wahrheitsprüfung dieser Theorie fällt praktisch aus, da ihr konsequenter Verfechter an der Wahrheit ja nur interessiert ist, sofern dieses Interesse, also das Fragen danach, wie etwas wirklich ist, die Lust des Augenblicks nicht beeinträchtigt. Die grundsätzliche Offenheit für jede mögliche Wahrheit fehlt. Die Freude, die Wahrheit als solche ohne den Seitenblick auf irgendein Wohlbefinden oder einen anderen Zweck zu erkennen und dabei das eigene Selbst als eines zu erleben, das zur Wahrheitsfindung selbstlos frei und fähig ist – sie hat in dieser Glückstheorie keinen Platz.

Die hedonistische Verflachung der Zeittiefe macht das Leben eindimensionaler, langweiliger – hier widerspricht Epikur ungewollt der eigenen Lust-Idee. Denn: Das reine Aufgehen im schönen Augenblick ignoriert, dass der Mensch nicht selten sein Glück darin sucht und findet, dass »es ihm wirklich um etwas geht«, um eine Tat oder Sache, die außerhalb der Welt des bloßen Wohlbefindens liegt; etwa wenn ein Forscher viele Jahre die sogenannten schönen Dinge des Lebens vernachlässigt, weil er unbedingt ein Naturgesetz finden oder ein historisches Dokument entschlüsseln will. Epikurs Fixierung auf das behagliche Jetzt wird fortgeführt und überboten vom geschichtsfernen Aktualitätswahn der modernen Konsum- und Medienwelt. In beiden Fällen wird ein Grundzug des menschlichen Geistes verfehlt: Seine Fähigkeit, prinzipiell grenzenlos zu denken – räumlich, aber vor allem auch zeitlich. Ein Glück, das in seinem geistigen Anspruch wesentlich bescheidener ist als diese Fähigkeit, wird den Menschen nie zufriedenstellen. Es kann ihm höchstens eine Weile begrenztes Wohlbehagen bescheren.

Wir müssen Epikur aber auch vor dem Hintergrund seiner Zeit sehen: Seit Alexander der Große die selbstbestimmte

Polis, jenen stolzen Stadtstaat des klassischen Griechenlands, der für Aristoteles noch der selbstverständliche Rahmen seiner Glückstheorie gewesen war, unterworfen und langfristig geschwächt hatte – Theben und selbst Athen waren nur noch ein Schatten ihrer selbst –, lag es nahe, für das Lebensglück ein eher bescheidenes Terrain zu suchen. Epikurs vorsichtiger Rückzug auf eine ziemlich private Lust im Garten und unter Freunden war durchaus zeitgemäß. Und nachdem man den Störenfried Staat erst einmal ignoriert hatte, musste noch der Störenfried namens Tod rasch aus dem Gesichtskreis des Denkens verschwinden.

Hinzu kommt folgendes: Der Tod galt damals als Pforte in ein Reich der Dämonen und Schrecknisse aller Art, wo ein Schattendasein drohte und ewiges Leiden in düsterer Unterwelt. Die Bedrohungen dieses archaischen Gespenster- und Geisterglaubens wollte Epikur erst einmal bannen, um dem Lebensglück mehr Spielraum zu verschaffen. Danach blieb lediglich die nackte Endlichkeit des Lebens als negatives Moment.

Die wiederum mobilisiert Epikur zur Steigerung der Lebensfreude: »Die rechte Einsicht in die Bedeutungslosigkeit des Todes für uns macht erst das sterbliche Leben zum Genuss, indem sie uns nicht eine endlose (Lebens)zeit in Aussicht stellt, sondern das Verlangen nach Unsterblichkeit nimmt.« Die Überwindung des Verlangens nach Unsterblichkeit ist für den Genuss des gegenwärtig Vorhandenen und Möglichen genau so wichtig wie die Einsicht, dass der Tod dieser Gegenwart nichts anhaben kann, so lange er nicht zitternd erwartet wird.

Das Zitat enthält noch einen anderen, wichtigen Gedanken: Endlose Lebenszeit wäre gar keine Glücksvoraussetzung, wie oft unterstellt wird. Die ewige Wiederkehr des Gleichen, etwa der Hochzeitsrituale, Freundestreffen, Reisen oder Nachbarschaftsstreitigkeiten, ist eher als Lebensfolter denn als

Glücksbild vorstellbar. Vieles im Leben erscheint uns gerade wegen seiner Einmaligkeit so kostbar. Dass etwas irgendwann zu Ende geht, erhöht seinen Erlebniswert.

Das weiß nicht nur Wilhelm Schmid, das wusste schon Epikur. Für ihn ist Glück deshalb auch nicht die zweckfreie Schau des Seins, also Nachahmung göttlichen Müßiggangs, sondern selbstbestimmte Aktivität ohne äußerlichen Zweck. Als zweckfreies Spiel ist diese Tätigkeit nicht abhängig von etwas, das erst noch zu erreichen wäre, das heißt: Sie ist vollendet. Maximilian Forschner fasst zusammen: »Zum Mitspieler des freien Spiels des Lebens wird nur jener, der sich aus den Zwängen unbedingten Begehrens und Strebens befreit und in ästhetischer Distanz dem Spiel der Natur überlässt.«

Die autarke Seele des Weisen – Epikur führt seine »Selbstgenügsamkeit« ins Feld, die auch mit »bescheidenen Suppen« zufrieden ist – findet ihr Glück in heiterer Gelöstheit einer letztlich ästhetischen Existenz. Die Götter werden nicht geleugnet, nur auf Distanz gebracht: Der Weise versucht zu leben wie sie, doch ihr zeitloses Glück setzt auch voraus, dass sie sich nicht für die Menschen interessieren. Teilnahme an den menschlichen Wirren würde den Göttern ihre Seligkeit verderben.

Die Gleichgültigkeit der Götter nimmt Epikur auch an, weil ihn die übliche Entschuldigung für das Glück des Ungerechten und das Unglück des Gerechten – die durch Strafe oder Belohnung im Jenseits ausgeglichen würden – nicht überzeugte. Er akzeptierte die Unbegreiflichkeit des menschlichen Schicksals als Tatsache: »Entweder wollen die Götter die Ungerechtigkeit in der Welt abschaffen und können es nicht – dann sind sie schwach; oder sie können es und wollen es nicht – dann sind sie schlecht; oder sie können es nicht und wollen es nicht – dann sind sie schwach und schlecht; oder sie können es und wollen es – warum tun sie es dann nicht?« Sie tun es nicht, weil der Kosmos sich selbst organisiert. Die Bedeutung der zwölf olympischen Götter, die sich nicht für die Menschen interessieren, liegt darin, dass sie, die bei Homer die »Leicht Lebenden« heißen, dem Menschen durch ihre Autarkie klarmachen, dass er keine Angst vor ihnen zu haben braucht; und sie zeigen dem Menschen, worin das glückselige Leben besteht – im zweckfreien Spiel. Das heißt aber auch, und das ist ein erheblicher Unterschied zu Aristoteles, dass die Glückseligkeit unvereinbar ist mit politischer Tätigkeit. Der Politiker kennt nur Arbeit, Unruhe, Sorge, erntet wenig Ehre, viel Undank und wird am Ende noch geächtet oder gar getötet.

Trotz dieser Absage ans Allgemeine, an die Ratio der Polis, versucht Epikur immer wieder, Lust und Vernunft, das Individuelle und das Allgemeine zu versöhnen: »Es ist nicht möglich, lustvoll zu leben, ohne dass man vernunftgemäß, schön und gerecht lebt, noch vernunftgemäß, schön und gerecht, ohne lustvoll zu leben.«

Der berühmte Wahlspruch »Lebe im Verborgenen!« meint nicht etwa: Zieh dich zurück und mach, was du willst. Er meint: Stütze dich auf deine Vernunft, frage nicht zu sehr nach der Meinung der anderen, kümmere dich möglichst auch kaum um die Politik. Das Risiko, im politischen Leben irgendwelche Gesetze zu übertreten, ist groß. »Wer unrecht und gesetzwidrig handelt, lebt die ganze Zeit hindurch unglückselig und in Angst; denn auch wenn er verborgen bleiben kann, ist es doch unmöglich, Gewissheit darüber zu erlangen, dass er immer verborgen bleiben wird.« Wer sich darum verstecken muss, der kann auch nicht glücklich werden.

Wenn Epikur von der Lust als Lebensziel spricht, so meint er »nicht die Lüste der Schlemmer noch die Lüste, die im Genießen selbst liegen«. »Nicht häufige Trinkgelage und festliches Schmausen, auch nicht der Verkehr mit schönen Knaben und Frauen, noch der Genuss von wohlschmeckenden Fischen und was sonst eine üppige Tafel bietet, schafft ein lustvolles Leben«, sondern jene bei allen Sinnenfreuden vernünftig bleibende Abwägung, die das Anständige und Gerechte als das bedenkt, was der Natur gemäß ist.

Wenn Epikur Askese übt, dann nicht, weil er sinnliche Lust allgemein bekämpft. Oder wie Ludwig Marcuse sagt: »Es ist nicht der Verzicht auf Glück – sondern der Verzicht auf ein Glück für ein anderes, das einen glücklicher macht.« Wenn ich bei einer angeregten Gesellschaft den Weinkonsum bremse, bin ich kein Asket. Mir ist nur das Glück, das mir die munteren Gespräche in der Gesellschaft bieten, wichtiger als das Glück der Trunkenheit, die solche Gespräche letztlich behindert.

Platon: Das Gold in der Seele

Platons Kombination aus Tugend und Wohlbefinden klingt zunächst ähnlich, meint aber etwas anderes, wenn er in *Der Staat* schreibt: »Derjenige, welcher gut lebt, ist selig und glücklich, und wer nicht – das Gegenteil. Der Gerechte ist glücklich, der Ungerechte unglücklich.«

Platon leitet das Glück aus dem Streben des Menschen nach dem Guten ab, letztlich aus der Idee des Guten und Wahren; während Epikur aus der realen Glückschance des Menschen, die in der Selbstbegrenzung und der Autarkie liegt, die Vereinbarkeit von Glücklichsein und Gerechtsein entwickelt. Und genau da ist für ihn auch die Grenze: Er würde nie Gerechtigkeit als absoluten Wert, dem alles Lebensglück nachgeordnet wäre, akzeptieren. Er plädiert für Moral, ohne Moralist zu sein.

Platon denkt anders. An einer Stelle seines Buches *Der Staat* philosophiert er, in einer märchenhaften Parabel, über die regierenden »Wächter« der Gesetze und des Staates, denen »der Gott, der sie formte«, bei »ihrem Werden Gold beigemischt« habe – »allen Helfern aber Silber, und Eisen und Erz den Landleuten und übrigen Handwerkern«. Ein »Götterspruch« besage, »dass dann das Gemeinwesen verloren sei, wenn Eisen und Erz es bewachten«.

»Gold und Silber« erhielten diese aristokratischen Wächter »von Göttern«, und da sie diese edlen Stoffe »immer in ihrer Seele« haben, kommen sie ohne irdisches Gold oder Geld aus. Sie sind unbestechlich. Sie haben keine Familie. Diese Ideal-

Intellektuellen, denen nur noch die Philosophen übergeordnet sind, leben bescheiden und selbstlos, eben »gemeinschaftlich«, sie besitzen nur das Nötigste und werden von den Bürgern mit dem versorgt, was sie sonst so brauchen – »als Lohn für das Bewachen«.

Das entscheidende Glücksgold dieser Wächterseelen ist ihre soziale Gutwilligkeit, sie wollen keine »feindseligen Herrscher« sein, nicht »hassend und gehasst«. Sie sind weder macht- noch geldgierig, sondern regieren sozial. Das »Gold« in ihren Seelen, das sie dazu befähigt, beziehen sie von den »Göttern«, wie jene Erkenntnis der Idee des Guten, die das wahre Glück beschert – obwohl diese Erkenntnis den Philosophen vorbehalten ist, können sie an ihr teilhaben (wie die Dinge an den zugehörigen Ideen, etwa dieser Tisch am Idealbild des Tisches an sich).

Die Idee des Guten, die immer wieder von Platon angerufen wird wie ein oberster Gott – was genau ist damit gemeint? Es ist das, was alles Seiende elementar ertüchtigt, zu sein, mit sich identisch zu sein. Das klingt abstrakt. Man muss versuchen, sich diesem Gedanken schrittweise zu nähern, dann ist er weniger kompliziert, als er es auf den ersten Blick zu sein scheint.

Zunächst einmal ist die Idee des höchsten Guten das, was Tugend ausmacht und möglich macht, dazu gehören auch die eben zitierten »Wächter«-Tugenden. Wer moralisch gut ist, weil er sich davon Vorteile für die Karriere erhofft, der handelt nicht eigentlich moralisch. Das einzig ehrenwerte Um… zu in der Moral ist diese selbst. Ich bin gut, weil ich gut sein möchte. Das heißt: um der Idee des Guten willen.

Was aber hat dieses moralisch Gute mit Glück zu tun?

Weil der Mensch von Natur aus das Gute *(to agathon)* dem Schlechten vorzieht, und er, wenn ihm dies gelingt, zufriedener ist als im umgekehrten Fall. Jenes Gute schlechthin, an dem alle kleineren Formen des Gutseins teilhaben, erstrebt der Mensch sozusagen unwillkürlich, auch wenn er nur partiell

Gutes als Ziel vor sich hat. Wenn ich es vorziehe, dem notleidenden Nachbarn etwas zu schenken, statt ihn zu beschimpfen, weil er miserabel gewirtschaftet hat – dann tendiere ich mehr oder weniger bewusst zu einer Gutmütigkeit, die noch viel weiter reicht als diese einzelne Nettigkeit. Der Mensch kann gar nicht anders, als auf diesem Weg immer wieder Steigerungen anzustreben – prinzipiell bis zum schlechthin Guten, das er aber nie erreichen wird.

Platon identifiziert dieses Gutseinwollen mit dem Streben nach Glück. Alle Erfahrung lehrt uns ja, dass wir Glück empfinden, wenn wir Notleidenden oder Freunden helfen. Und dass wir – umgekehrt – vor allem dann zu Großzügigkeit und Hilfsbereitschaft neigen, wenn wir in einer glücklichen Lebensphase sind. Glück will sich mitteilen – auch indem der Glückliche abgibt, teilt. Das ist die erste Ebene.

Auf einer zweiten Ebene, der Hochebene der Ontologie, des Wissens von dem, was Sein ausmacht, stehen Gutsein und Glück aber in einer anderen Wechselwirkung.

Die Idee des Guten umfasst mehr als jenes Gutsein an sich, das alle moralisch guten Einzelhandlungen überhaupt erst möglich und als solche erkennbar werden lässt. Das Gute an sich ist die Positivität alles Positiven, die Trefflichkeit alles Trefflichen, ein Grundwert, den wir bei allem, was wir bejahen, vor Augen haben, ohne uns dies ausdrücklich klarzumachen. Das scharfe Messer ist gut in dem Sinn, dass es zum Schneiden taugt. Auch der Mensch ist gut, wenn er »etwas taugt« – wenn er gerecht, besonnen, weltoffen und angenehm im Umgang ist. Es ist gut für die Erde, dass sie rund ist, wodurch sich zum Beispiel Licht und Schatten so abwechseln, dass Leben möglich ist. Letztlich ist das Gute das Eine, das jegliche Identität des jeweils anders Seienden so grundiert, dass es trotz allen Wandels und Wechsels überhaupt dasselbe ist – und nicht jeden Augenblick etwas anderes. So verschafft das Gutsein an sich den Dingen ihr Sein – es ist besser zu sein, als nicht zu sein – und ihre Erkennbarkeit. Sofern es ist und am vom Grund her guten Sein teilhat, ist auch das Böse gut.

Wie der Platon-Kenner Michael Erler es formuliert: »Ein jedes, das existiert, existiert und ist deshalb erkennbar, weil es Eines ist.« Das Gutsein an sich garantiert, indem es jedem Existierenden die Einheit mit sich selbst spendiert, am Ende sogar die Einheit der Welt. So wie der Kochtopf das, was er ist, nur sein kann, weil er teilhat an den allgemeinen, wesentlichen Bestandteilen eines Kochtopfes, so braucht auch die Welt die Teilhabe an der Idee der Einheit, um als eine einzige Welt begriffen werden zu können.

Die Einheit der Welt ist ja nicht mehr als eine Idee – noch niemand hat sie gesehen. In diesem Zusammenhang vom Kochtopf zu reden, scheint extrem unangemessen zu sein. Indes: Kein Geringerer als Aristoteles redet – im zweiten Buch seiner berühmten Schrift *Über die Seele* – in jener Passage, in der er die Seele als »Entelechie«, als formende Vollendung eines organischen Körpers bestimmt, vergleichend von einem »Beil«, das auch ein »Wesen« *(ousia)* habe. Aristoteles war kein Schwärmer, er dachte empirisch, nüchtern und klar. Und auch er war überzeugt, ohne die Idee des Tauglichen sei die Welt nicht eins mit sich selbst.

Die Idee des Guten meint deutlich mehr als das moralische Maximum, sie ist das, was das Beste in allem Existierenden repräsentiert und bewirkt: Dass es als jeweils Eines existiert und erkannt wird. Hier wirkt die These des Vorsokratikers Parmenides nach, der gelehrt hat: »Denken und Sein sind eins« – was auch heißt: das Wandelbare, das nicht mit sich eins ist, ist wesenlos. Das Gute ist die Einheit des Seienden: das Sein. Als reines Nichts oder als chaotischer Teilchenhaufen kann Seiendes weder existieren noch erkannt und auf Begriffe gebracht werden. Somit ist das Gute auch die Voraussetzung, um das Wahre vom Falschen zu unterscheiden – das höchste Wahre zu finden.

Auch deshalb vergleicht Platons Sokrates die Idee des Guten mit der Sonne. Die Sonne bewirkt, dass wir etwas sehen können; dass etwas wächst und gedeiht, aber so, dass sie selbst an diesem Werden nicht teilhat; und so wie die Sonne uns die Natur zeigt, so bewirkt die Idee des Guten, dass die Welt sich sozusagen gutartig zu unserem Denken verhält: Dass sie sich erkennen lässt, dass sie transparent ist für Ideen.

Kein Zweifel: Die Idee des Guten ist der höchste Gegenstand des menschlichen Wissens, und sie ist für die Geistseele des Menschen nur – annähernd – erkennbar, weil sie etwas Unsterbliches von dieser Idee in sich birgt: ein Korn der großen goldigen Sonne, der Erleuchtung. Denn zwischen dem Erkennen und dem Erkannten gibt es stets eine Ähnlichkeit, eine Wesensverbindung ähnlich der zwischen dem Auge und dem Licht. Gleiches wird nur von Gleichem erkannt.

Die Teilhabe an der höchsten Erkenntnis ist zugleich das höchste Glück der Seele. Im Bereich der Ethik ist das Gute das Gerechte. »Glück« (*eudaimonia*) ist für Platon keine momentane Hochstimmung, sondern die innere Harmonie, die sich in einem Leben bildet, das sich am Guten – also auch am Gerechten – mehr orientiert als am momentanen Vorteil oder an einem flüchtigen Lustempfinden: »Der gerechte Mann wird gut leben, schlecht aber der Ungerechte – und wer gut lebt, ist der nicht glückselig?«

In Platons *Staat* ist die Befähigung zur Erkenntnis des Guten – sozial betrachtet: der gerechten Ordnung – die wichtigste Voraussetzung für das Amt des Wächters, heute würden wir sagen: für die Ämter von Richtern und Ministern. Diese Befähigung ist indes kein demokratisches Allgemeingut, sie hat etwas mit Begabung zu tun – sie ist ein Gottesgeschenk (heute sagen wir: eine Gabe der Gene). Die Rede vom guten »Gold«, das die Götter der Seele eingegeben haben, erinnert an die Lehre vom Goldenen Zeitalter (siehe Seite 91). Die Hierarchie, welche die Gold-Beseelten den Erz-Beseelten überordnet, überträgt die Werte des Goldenen und des Eisernen Zeitalters in zeitlose Tugenden. Das Goldene Zeitalter ist das Zeitalter des Glücks – die Menschen leben friedlich, sie müssen nicht hart arbeiten, um satt zu werden, kennen weder Unterdrückung noch Hass, noch Neid. Das Gold in der Seele ist hier eine innere Weite, die das kleinliche Sichabgrenzen und Sichprofilieren zum Mitmenschen überspielt; das aber schafft sie nur, weil sie – als Geschenk der Götter – zum Absoluten, zum unvorstellbaren Ganzen des Seienden geöffnet ist, wenn auch nur in manchen hellen Augenblicken, im Aufleuchten des »Seelenfünkleins«, wie der mittelalterliche Mystiker Meister Eckhart es nennt. Eckart bestimmt diese innere Weite, die an die »Leere« des Buddhismus gemahnt, als den absoluten Seelengrund, als »überseiendes Nichts« ohne Eigenschaften, Raum und Zeit, als reinen Seins- und Denkvollzug seiner selbst – ihn identifiziert er mit Gott. Und so kommt es, »dass Glück bei Meister Eckhart ein Prädikat Gottes ist« (Johann Hinrich Claussen). Die gedanklichen Voraussetzungen für . diese mittelalterliche Mystik hat aber Platon geschaffen.

Aristoteles nimmt den beinahe religiösen Platonismus in der Theorie des höchsten Guten etwas zurück. Er stammte aus einer Arztfamilie, verfügte über mehrere Häuser, Diener, eine Ehefrau und eine Geliebte und hat kurze Zeit auch als Erzieher des jungen Alexander des Großen gearbeitet.

Glücklicher noch als der gerechte Tugendbold, denkt er, ist nicht unbedingt der seherisch begabte Philosoph der Idee des Guten, die ja die »Idee der Ideen«, also das Nonplusultra der Ontologie darstellt, sondern einfacher: jeder Philosoph, der die »betrachtende Tätigkeit« als solche zu seiner Hauptbeschäftigung macht. Er ist schon darum glücklich, weil er »sich selbst am meisten genug« ist und sich der schauenden »Muße« hingibt, die auch »die Tätigkeit Gottes« ist.

Aristoteles' Begründung ist so einfach wie überzeugend: »Was einem Wesen von Natur eigentümlich ist, ist für es auch das Beste und Genussreichste. Für den Menschen ist dies das Leben gemäß dem Geist, da ja dieses am meisten der Mensch ist.« Und was ist die vornehmste Tätigkeit des Geistes, des *nous*? Die zweckfreie »Betrachtung« von allem, was ist, des Kosmos ebenso wie seiner selbst. Aristoteles hat dabei weniger die Versenkung des Mystikers im Blick als das Wissen des Philosophen, des Naturwissenschaftlers, des Mathematikers. Die philosophische Muße der »Betrachtung« *(theoria)* gewinnt Anteil am unbewegten göttlichen Sein, insofern ist diese konzentrierte Tätigkeit – Aristoteles zählt sie zum Handeln – ein Ausstieg aus der Zeit, die beglückende Erfahrung einer »Entgrenzung« (Johann Hinrich Claussen). Also ist »der Weise« der glücklichste Mensch, auch weil die »Gottheit«, der oberste »Betrachter« von allem, am meisten den hochachtet, der ihrem Tun nacheifert und sich der Kontemplation hingibt, ohne damit andere Zwecke zu verfolgen.

Sind die Götter etwa faul? Nein, sie betrachten den Kosmos, und das ist höchste Konzentration, höchste Intensität, ein hochaktives, kein schläfriges Glück.

Bis zu einem gewissen Grad sind diese Gedanken noch heute gültig. Nur die am höchsten entwickelten geistigen Fähigkeiten, die den Menschen zugleich am meisten von den Tieren unterscheiden, können auch sein höchstes Glück sein. Darin besteht nun einmal die Fähigkeit unseres Geistes: das Ganze des Lebens staunend in den Blick zu nehmen.

Eine leichte Sache? Mitnichten. Das menschliche Bewusstsein kann, so berichtet der Glücksforscher Mihaly Csikszentmihalyi, maximal eine halbe Million Informationen in der Stunde verarbeiten; in einem siebzigjährigen Leben wären das, bei täglich 16 Stunden Wachsein, rund 185 Milliarden Eindrücke, Gedanken, Gefühle, Erinnerungen, Handlungsimpulse.

Angesichts dieser unglaublichen Menge von Eindrücken ist Konzentration auf das Ganze des Seins nicht so lässig zu haben, wie man meinen sollte. Der erste Schritt: Daran den-

ken, dass alles, was ist, in einem als identisch erlebten »Jetzt!«
existiert, mag dies auch je nach Geschwindigkeit, in der sich
der jeweilige »Jetzt«-Sager bewegt, und je nach der kosmi-
schen Region seines »Standorts« ein jeweils ganz anderes Jetzt
sein – simultane Gegenwart gibt es im Kosmos ja nicht, nur
unsere Vorstellung von einer solchen Simultaneität.

Diese »Betrachtung« des Seins aus sozusagen göttlicher
Perspektive ist ein Glück, das wir mit keinem Tier teilen. Also
ist es wohl auch das höchste Glück aller Lebewesen, wie Platon und Aristoteles meinen.

Der an sich plausible Gedanke greift aber zu kurz: Der
Mensch hat auch Gefühle, sein alles betrachtender Geist
schwimmt auf einem Meer des Unbewussten.

In diesem Meer gibt es unergründliche, dunkle Tiefen, die
dem geistbegabten Menschen auch einmal einflüstern können,
er möge den Fall in die Tiefe, in die »Wonnen der Gewöhn-
lichkeit« wagen und dort sein Glück suchen. Goethes Faust
erlebt solche Einflüsterungen beim Osterspaziergang, der ja
nichts anderes schildert als die frühlingshafte Glückserwar-
tung des Intellektuellen, der unter sein Niveau geht. Der US-
amerikanische Autor Philip Roth variiert dieses Thema sehr
anschaulich am Beispiel eines hochintelligenten, auch tücki-
schen Professors, der sein heftigstes Liebesglück in der heim-
lichen Beziehung zu einer nicht besonders attraktiven Putzfrau
sucht und findet – in dem Roman *Der menschliche Makel*
(*The human stain,* 2000). Es ist im Grunde die uralte Parabel:
Der Geist will Fleisch werden, der Gott will auch als Jesus-
Mensch wirklich sein. Aber – und das ist die Grenze dieser
Art von Lust – der göttliche Geist darf sich nicht verlieren, er
muss zur begierdefreien »Betrachtung« zurückfinden. Sonst
verpasst er das Glück ebenso wie der ewige »Betrachter«.

Das Gold in der Seele des Wächters, der Geist auf der
Suche nach dem höchsten Guten: Sind das nicht veraltete
Ideen? Eine freie, immaterielle und womöglich sogar unsterb-

liche Seele, die nach einem höchsten Guten in der Hoffnung strebt, dass ein ewiger Gott höchstselbst letztlich für die Einheit von Sittlichkeit und Glückseligkeit bürgt: Das sind etwa für den Aufklärer Kant lediglich Vernunft-Ideen, die er als moralische »Postulate« anerkennt, denen er aber jeden theoretischen Erkenntniswert abspricht, da es keine Erkenntnis ohne Wahrnehmung gebe und die »Objekte« dieser Begriffe nicht wahrnehmbar seien.

Die Naturwissenschaften des 19. und frühen 20. Jahrhunderts – Biologie, Medizin, Hirnforschung – haben vollends dafür gesorgt, dass »der Seelenbegriff in der Wissenschaft als harter Theoriebegriff keine Rolle mehr spielt«, wie selbst der junge Berliner Theologe Roderich Barth (Jahrgang 1966) in seiner Habilitationsschrift *Seele nach der Aufklärung* (2008) einräumt.

Der Physiker Ernst Mach, nach dem die Maßeinheit für die Schallgeschwindigkeit benannt wurde, meinte Anfang des vorigen Jahrhunderts: »Das Ich ist unrettbar.« Seelische Empfindungen seien besondere Mischungen feinster Materieteilchen, nicht aber immateriell. Sigmund Freud unterteilte die Seele in Ich, Es und Über-Ich. Der Philosoph Richard David Precht, Jahrgang 1964, nennt das Ich-Bewusstsein eine »gefühlte Realität«, gesteht der modernen Hirnforschung aber das Recht zu, die Seele in relativ selbständige »Ich-Zustände« zu zerlegen wie zum Beispiel in ein moralisches Ich, ein Körper-Ich, ein autobiografisches Ich und so fort.

Dennoch versucht Barth, den Begriff der Seele zu retten: nicht »substanzontologisch«, wie er formuliert, sondern als »Funktionsbeschreibung«, zum Beispiel zusammen mit dem Begriff des »Erlebens«. So könne »Seele« gleichbedeutend sein mit »authentischem Selbsterleben«. »Leib ist der im Modus des Erlebens unmittelbar präsente Körper – Seele ist das durch den Leibbezug wesentlich bestimmte Bewusstsein«, so Barth.

Zwar sind Hirnforscher imstande, die kaum zählbaren Wechselwirkungen von rund hundert Milliarden Nervenzellen im Computer- und im Kernspintomograph annähernd abzubilden; und zu analysieren, welche Veränderungen in welchen Gehirnteilen bei welchen Tätigkeiten (Erinnerung, Angstreaktion) oder Krankheiten auftreten. Sie versuchen außerdem, mit Hilfe des Computers das ganze Gehirn zu simulieren. Aber wenn sie dabei nach so etwas wie Ich, Bewusstsein oder Seele suchen, setzen sie philosophische und psychologische Begriffe voraus, die sie nicht aus der Empirie, auch nicht aus einer vom Computer gestützten Empirie, gewinnen können. Nicht zuletzt deshalb ist die Verführung für einen Forscher groß, das Ich, die Seele, das Bewusstsein oder auch die Freiheit des wollenden Geistes zu bestreiten – so wie es etwa Gerhard Roth und Wolf Singer getan haben.

Das aber wäre eine Verabsolutierung naturwissenschaftlicher Messmethoden, die so komplexen Phänomenen wie dem Bewusstsein einfach nicht angemessen sind. Wenn der Philosoph Johann Gottlieb Fichte (1762 bis 1614) sagt: »Das Ich setzt sich selbst«, dann markiert dies die krasse idealistische Gegenposition zum modernen Gehirn-Naturalismus. Fichtes vieldeutiger Satz enthält eine Wahrheit, die auch außerhalb seines philosophischen »Systems« nachvollziehbar ist: Nur aus der intellektuellen Selbstwahrnehmung und Selbstverwirklichung des Ichs heraus ist überhaupt verständlich, was dieses Ich wesentlich ist: Selbsterkenntnis als Selbsterzeugung. Nur ein Ich kann sich als seiend vorstellen und sagen: ich bin – was von keinem außerhalb dieses Prozesses liegenden Ding oder Vorgang aus zu verstehen ist.

Das Ich ist unvergleichlich und einzigartig in der Natur. Wer vom Egoismus der Krokodile spricht, spricht metaphorisch und meint bloß den hartnäckigen Überlebensdrang dieser ziemlich wahllos fressenden Tiere. Nur »Iche« wissen, was ein Ich ist. Wer aus optisch messbaren Veränderungen in einem abgebildeten Gehirnareal die Entstehung des Ichs (oder des Geistes) ableiten möchte, der sucht etwas, das er schon gefunden hat – bei der Philosophie. Er wirkt wie der pedantische Stümper, der die architektonische und spirituelle Idee der Kuppel des römischen Pantheon – als Abbild des Himmelsgewölbes mit einem Kuppelfenster für den Lichtstrahl des Allerhöchsten – verstehen will, indem er Steine zählt und Mörtelmassen wiegt. So wird er die Idee, die er ja aus anderem Vorwissen kennt, empirisch nie erjagen.

Da halten wir uns doch lieber an den alten Aristoteles: Er unterscheidet die vernünftige Seele (*nous*) von der fühlenden und wahrnehmenden Seele. Nur der vernünftige Seelenteil, der über alles und sich selbst »nachdenkt«, ist der »Ort der Ideen«. Während die wahrnehmende, fühlende und leidensfähige Seele nicht ohne Körper existiert, ja den Körper erst zu meinem eigenen macht, denkt sich Aristoteles die Vernunft als vom Körper »abtrennbar«, »leidensunfähig«, »unvermischt«, »unsterblich« *(athanatos);* dabei vergleicht er ihre Erkenntniskraft mit dem Licht, das die Farben erst sichtbar und insofern erst wirklich macht, ohne selbst farbig zu sein. Die erkennende Seele ist gewissermaßen die ganze Wirklichkeit, indem sie diese denkt. Aufgrund dieser Universalität ist sie auch mit keinem Einzelding identisch, also von einer dinglich forschenden Einzelwissenschaft nicht erreichbar.

Sie umfasst alles Seiende und kann selbst nicht leiden, nicht trauern oder sich erinnern – sie ist in der Tat mit einer Sphäre verwandt, die rätselhaft bleibt wie die Zahl Eins, aus der alle anderen Zahlen wachsen wie der Mammutbaum aus einem kleinen Samen, und die von den alten Griechen »göttlich« genannt wird. Auch der Gedanke an dieses Geheimnis birgt ein spezielles Glück in sich: Erkenntnisglück, verbunden mit der Hoffnung, in seinem Innersten sei der Mensch womöglich noch etwas ganz anderes als ein sterblicher, bald nach dem

Leben verwesender Zellhaufen. Braucht wahres Seelenglück nicht auch diese Hoffnung?

»Seele« meint im Althochdeutschen so viel wie »die Bewegliche« *(sela),* kulturgeschichtlich gehört sie aber auch in den Sinnbereich von »See« – die alten Germanen glaubten, die Seelen der Menschen stammten aus abgelegenen, stillen Gewässern und würden im Tod auch dorthin zurückkehren. Die griechische *psyche* heißt dagegen, wie die lateinische *anima,* so viel wie »Hauch, Wind«. Die griechischen Pythagoreer glaubten, die Seele des Menschen sei sozusagen ein Besuch der Allseele.

Eduard Mörikes Gedicht »Denk es, o Seele!« (1852) bewahrt aus diesem Traditionszusammenhang beides: die Nähe zum Tod wie die Verbindung zur Natur.

> Ein Tännlein grünet wo,
> Wer weiß, im Walde,
> Ein Rosenstrauch, wer sagt,
> In welchem Garten?
> Sie sind erlesen schon,
> Denk es, o Seele,
> Auf deinem Grab zu wurzeln
> Und zu wachsen.
> Zwei schwarze Rösslein weiden
> Auf der Wiese,
> Sie kehren heim zur Stadt
> In muntern Sprüngen.
> Sie werden schrittweis gehen
> Mit deiner Leiche;
> Vielleicht, vielleicht noch eh
> An ihren Hufen
> Das Eisen los wird,
> Das ich blitzen sehe!

Der Spätromantiker Mörike zeigt mit diesem Gedicht auch noch etwas anderes: Zur »Seele« gehört das Denken, die aristotelische »Vernunftseele«, die sich das ganze Leben von seinem Ende her vergegenwärtigt – und aus diesem Vorgriff auf den Tod heraus jedes »Tännlein«, jeden »Rosenstrauch« zu würdigen weiß. Daraus resultiert das kleine, alltägliche Glückserlebnis des Biedermeier, jenes »Garten«-Glück, das zu Unrecht von Revolutionären und anderen Augenblicksverächtern belächelt wird.

Auch dies spricht dafür, allen »Hirnzerlegern« zu trotzen und das wunderbare Wort »Seele« beizubehalten: als Chiffre für die Einmaligkeit jeder menschlichen Person, für die Einheit ihres Denkens und Fühlens, für die innere, individuelle Zusammengehörigkeit ihrer Zustände und Fertigkeiten, mögen sie auch in verschiedenen Hirnregionen feststellbar sein. »Der Roman ist perfekt, aber er hat keine Seele« – wie anders wäre diese Aussage zu machen, wenn es den Begriff »Seele« nicht mehr gäbe? Diesen so unersetzlich einfachen wie komplexen Begriff, in dem so vieles mitschwingt, was mit Leben und Tod, mit bestimmten Stimmungen, auch mit einer unauflösbaren Verbindung von Melancholie und Glücksgefühl assoziiert wird. Wir schlagen vor: Solange die Seele als denkende Seele noch überwiegend ein ungelöstes Rätsel ist, sollte dieser Begriff nicht abgeschafft werden, als wüsste man es inzwischen genauer. Die übliche Ersatzrede von der menschlichen »Psyche« ist schon deshalb lächerlich, weil dieses griechische Wort nichts anderes bedeutet als »Seele«.

Ein moderner Epikur: Bertrand Russell

Die innere Weite der Seele, die wache Offenheit für alle Dinge, selbst für das kaum vorstellbare Weltall, verstanden auch als Offenheit für die Nöte und Reize aller anderen Menschen, gehört zur Glücksbefähigung wie der Flügel zum Fliegen. Das ungefähr hat der große, witzige Skeptiker Bertrand Russell (1872 bis 1970) gemeint, als er schrieb: Seelische »Selbstverkapselung« führe ins Elend (das Kloster hilft also nicht), »wahrhaftes Interesse an Menschen und Dingen außerhalb unserer selbst« sei wichtig. »Der glückliche Mensch lebt sachlich, er hat freie Zuneigungen und umfassende Interessen«, sagt Russell. Diese Interessen müssten allerdings echt sein. Wer sie nur »berechnend« entwickle, weil er glücklich werden wolle und Entsprechendes im Ratgeber gelesen habe, werde kein glücklicher Mensch.

So zu lesen in seinem 1930 veröffentlichten, sehr lebensklugen und dabei handfesten Buch *Die Eroberung des Glücks – Neue Wege zu einer besseren Lebensgestaltung* (*The Conquest of Happiness*).

Der Mensch Russell war ein ewiger Glückssucher: ein gläubiger Ungläubiger – 1927 publizierte er das Buch *Warum ich kein Christ bin* – zwischen Pazifismus und Pragmatismus, einer, der viel in der Welt herumkam, etliche Universitäten zwischen Oxford und Peking als Gastprofessor beglückte und wieder verließ, den Sozialismus erst bejahte und dann bedenklich fand, von England nach Amerika zog und wieder zurückkehrte und erst in der vierten Ehe richtig glücklich wurde – er schloss sie 1952, im Alter von achtzig Jahren.

Wie Platon fand Russell von der Mathematik aus zur Philosophie. Er studierte zunächst Mathematik und Sozialwissenschaften in Wales. Seine dreibändigen *Principia Mathematica* (1910 bis 1913, zusammen mit A. N. Whitehead) versuchen, die gesamte Mathematik aus einem Kernsatz von Regeln abzuleiten. Er war mit Ludwig Wittgenstein befreundet, hat im fast schon skurrilen Disput über die »Menge, die sich nicht selbst enthält« scharfsinnig Gottlob Freges Mengenlehre als zu naiv enttarnt und gehört zu den Begründern der sprachkritischen »Analytischen Philosophie«. Immerhin beherzigte er sein eigenes Ideal der »umfassenden Interessen«: Er schrieb über die deutsche Sozialdemokratie, über *Ehe und Moral* (1929) – wofür ihm 1950 der Nobelpreis für Literatur zugesprochen wurde –, ferner über Erziehung (zusammen mit seiner zweiten Frau betrieb er ein paar Jahre eine antiautoritäre Privatschule) und über den drohenden Atomkrieg.

Während des Ersten Weltkriegs wurde der Enkel eines ehemaligen britischen Premierministers wegen Aufforderung zur Wehrdienstverweigerung zu sechs Jahren Gefängnis verurteilt. Er war der Initiator des nach ihm benannten »Russell-Tribunals«, vor dem die USA wegen »Kriegsverbrechen« in Vietnam angeklagt wurden.

Russell bekannte sich zum »Hedonismus«, aber auch dazu, ein gemäßigter, »vernünftiger Moralist« zu sein. Seine Glückslehre ist ein erzählerisch reichhaltiges, an Epikur eher als an Aristipp anknüpfendes Plädoyer für ein »vernunftgemäßes Leben«, das sich hütet, sich in sich selbst zu »vergraben«, und das »froh nach außen gerichtet« ist. Psychologen, die vor einem Übermaß an Ratio warnen, sind ihm ein Gräuel:

»Der Abscheu vor der Vernunft, der unserer Zeit anhaftet, beruht in sehr erheblichem Grad auf der Tatsache, dass die Vernunftprozesse nicht grundlegend genug bewertet werden.

Die in sich selbst uneinige Persönlichkeit ist immer auf der Suche nach Anregung und Zerstreuung; sie liebt heftige Leidenschaften, doch nicht aus vernünftigen Gründen, sondern weil sie das Ich vorübergehend von sich selbst ablenken und die beklemmende Gedankentätigkeit aufheben will. Für einen solchen Menschen ist jede Leidenschaft eine Art Rausch, und da er sich ein Glück als Grundlage des Daseins nicht vorstellen kann, scheint ihm jede Linderung seiner Qual nur in der Form des Rausches möglich.«

Gegen diese »Gemütsstörung« empfiehlt er geistige Aktivität, gelassene, doch zielstrebige Entfaltung möglichst »aller unserer Fähigkeiten« gemäß den »Forderungen der Natur«. Neben dem »animalischen« Glück des leidenschaftlichen Brunnengräbers oder Gärtners preist Russell das Glück des Naturwissenschaftlers, der »alle seine Fähigkeiten ausnutzt«, aber zugleich »Leistungen« vollbringt, »die nicht nur ihm selbst bedeutsam erscheinen, sondern auch von der Allgemeinheit gewürdigt werden, selbst wenn diese nicht im geringsten begreift, worum es sich eigentlich handelt«.

Wer die Relativitätstheorie nicht verstehe, zweifle meist an der eigenen Bildung; angesichts eines schwer verständlichen Bildes oder Gedichts aber zweifle man eher am Künstler oder Dichter. »So kommt es, dass Einstein überall geehrt wird, während die besten zeitgenössischen Maler verhungern können, und dass Einstein glücklich ist, sie aber unglücklich sind.«

Zuneigung zu ernten sei »eine machtvolle Glücksquelle«. Sie erschließe sich vor allem dem, der sich intensiv für eine Sache engagiere, sodass er dadurch selbst wieder für andere Menschen interessant werde, die an eben dieser Sache Anteil nähmen.

Schiere Selbstlosigkeit, das Ideal »zünftiger Moralisten«, ist aber Russells Sache nicht. »Wahrhaftes Interesse an Menschen und Dingen« schließe Interesse an uns selbst ein, nicht aus. Ich und Welt müssten durch »objektive Interessen und

Zuneigungen« kraftvoll verbunden werden. Das größte Übel sei »ein Mangel an Ganzheit«, wenn der Mensch mit sich selbst hadere und sich mit seiner Umwelt überwerfe. Daraus dürfe durchaus auch mal folgen, dass er dem nächsten Nachbarn aus dem Weg gehe. Mit dem Auto, so Russell, erweitere sich wunderbarerweise auch der Radius der Nachbarschaft. Die Enge und Immobilität des »altväterlichen Dorflebens« stellt sich Russell als eine einzige »Öde« und »Langeweile« vor, bei der »Hexenverfolgungen« nicht ohne Grund »den einzigen Sport darstellten«, der die Winterabende »beleben« konnte.

Der »glückliche Mensch« wahre zugleich die »Einheit seines Ichs« und die »freundschaftliche Anteilnahme« an anderen Menschen und am Lauf der Welt. Der glückliche Mensch »fühlt sich als Bürger des Alls, der ohne Hemmung das Schauspiel, das es bietet, und die Freuden, die es schenkt, genießen kann – unbekümmert von dem Gedanken an den Tod, weil er sich von denen, die nach ihm sein werden, nicht wirklich getrennt fühlt. In solch inniger, naturbestimmter Vereinigung mit dem Strom des Lebens vollzieht sich die tiefste Beglückung, die wir finden können.«

Die Idee der »Vereinigung mit dem Strom des Lebens« verknüpft das sexuelle Zeugungsglück mit dem reflektierenden Bezug zum Lebensganzen. Das »Schauspiel« des Alls betrachten – da schlägt Russell unvermittelt eine Brücke zum Glücksbegriff des Aristoteles, der solches Betrachten für das Wichtigste im Leben hielt und, ebenso wie Russell, als »Tätigkeit« verstand, als aktives »Interesse«.

Schon im Griechischen hat das Wort »betrachten, schauen« (*theoria*) den Nebensinn von »Schauspiel«. Wer das Weltall, die umfassende Natur, und sich selbst in ihr anschaut, der ist überwältigt, denn er erlebt das gewaltigste Schauspiel überhaupt: das unbegreifliche Ganze. Auf diesen alten Sinn von *theoria* spielt Russell an. Er kommt aber auch Aristoteles nahe, insofern als er dieses tätige Betrachten vor allem als wissenschaftliches Forschen und Fragen versteht.

Natürlich ist der Künstler kaum weniger ein betrachtender »Bürger des Alls« als der Wissenschaftler. Seine Aktivität bezieht sich auf die Auseinandersetzung mit der aktuellen Wirklichkeit, mit dem Wesen der Zeit oder der Vielschichtigkeit der seelischen Selbsterfahrung; aber, besonders in der Moderne, auch auf die Auseinandersetzung mit den eigenen Ausdrucksmitteln, mit den Formen der Darstellung. Der Maler Paul Klee notierte 1914, während seiner Tunesienreise, ein Glückserlebnis, das direkt aus diesem intensiven »Interesse« (Russell) am eigenen Tun geflossen ist: »Die Farbe hat mich … Das ist der glücklichen Stunde Sinn: Ich und die Farbe sind eins. Ich bin Maler.« Ganz in diesem Sinn formulierte ein halbes Jahrhundert später der Maler Otto Andreas Schreiber die Maxime seines Schaffens: »Die Farben müssen glücklich sein.«

In der Musik treffen wir dieses Glück der fast absoluten Identifikation des Menschen mit der Kunst häufig bei Hörern eines Konzerts an, die so in die Musik versunken sind, dass sie ihre Umgebung völlig zu vergessen scheinen. Doch auch auf der Seite der Musiker kennt man diese Form des Glücks: Ein Pianist wie der Kanadier Glenn H. Gould (1932 bis 1982), der schon vom dritten Lebensjahr an – unter Anleitung seiner Mutter – eifrig Klavier gespielt hat, ist dafür ein gutes Beispiel. Goulds furiose, obsessive und doch auch sehr präzise Interpretationen der »Goldberg-Variationen« von Johann Sebastian Bach wurden 1955 als Schallplatte aufgenommen. Diese legendären Interpretationen verbinden atemloses Tempo mit jener Behutsamkeit, die es schafft, den verschiedenen Stimmen des polyphonen Werks unterschiedliche Klangfarben zu entlocken. Das Ergebnis lässt nur einen Schluss zu: Der Mann hat Bachs Melodien, Themen, Variationen, Fugen und Läufe sich so ins Eigene gespielt, dass er und diese Klänge vorübergehend ununterscheidbar wurden. Kein Wunder, dass er beim Spielen mitsummen musste. Nachdem diese virtuose Einspielung abgeschlossen war, konnte Gould eigentlich nur erschöpft und glücklich sein.

Aber nicht nur Kunst und Wissenschaft erfüllen das Russell'sche Kriterium eines »umfassenden Interesses« an möglichst vielen Sachen. Russel erzählt auch die Geschichte eines Mannes, der seine »innig geliebte Frau« verloren hatte und danach das Leben trostlos fand. Eines Tages »begannen ihn – er war von Beruf Teehändler – plötzlich die chinesischen Inschriften auf den Teedosen, die durch seine Hand gingen, zu fesseln, und durch Selbstunterricht lernte er, sie zu entziffern. Allmählich gewann er aus dieser Beschäftigung ein neues Lebensinteresse und begann nun eifrig, alles zu studieren, was sich auf China bezog.«

Russell fährt fort, »irgendeines tiefinneren Interesses, sei es woran immer«, seien die meisten fähig, und sei dieses Interesse erst einmal geweckt, »so ist die Langeweile dauerhaft gebannt«. Allerdings warnt er vor »sehr ausgefallenen Interessen«, sie seien keine »reiche Glücksquelle«, da zu befürchten sei, dass ihnen »eines Tages nichts Neues mehr abgewonnen werden« könne.

Die Ware Glück und der Stress

Der französische Schriftsteller Alain (1868 bis 1951), der eigentlich Emile Auguste Chartier heißt, veröffentlichte 1925 das Buch *Propos sur le Bonheur.* 1985 erschien es unter dem Titel *Die Pflicht, glücklich zu sein* auch auf Deutsch. Unter anderem regt er darin an, »auf allen Schulen« Unterricht zu geben »in der Kunst, glücklich zu sein«. Diese Kunst sei zwar schwerlich erlernbar, »wenn einen das Unglück beim Wickel hat«. Aber: »Wenn die Umstände erträglich sind und die Bitternis des Lebens sich auf Kleinigkeiten beschränkt«, sei es durchaus möglich, sie sich anzueignen. »Die erste Regel dieser Kunst« bestünde darin, »nie mit jemand anderem über seine augenblicklichen oder überstandenen Beschwerden zu sprechen. Andere mit seinem Kopfweh, seinem Gallenleiden oder seinen Verdauungsbeschwerden zu unterhalten, müsste selbst dann für eine Unhöflichkeit gelten, wenn es in den gewähltesten Ausdrücken geschähe ... welch eine großartige Sache wäre die menschliche Gesellschaft, wenn jeder, statt über die Asche zu greinen, von seinem Holz (etwas) ins Feuer steckte!«

Höflichkeit ist ein zentraler Begriff in Alains amüsanter Glückstheorie. Er nennt sie »ein Scheinglück, das aber auf Grund der Rückwirkung des Außen auf das Innen sogleich sich in wirkliches Glück verwandelt«. Für ihn ist Höflichkeit auch »Lebensart« – Glück à la France.

Zu den gesellschaftlichen Aspekten des Glücks gehört außerdem dieser: Wer nur die flüchtigsten Regungen seines

Glücklichseins anderen Menschen zeigt, etwa durch strahlendes Lächeln, vermag diese leicht mitzureißen. Dafür sorgen Nerven, die seit 1991 als Spiegelneuronen bekannt sind: nervliche Nachahmer fremder Gefühle, die es dem Menschen etwa ermöglichen, sich mit bestimmten Filmszenen emotional zu identifizieren. Selbst derartig nachempfundenes Glück macht ein bisschen glücklich.

So ein ansteckendes Lächeln wird im beruflichen, politischen und geschäftlichen Alltag, zumal in der Werbung, pausenlos benutzt, um Menschen – Kollegen, Käufer, Wähler – ein bisschen Glücksempfinden zu vermitteln; was wiederum dem Vermittler hilft, insofern es ihn als Glücksbringer sympathisch macht.

Das Wort hat noch einmal der heitere Glückspessimist Alain: »Sobald ein Mensch das Glück sucht, ist er dazu verurteilt, es nicht zu finden, und das ist nicht weiter verwunderlich. Glück ist kein Ding in einem Schaufenster, das man kaufen und sich einpacken lassen kann und das bei einem zu Hause genauso aussieht wie im Schaufenster. Glück ist nur Glück, wenn Sie es in sich selber haben; wenn Sie es außerhalb Ihrer suchen, wird Ihnen nie etwas den Anschein des Glücks erwecken. Kurz, Glück lässt sich weder berechnen noch vorhersehen; man muss es jetzt und hier haben. Wenn es sich in der Zukunft abzeichnet, so nur deshalb, weil es Ihnen bereits zuteil geworden ist. Hoffen und Glücklichsein sind eins.«

Die glänzende Ware aus dem Schaufenster erfüllt einen privaten Glückswunsch und ist zugleich, da öffentlich, Allgemeingut; der nach außen gestülpte Intimwunsch, etwas Besonderes zu sein – glücklicher als die anderen oder genauso glücklich wie sie. Jeder soll es sehen, jeder sieht es auch, und jeder erhofft sich von dem, was er im Schaufenster sieht und aus dem Schaufenster kauft oder als dort Gekauftes an anderen bewundert, zumal wenn es sich um Luxusgut handelt, etwas mehr Glanz im Leben, einen Glanz, den er vor allem für jene Selbsteinschätzung benötigt, die sich von den Blicken der anderen nährt.

Bodo Kirchhoffs Roman *Erinnerungen an meinen Porsche* (2009) schildert den gesellschaftlichen Abstieg eines von der Finanzkrise des Winters 2008/2009 Gebeutelten zugleich als Potenzkrise. Gemeint ist hier vor allem die vorgezeigte, die demonstrative Potenz, die wir mit dem glänzenden Glück einer Luxusware verbinden – mag auch Kirchhoffs Romanheld zunächst ganz naturalistisch Schaden an seinem Penis-Porsche erlitten haben. Die Warenwelt nährt die Illusion, Glück habe mit dem raschen Erwerb solcher glitzernden Dinge zu tun. Manche Frauen bekennen, wie gern sie shoppen gehen. »Schönheit ist Glück – Nivea«, warb im Sommer 2007 ein bekannter Hautcremehersteller. Ganz falsch ist das nicht: Wer übermäßig hässlich ist, kann schon nach alter Lehre ebenso wenig glücklich genannt werden wie einer, der einsam, kinderlos oder mittellos ist. Eine ähnliche, wenn auch mehr fernöstlich orientierte Kampagne des Kaffeevermarkters Tchibo im Januar 2009 empfahl unter dem Motto »Das Glück in Dir« allerlei Dinge zum »Wohlfühlen und Entspannen«, die der Konsument selbstverständlich auch in den Tchibo-Kaffee-Shops erwerben konnte: Duftlampen, Salzkristallleuchten, weiche Baumwollhosen, Kirschkernkissen, Zimmerbrunnen, Meditationskissen aus Dinkelspelzen und, als Gewahrsmann über alldem, einen kleinen Buddha, selbstverständlich »handgeschnitzt«.

Trotz allen Verführungskünsten dieser Art gilt: »Das Glück kommt tatsächlich nur von innen. Es ist keine Ware, die man sich kaufen kann.« Das sagt Mahatma (»Große Seele«) Gandhi (1869 bis 1948), der Anwalt, der seine indische Heimat gewaltlos in die Unabhängigkeit führte. Ohne jene Gewaltlosigkeit des Handelns, die er predigte und praktizierte, wird es auf die Dauer kein Glück auf der Erde geben können.

Lässt sich der terroristischen Gefahr dieser Tage gewaltlos begegnen? Das ist eine der großen Fragen unserer Zeit. Je nachdem wie die Antwort darauf ausfällt, bekommen viele der heute lebenden Menschen überhaupt keine Chance mehr zum Glück.

Wer, etwa in seiner Funktion als Politiker, täglich damit zu kämpfen hat, dem bleibt eigentlich keine Zeit fürs Glück. Und doch: Das Thema Glück meldet sich auch bei den Tatmenschen aus einer tieferen Schicht des Bewusstseins zurück, spätestens am Abend eines geschäftigen Alltags, wenn sie innehalten und die Sinne frei werden für den malerischen Sonnenuntergang, den Duft des Lavendels im Garten oder den tiefroten Wein im Glas; wenn die Stille der Welt, der unergründliche Blick des Schweigepartners und das erste Flimmern der Sterne in ihnen zu einem Gefühl zusammenfließen, das sie nicht begreifen können.

Auf ein solches Innehalten während einer Reise mit der Familie nach London blickt der Hamburger Großkaufmann Ernst H., 58, so zurück: Am späteren Nachmittag eines anstrengenden Reisetages, kurz vor dem Abendessen mit der Familie, hatte er sich ein wenig im Hotel-Appartement hingelegt. »Kurz vor dem Einschlafen«, berichtet er, »schossen mir die banalsten Gedanken durch den Kopf, ich fühlte mich wie manisch, konnte nicht einschlafen. Ob ich den Kollegen wegen des Termins angerufen, der Sekretärin schon die Belege der letzten Dienstreise übergeben hatte und ob ich zu Hause tatsächlich ein neues Türschloss einbauen sollte – all dies beschäftigte und quälte mich ohne Unterlass. Nach zehn Minuten Tortur versuchte ich es mit dem Zählen von Schafen – es funktionierte. Ich fiel in einen tiefen, traumlosen Schlaf. Nach zwanzig Minuten klingelte der Wecker, ich blieb noch ein bisschen liegen. Das Fenster stand offen, starker Rosenduft strömte in den Raum, die Sonne verschwand gerade am Horizont und gab Londons eigentlich unauffälligen Dächern goldenen Glanz. Ich blinzelte, atmete durch, bewegte meine Glieder unter der leichten Wolldecke.«

Die Stimmen der Familie »klangen gedämpft aus der Küche, auch mal ein Lachen ... ich dachte an meine vier Kinder, alle gesund und zufrieden (so kam es mir zumindest vor), ich dachte an das, was ich bisher erreicht hatte und daran, was alles noch kommen könnte. Ein tiefes, beinahe göttliches Gefühl der Dankbarkeit durchströmte mich plötzlich, alles schien zu stimmen, alles passte zusammen – sogar meine beiden Scheidungen ergaben plötzlich einen tieferen Sinn. Kaum hatte ich mich aber, wahrlich beglückt, aus den Laken erhoben, schwächte sich das Gefühl ab, wie ein Kuss, dessen Berührungsenergie schnell verfliegt, wenn es vorbei ist. Doch das Gefühl stärkt mich, als Erinnerung, bis heute, wenn mir der Alltag zu mühsam zu werden droht.«

Die Wiederkehr der Frage nach dem Glück hängt, wie der zitierte Fall gut illustriert, heute auch mit dem Überdruss an der täglich geforderten und forcierten Steigerung von Flexibilität, Image, Tempo, Mobilität, Marktführerschaft und technischer Effizienz zusammen. Sie scheint es keinem Berufstätigen mehr zu erlauben, sich irgendwo niederzulassen und beheimatet zu fühlen. Wer anfängt, sich mental grundsätzlich gegen dieses – längst zur globalen Krankheit erweiterte – Stress-Inferno zu wehren und, etwa in einer romantischen Abendstimmung, nachhaltig sein Lebensglück überdenkt und nachschmeckt, der legt eigentlich eine typische menschliche Reaktion auf die Krise einer Werteordnung an den Tag, die lange gesichert schien.

Das war schon vor 2400 Jahren so, als die »Polis«, die sich selbst gehörende Stadtgemeinschaft der alten Griechen, allmählich zerfiel und Philosophen wie Epikur, Zenon von Kition und Aristoteles nach dem wahren Glück fragten. Das war so in der Krise zu Beginn der römischen Kaiserzeit, als stoische Denker wie Seneca und Epiktet sich dieselbe Frage stellten. Das war so in der europäischen Aufklärung, als der allmähliche Zerfall der feudalen Abhängigkeitsverhältnisse in die Suche nach dem »größten Glück der größten Zahl« mündete, wie es zum Beispiel der englische Wohlfahrtstheoretiker Jeremy Bentham um 1800 verkündete.

Und das ist im 21. Jahrhundert so: Über den besten Weg zum Glück der vielen stritten sich fast das gesamte 20. Jahrhundert hindurch zwei Systeme, Kommunismus und Kapitalismus. Das Ziel verlor anscheinend in dem Moment an Interesse, wo eines der beiden Systeme übrig blieb und man mit der Klärung der politischen Systemfrage auch die Frage nach dem Lebenssinn für erledigt hielt. Die Wirtschafts- und Finanzkrise des entfesselten Kapitalismus, die Ende 2008 begann, hat die Systemfrage dann wiederbelebt und die Menschen *in politicis* vollends ratlos gemacht. Die meisten reagieren auf ein solches Vakuum, indem sie erst einmal individuell nach ihrem persönlichen Glück fragen. Sie gehen dabei in sich und vernachlässigen die Gesellschaft oder den Staat – diese Dynamik treibt auch das viel besprochene Comeback der Religionen.

Mit der Suche nach Glück schöpft, so der Philosoph Wilhelm Schmid, nun »eine ganze Zeit neuen Atem«. Dabei helfen dem Einzelnen, wie gesagt, Gelassenheit und Bescheidenheit, Naturerlebnisse und soziale Glückserfahrungen wie ein Lächeln in einem schönen Gesicht, aber auch ein ungeheucheltes Bild der eigenen Gerechtigkeit.

Glück in der Liebe

Die stärkste Hilfe gegen all die gesellschaftlichen Zumutungen liefert allerdings eine Naturgewalt, die oft selbst zu einer gesellschaftlichen Zumutung expandiert: die leidenschaftliche Liebe. Eine Quelle des Glücks? Gewiss, aber gerade als solche auch verantwortlich für reichliches Unglück.

Diana Spencer, die Prinzessin der Herzen, wird von wahren Freudeströmen durchflutet, als Prinz Charles, am 6. Februar 1981, sie auf Schloss Windsor beiseite nimmt und sagt: »Es ist dir doch klar, dass du eines Tages Königin sein wirst.« Tina Brown berichtet in ihrer Diana-Biografie, Diana sei in diesem Moment »aus allen Wolken« gefallen; ihr Bruder Charles habe sie kurze Zeit danach gesehen. Von ihm weiß Brown: »Sie sah so glücklich aus wie noch nie. Es war echt, denn niemand mit unechten Motiven könnte so glücklich aussehen. Sie sah nicht aus wie jemand, der den Jackpot geknackt hat, sondern wie jemand, der seelische Erfüllung gefunden hat.«

Auf dem Umschlag der deutschen Ausgabe dieser Biografie schaut Diana lächelnd nach oben, wie zu den Wolken, aus denen sie gerade gefallen ist, ein Foto von Lord Snowdon, das eine wunderbare Spontaneität ausstrahlt. So, wie diese Diana sieht das Glück aus – und uns an. Und so hart und rasch, wie es diese Diana traf, kann auch jeden von uns zu jeder Zeit ein Autounfall aus dem Glück reißen.

»Glücklich allein ist die Seele, die liebt«, dichtet Goethe, der Autor des schönsten deutschen Brief- und Liebesromans *Die Leiden des jungen Werthers* (1774). Weil er die angebetete Lotte ihrem Verlobten nicht abspenstig machen kann, steigert sich Werthers Gefühlsrausch bis zum Irrsinn und mündet schließlich in den Selbstmord. Die Heftigkeit des Glücksgefühls nährt sich dabei von Anfang an auch aus der Drohkulisse von Entsagung und Tod. Dass die Schöne einem anderen gehört, ist dem Schwärmer ja durchaus bekannt.

»Es macht mich so glücklich, zu denken, dass ich Dich liebe – dass Du auf mich wartest – dass Du mich liebst«, schreibt die mexikanische Malerin Frida Kahlo 1939 aus Paris an ihren Geliebten in der Ferne, an Nickolas Muray. Die räumliche Distanz, die nach Verzicht schmeckt, steigert das Liebesgefühl bis ins fast Unerträgliche. Wie das Zitat zeigt, ist die Liebe, welche die Malerin für diesen Mann empfindet, fast identisch mit der Gewissheit, dass er sie ebenso liebt. Einen Menschen lieben – das ist erst Glück, wenn das Zusammenspiel von zwei Menschen annähernd eben diese Identität erreicht.

Der Beatles-Vers *happiness is a warm gun* meint zugleich das Strahlen dessen, der glücklich ist, und dessen, der Glück hat: Es ist ein und dieselbe Person. »Glück ist ein heißes Geschütz«, das erinnert in seiner phallischen Symbolik – der Penis als Glückskanone – an den Refrain eines anderen Beatles-Songs aus dem Flower-Power-Jahr 1967: *All you need is love.* Alles, was du brauchst, ist Liebe. Wer alles hat, was er braucht, ist glücklich. Daraus folgt: Liebe ist Glück.

Ariane Barths farbiger Glücksessay »Ein Hauch, ein Fluss, ein Schweben«, erschienen im SPIEGEL vom 28.12.1992, fragt in diesem Zusammenhang nach der Glücksbilanz der sogenannten Sexuellen Revolution, deren Leithymne ja das John-Lennon-Lied »Alles, was du brauchst, ist Liebe« gewesen ist – frei nach dem Motto *Make Love Not War.* Ariane Barth zitiert eine psychologische Studie, in deren Rahmen 3693 Männer und Frauen in festen Beziehungen befragt wurden. Demnach habe die Sexuelle Revolution nicht »den Big Bang gebracht«, so Barth, »aber Bedürfnisse geweckt und hohe Erwartungen beflügelt. So ersehnen achtzig Prozent der Frauen und 61 Prozent der Männer den ultimativen Super-Mega-Fick, ›dass ich vollkommen die Kontrolle über mich verliere‹.« Ganz im Sinne des Hollywoodfilms »Basic Instinct«, der um den »Jahrhundertfick« kreise. Dabei gehe es nicht zuletzt darum, eine Stoßwelle beflügelnder Botenstoffe, Endorphine, im Gehirn freizusetzen. Glück im Drogenrausch – Endorphine sind körpereigene Morphine, also Drogen. Ein Glück, das so rasch verfliegt, wie es gekommen ist. Sofern die »sexuelle Befreiung« nach 1967, eingeschlossen die anarchische Großfamilie der Kommune I, allzu heftige erotische Erwartungen genährt hat, war sie nicht gerade ein Glücksspender, eher ein Beitrag zum Frust als zur Lust.

Ernster zu nehmen ist dagegen, was der Münchner Hochschullehrer, Jesuit und Philosoph Michael Bordt, Jahrgang 1960, in einem Essay *Was in Krisen zählt. Die Antworten eines Jesuiten auf die Fragen, die wir uns jetzt stellen* (2009) schreibt: »Nur emotional glücklich zu sein oder glücklich zu werden ist kein sinnvolles Ziel. Wir Menschen wollen mehr vom Leben als nur Glücksgefühle. Wir wollen, dass unser Leben glückt und gelingt. Deswegen schlage ich vor, dass wir nicht mehr vom glücklichen Leben sprechen, sondern vom gelungenen oder eben vom geglückten Leben. Aber was führt zu einem gelungenen Leben? Ich bin davon überzeugt, dass es vor allem zwei Dinge sind, die unser Leben gelingen lassen: Lieben und sinnvoll tätig sein. Etwas weniger plakativ gesagt: Dass wir nicht nur oberflächliche Beziehungen zu anderen Menschen haben, sondern dass es Menschen gibt, die wir lieben, von denen wir geliebt werden und mit denen wir in tiefen persönlichen Freundschaften verbunden sind. Und dass wir in unserem Leben etwas tun, das für andere Menschen wertvoll und wichtig ist.«

Dabei dürfe es einem nicht um bestimmte »Eigenschaften« eines geliebten Menschen gehen, etwa seinen Witz oder seine gesellschaftliche Stellung, sondern »um die andere Person« als solche. »Wenn die Liebe eines Menschen zu mir echt ist, dann mag er mich nicht nur, solange und weil ich unterhaltsam und nützlich für ihn bin. Er liebt mich um meiner selbst willen. Es geht um mich als ganze Person, mit meinen Talenten und Schwächen, meinen Träumen und Macken, meiner Offenheit und Verschlossenheit.«

Aber ist Liebe nicht zuerst einmal ein Ereignis der sexuellen Lust? Und was hat das mit der »ganzen Person« des jeweiligen Liebespartners zu tun? Und die Lust – wurde sie nicht schon längst von Evolutionspsychologen und Hirnforschern als List der »egoistischen Gene« (Richard Dawkins) und simpler Effekt der »Botenstoffe« Dopamin und Serotonin enttarnt, ausgesandt zur Arterhaltung aufgrund bestimmter Sinnesreize vom Hypothalamus?

Dazu meint Richard David Precht, Jahrgang 1964, Wissenschaftsjournalist und Autor des philosophischen Bestsellers *Wer bin ich – und wenn ja, wie viele?* (2007) in seinem Buch *Liebe – Ein unordentliches Gefühl* (2009):

»Kein Hirnforscher und kein Biochemiker vermag klar und eindeutig zu sagen, wie die Lust auf Sex entsteht. So bekannt die Rezeptoren, Hormone und Botenstoffe im Gehirn auch sein mögen – ihr Zusammenspiel gibt bis heute viele Rätsel auf. Wäre die Sache so klar, wie manche populäre Bücher es behaupten, so hätte die Industrie längst ein universelles Mittel auf den Markt gebracht, das jeden Menschen in Sekundenschnelle in sexuelle Erregung versetzt.« Nein, sagt Precht: »Die Formel unserer Lust ist noch nicht gefunden.« Was er auch nicht weiter überraschend findet, denn: An der Lust und dann auch am Sex, auf den sie Appetit macht oder durch den sie entsteht, sind mehrere Sinne und »Ich-Zustände« (die Hirnforschung kennt davon mindestens sieben, vom »Körper-Ich« bis zum »moralischen Ich«) in wechselnden Konstellationen beteiligt. »Ein Mensch kann uns anziehen, weil er körperlich attraktiv ist, weil er sich elegant und geschmeidig bewegt, weil er eine schöne wohlklingende Stimme hat, weil er für uns verführerisch duftet. Aber auch aus ganz anderen Gründen. Zum Beispiel weil er Macht hat, berühmt ist oder von vielen anderen bewundert wird«, schreibt Precht. »In jedem Fall sind zum Teil völlig unterschiedliche Hirnareale aktiv, die die Reize aufnehmen und verarbeiten. Außerdem kommt es bei der Lust neben der Attraktion auch auf die Situation an. Mein Hormonspiegel und meine Aufmerksamkeit für das andere Geschlecht sind nicht immer gleich.«

Bei Frauen steuert der *Nucleus ventromedialis* die sexuelle Lust, bei Männern der *Nucleus präopticus medialis*. Was bei derlei Funktionsanalysen völlig untergeht, würdigt Precht in aller Ausführlichkeit: die Bedeutung unterschiedlicher Kulturen für das sexuelle Rollenverhalten, für die Neigung und Fähigkeit,»mit unserer eigenen Psyche zu spielen«; und die Wichtigkeit»der ganz persönlichen sinnlichen und gedanklichen Spannung zwischen zwei Menschen«. Precht resümiert:»Das positiv gespiegelte Selbstbild ist unser wichtigstes Lebenselexier, und die Selbstbestätigung in der Lust und im Blick des anderen sein begehrtes Aroma. Was für die Sexualität gilt, gilt erst recht für unsere Liebe: Worauf es uns tagtäglich ankommt, ist das Bild, das ein ganz besonderer Mensch von uns hat.«

Bei diesem Bild steht mehr auf dem Spiel als der gute Eindruck oder der schöne Schein. Es erwächst aus einem Prozess der Empathie, zu dem die seelische Kraft und die Bereitschaft gehören, dass wir uns in einen anderen Menschen emotional und gedanklich hineinversetzen und auf diese Weise zu uns selbst zurückfinden. Schmerzliche Paradoxie: Gerade die so sich »bildende« Tiefe einer Liebesbeziehung, die wachsende wechselseitige Vertrautheit und das irgendwann fast unerschütterliche Vertrauen, also ein wirklich beglückender Zustand, enthält in sich die Verführung zum Liebesverrat:

zum Seitensprung, der dem Partner wehtut, ja großes Unglück bedeuten kann.

»Der stärkste Reiz des Fremdgehens bei Frauen und Männern dürfte weder die Suche nach optimalen Genen sein noch ein ungezügelter Vermehrungsdrang«, meint Precht. »Es ist die Suche nach einem frischen neuen Bild von sich selbst, aufregender, verführerischer und attraktiver als das, was uns der Partner einer Langzeitbeziehung nach Jahren der größtmöglichen Vertrautheit noch zugesteht. So wie Menschen sich über unverdiente oder zumindest zweifelhafte Komplimente stets mehr freuen als über unzweifelhaft verdiente – so schmeichelt uns der unwissende fremde Blick oft mehr als der wissende vertraute.« Je weniger »Schillerndes« wir am vertrauten Partner wahrnehmen, desto »höher steigt das Risiko des Fremdgehens«. Am Vollzug hindern uns dann allenfalls noch das moralische Ich, eine gesellschaftliche Norm oder der Mangel an Gelegenheit.

Ebenjene das Selbstbild stärkende Fähigkeit zur Selbsthingabe an den anderen, die eine Liebesbeziehung vertieft und so aufregend macht, ist die Bedingung dafür, dass es möglich ist, ebendiese Liebesbeziehung zu zerstören. Das heißt: Was eine Liebe zur »großen Liebe« erhebt, birgt auch die Gefahr des krachenden Absturzes. Erst derjenige, dem es gelingt, den ersten wuchtigen Empathieschub der Verliebtheit, der erfahrungsgemäß kaum länger als drei Jahre dauert, hinüberzuretten in ein kontinuierliches Wechselspiel des Bild-Gebens und Bild-Nehmens, erst dieser Glückliche hat es geschafft, echtes, nachhaltiges »Glück in der Liebe« zu erleben.

Das Ich erreicht nur über das andere Ich, das Du, ein einigermaßen strapazierfähiges positives Selbstbild. Davon handelt auch die Philosophie des französischen Denkers Emmanuel Levinas (1905 bis 1995). Er sagt, die »Weisheit der Liebe« sei in Wahrheit das Wesen der Philosophie, nicht die viel beschworene »Liebe zur Weisheit«. Weisheit der Liebe, das meint: Selbstfindung durch Selbstaufgabe an den anderen. Sie ist gewiss das Wesen der Philosophie, wenn wir Philosophie als Lebenslehre, als Ethik definieren. Levinas, der aus Litauen stammt und mehrere Familienangehörige in deutschen Konzentrationslagern verloren hat, lehrt eine Ethik, die gerade in Zeiten höchster Bedrängnis hilfreich sein kann – etwa der Gefangenschaft in einem Terrorlager wie jenen der Nazis. Er ersetzt die Bild-Metapher durch die Metapher des Gesichts: Dem einsamen Häftling kann das »Antlitz des Anderen«, eines Mitgefangenen oder Aufsehers oder Besuchers, das Fenster in eine freiere Welt öffnen, insofern ein kleines, tröstendes Glück bescheren. Generell ist das »Antlitz des Anderen« mindestens so konstitutiv für mein Selbst wie das Bild, das ich von mir habe, wenn ich mich als autonomes Subjekt denke. Levinas lehrt, unsere Beziehung zum anderen sei substanziell für unser Selbst und im Übrigen das einzige Weltverhältnis, das sich nicht verdinglichen lasse und auch nicht verdinglicht werden dürfe. Eine Dimension, die er bei Kants Vernunftkritik und Bewusstseins-Vermessung vermisst, die grundsätzlich vom Bewusstsein an sich, also vom vereinzelt vorgestellten Geist handelt.

Das unermessliche, unheimliche, unergründliche, aus einem eigenen Bezug zum Unendlichen auf uns zukommende »Antlitz des Anderen« sei es, das uns zurufe: »Du sollst nicht töten!« Du sollst dich vielmehr des anderen annehmen, du sollst ihn lieben, denn er ist insofern dein besseres Selbst, als er es ist, der dich dir selbst zeigt; und der dich verführt, dich selbst – in der Sorge um ihn – zu transzendieren, ins tendenziell Unendliche zu überschreiten. Erst diese freimütige Selbsttranszendenz ohne jede Nebenabsicht ist das wahre Glück – im Unterschied zu jenen zielsicher inszenierten Glückserlebnissen, die allenfalls der Triebabfuhr dienen und eigentlich nur trostlose »Egotrips« sind.

Kaum mehr als simple Triebabfuhr wäre auch eine geschlechtliche Liebe, die – nach Sigmund Freud – lediglich die frühkindliche Mutterbindung im Stadium des Erwachsenseins nacherlebt. Wahre Selbsttranszendenz ist das nicht, eher eine Art von Selbsttherapie. Das heißt: Wer Liebe als Egobeglückung, Egobefriedigung, Egobestätigung und Egosteigerung versteht, der versteht die Liebe nicht; und wird niemals in einer Liebesbeziehung glücklich werden.

Für den Soziologen Niklas Luhmann (1927 bis 1998), der in seiner originellen Vorlesung über »Liebe als Passion« (sie erschien 1982 in Buchform) die Liebe als soziales »System« analysiert hat, ist die Liebe letztlich Egobestätigung. Die moderne Liebe sei weniger ein Gefühl als ein bürgerlicher »Code« der Intimität, der ein ganzes System von Versprechungen und Erwartungen enthalte. Mit dem Satz »ich liebe dich« verspreche ein Subjekt zum Beispiel, dass es sein Gefühl zum anderen für zuverlässig halte. Das Liebesversprechen gebe dem Menschen die Möglichkeit, sich als etwas Besonderes zu fühlen, das heißt als geliebtes Individuum. In dieser Bestätigung erlebe sich der Einzelne als ein wertvolles Ganzes.

Und das macht ihn glücklich. Denn der einzelne Mensch wird in der modernen Industriegesellschaft in lauter Einzelfunktionen aufgeteilt: hier der Familienvater oder die Mutter, dort der (die) Büroangestellte, der sich wiederum aufteilt in Autofahrer, Sportfan, Clubmitglied, Wähler, Steuerzahler, Internetfreak. Auf all diesen Schauplätzen spielt das Individuum eine bestimmte, jeweils andere Rolle, je nach den Erwartungen, denen es entsprechen muss oder möchte. Was in all diesen sozialen Systemen nicht zählt, ist der Einzelne als solcher.

All diese Einzelnen summieren sich zur Masse der Konsumenten, Arbeitssuchenden, Staatsbürger und so fort. Als ganzes, unzerteiltes Individuum wird der Mensch der Moderne nur noch in der Liebe bestätigt. Das Bild, das sich der Liebende vom Geliebten macht, entrückt diesen der Masse Mensch und der normalen Betrachtungsweise, und das spielt jedem der beiden die unwahrscheinliche Chance zu, »im Glück des anderen sein eigenes Glück zu finden«. Die Liebenden sind füreinander zwar nicht alles, wie der viel zitierte Liebesschwur suggeriert, aber sie lassen sich wechselseitig frei in ihre jeweilige Ganzheit, genauer: in ihr Ganz-Sein-Können.

Ausgerechnet der zerbrechliche »Code« der Liebesbeziehung ist es also, der das in einer hoch spezialisierten Gesellschaft mehr oder weniger vergeblich um Orientierung ringende Individuum stabilisieren soll. Eine Überforderung der Liebe?

So plausibel Luhmanns »System«-Theorie sein mag, in Bezug auf die Liebe übersieht sie etwas Entscheidendes: Wer sein Selbst bewusst nur transzendiert, um es vom Selbst des anderen gleichsam gesättigt zurückzuerhalten, der verfehlt ganz bestimmt, was Liebe so beglückend machen kann. Zum Liebeserlebnis gehört wesentlich die scheinbar grundlose, unverdiente, berechnungsfreie, offenherzige Hingabe im Selbstbezug zu einem anderen Menschen. Sie darf nicht Kalkül sein, auf keinen sozialen Vorteil, kein besseres Selbstgefühl bedacht sein. Der wirklich Liebende geht voll auf Risiko, und dabei riskiert er eben auch, sich zu verlieren und in einer asymmetrischen Verbindung regelrecht unterzugehen wie Goethes leidender Werther. In den Worten Herrmann Hesses bedeutet das Glück der Liebe: »sich wegwerfen können für einen Augenblick, Jahre opfern können für das Lächeln einer Frau« (oder eines Mannes).

Die Liebe frei nach Luhmann als zweckmäßige Mechanik der Ichstabilisation zu benutzen, das heißt im Grunde: Liebe simulieren. Wer die Bestätigung durch andere sucht, weil er innerlich unsicher und mit sich selbst unzufrieden ist, der wird echte Bestätigung auch niemals finden können. Der andere, der mich liebenswürdig finden soll, schafft dies auf Dauer nicht, wenn ich mich selbst nicht liebenswürdig finde. Freilich: Der andere kann anhand der Intensität, mit der ich auf ihn zugehe und reagiere, meine Liebenswürdigkeit sehen. Das reicht zwar nicht für eine anhaltende Liebesbeziehung, kann aber ihr Anfang sein – sofern ich es schaffe, mich selbst in dieser Beziehung stärker zu bejahen.

Nicht selten ist das Liebesglück konserviert als Erinnerung an lange vergangenes Glück, und hierbei sind Freude und Schmerz eigentümlich untrennbar vermischt. Eines der anrührendsten Liebesdramen der Wissenschaftsgeschichte ist die lebenslängliche Verbundenheit des Mediziners und Zoologen Ernst Haeckel (1834 bis 1919), der an der Universität Jena lehrte, zu seiner Cousine Anna Sethe. Die ungewöhnlich glückliche Ehe Haeckels mit Anna Sethe fand schon nach 18 Monaten mit Annas Tod ein jähes Ende – am dreißigsten Geburtstag des Gelehrten, der die Evolutionstheorie von Charles Darwin in deutschen Landen verbreitet und mit eigenen Forschungsarbeiten vertieft hat. Anna starb wahrscheinlich an einem geplatzten Blinddarm. Haeckel war untröstlich und trug sich wiederholt mit Selbstmordgedanken. Er sprach von seinem »unabänderlichen Elend«, von dem er nicht wisse, wie er es »auf die Dauer tragen« könne.

Bei einem Spaziergang am Mittelmeer, in Nizza, entdeckte er eine seltene Qualle, die aussah wie ein großer Pilz mit langem Prophetenbart. Die haarähnlichen Tentikel des Tiers erinnerten ihn an die Haare seiner Anna. Er gab dieser Quallenart den Namen »Desmonema annasethe«. Als er die Meduse, die er wie andere Quallen, Korallen, Muscheln und Schnecken liebevoll zeichnete, 25 Jahre später in der Bildmappe »Kunstformen der Natur« mit einer neuen, noch detaillierteren Darstellung präsentierte, schrieb er im Begleittext: »Der Speziesname dieser prachtvollen Discomeduse – einer der schönsten und interessantesten unter allen Medusen – verewigt die Erinnerung an Anna Sethe, die hochbegabte feinsinnige Frau, welcher der Verfasser dieses Tafelwerks die glücklichsten Jahre seines Lebens verdankt.«

Seine zweite Frau Agnes, mit der er zu dieser Zeit schon lange verheiratet ist und drei Kinder hat, musste auf eine solche Huldigung vergeblich warten.

Symptomatisch für die Verbindung von Glück und Liebe ist auch der folgende Kinderstreich: Mika, 6, übernachtet bei seiner Spielgefährtin Annabell, 5. Sie erzählen sich Urlaubserlebnisse, unter anderem aus dem italienischen Süden. Mikas Schwester Anna-Lena, 7, ist mit von der Partie. Sie kommen auf eine romantische Idee: Mika und Annabell heiraten, und zwar da, wo es warm ist: in Afrika. Anna-Lena soll Trauzeugin sein. Frühmorgens packen sie ein paar Sachen zusammen, die Sonnenbrillen sind auch im Gepäck, und auf geht's zum Flughafen, die Eltern schlafen ja noch. Doch schon am Hauptbahnhof Hannover ist das große Abenteuer zu Ende: Ein Polizist greift sie auf. Er fragt, wohin sie denn wollten. Mika: »Nach Afrika. Heiraten. Weil's da schön warm ist.« So geschehen im eiskalten Winter 2008/2009.

Das Glück und sein Wetter: Warm muss es sein, irgendwie weit weg, und mit Liebe soll es auch zu tun haben.

Glück und Unglück als Schicksal

Glück gehabt – schon diese Redewendung unterstellt: Glück ist nicht planbar, es überkommt einen wie der Sonnenschein, man kann nichts dafür, Schicksal eben. So wie das Gegenteil: das Unglück, das selten »allein kommt« (eben: kommt!). Schicksal ist etwas, das wir nicht »in der Hand« haben – weder was den Zeitpunkt noch die Umstände, noch die nicht beabsichtigten Folgen betrifft.

Auch er wusste nicht, was er tat: Der US-amerikanische Filmschauspieler James Dean ist stolz auf seinen neuen Porsche und fährt bei der bildhübschen jungen Kollegin Ursula Andress vorbei, dem Fräuleinwunder aus der Schweiz, das später, als schaumgeborene Nixe aus dem Meer steigend, Ruhm in einem James-Bond-Thriller ernten durfte. Dean, 24 Jahre alt, ist gerade gefeiert worden für seine Rolle in dem Hollywoodfilm »Jenseits von Eden« (der Kinostart von »Denn sie wissen nicht, was sie tun« steht unmittelbar bevor). Er möchte, dass die Schöne, der er schon mal einen Heiratsantrag gemacht hat, ihn am nächsten Tag zu einem Autorennen nach Salinas, Kalifornien, begleitet. Er will dort selbst starten. Es ist der sonnige 29. September 1955.

Um ein Haar wäre Ursula Andress mitgefahren. Aber da steht, »wie der Zufall spielte« (so die James-Dean-Biografen Joe und Jay Hyams), plötzlich ein Mann vor ihrer Haustür: der Schauspieler John Derek, in den sie seit Längerem verliebt ist. Dean braust, eifersüchtig und verärgert, davon. Das Jugendidol James Dean, der unverschämt gut aussehende

Kinoheld, der bisexuelle Mädchenschwarm, die Personifikation von Lässigkeit, Leidenschaft, Melancholie und pubertärem Eigensinn – und sie gibt ihm einen Korb.

Am Tag darauf rast er los und fährt gegen 18 Uhr auf eine Kreuzung zu. Von vorn kommt ein großer Ford, der über seine Spur hinweg abbiegen will, ohne dass der Fahrer auf den Gegenverkehr achtet. »Der Kerl muss doch stehen bleiben«, schreit James Dean hinüber zu seinem Beifahrer, einem Mechaniker der Firma Porsche. Er bleibt aber nicht stehen, die Fahrzeuge knallen ineinander, James Dean wird beinahe geköpft (»Genickbruch«), sein Beifahrer überlebt trotz schwerer Verletzungen.

Eine Woche vorher hatte Autonarr Dean in einem Restaurant den britischen Schauspieler Alec Guinness getroffen und ihm stolz sein neues Geschoss gezeigt. Nachdem Dean ihm die brillanten Fahreigenschaften des Sportwagens erläutert hat, findet Guinness, das Auto sehe beinahe bösartig aus, und sagt: »Bitte steigen Sie niemals hinein. Wir haben heute Freitag, den 23. September, und jetzt ist es genau 22 Uhr. Wenn Sie in diesen Wagen steigen, werden Sie innerhalb einer Woche damit tödlich verunglückt sein.« Danach gehen sie essen.

Alec Guinness hat Deans Tod exakt vorhergesagt. Was hat ihn dazu befähigt? Eine innere Stimme, ein geheimnisvoller Sensus für Schicksalhaftes? War es bloß Zufall?

Als Ursula Andress bei einer TV-Sendung im Juni 2005 ihre Version der unglaublichen Story erzählt, wird sehr rasch deutlich: Jener Spätsommer vor einem halben Jahrhundert ist für sie mehr als ein wichtiger Teil ihrer Biografie, es stand alles auf dem Spiel, und ein unwahrscheinlicher Glücksfall hat ihr das Leben gerettet. Dass John Derek genau im entscheidenden Augenblick erschien, macht aus ihm einen Engel. Ob Dean auch mit ihr an der Seite in den Tod gerast wäre, weiß man nicht. Vielleicht hätte sie, um Wasser zu lassen, eine Unterbrechung erzwungen, die Zeit gekostet hätte, jene Zeit, in der jener große Ford abgebogen wäre, ohne den Porsche rammen zu können. Trotzdem gilt: Der Tag, an dem James Dean ohne Ursula Andress in den Tod fuhr, war für sie (wie für ihn) ein »Schicksalstag«. Anders kann ein solcher Tag kaum bezeichnet werden, obwohl nicht ganz klar ist, was es meint, dieses waldhonigschwere Wort »Schicksal«.

Der Philosoph Martin Heidegger nennt es in seinen Hölderlin-Vorlesungen 1934/35 »dieses wesentlich deutsche Wort«.

Das »gewaltige«, »ewige Schicksal«, das Goethe an die Seite der »allmächtigen Zeit« rückt: Es wird von den Menschen seit Jahrhunderten beschworen – von den Deutschsprechenden in der Form »Schicksel« (das durch die Vorsehung Geschickte) seit dem 17. Jahrhundert, dem Jahrhundert des Dreißigjährigen Krieges.

»Das ist eben Schicksal«: So kommt es bis heute fast jedermann leicht über die Lippen, wenn etwas anscheinend Unabänderliches, Zwingendes und zugleich Wichtiges geschieht, ohne dass er es wesentlich beeinflussen kann – sei es eine Naturkatastrophe, ein schrecklicher Unfall, ein terroristischer Anschlag, eine historische Wende oder der Ausbruch einer unheilbaren Krankheit, der Verlust eines geliebten Menschen oder urplötzliche, unverschuldete Arbeitslosigkeit. Auch eine neue Liebe, das Glück, um Haaresbreite vor dem Sturz in die Schlucht bewahrt worden zu sein, das Glück, einen im Krieg verloren Geglaubten plötzlich wieder zu treffen, das Glück, da heftiges seelisches Glück zu empfinden, wo man eher Grau-in-Grau erwartet hat, oder der innere Zwang einer Obsession – all dies wird »schicksalhaft« genannt.

Kein Zweifel: Das große, leicht überstrapazierte Wort »Schicksal« schillert und riecht nach Denkfaulheit. Ist es noch zeitgemäß? Der aufgeklärte Nutzer einer Computerkultur, die weltweit alles in Zahlen, Tabellen und Internet-Dossiers erfasst und damit scheinbar beherrscht, kann dem Dramatiker Franz Grillparzer nicht mehr folgen, wenn der dem »Schicksal« attestiert: Seines »Donnerwagens Lauf hält kein sterblich Wesen auf«.

Ist nicht alles Zufall, was sentimentalere Menschen »Schicksal« nennen? Ist nicht die Natur, und dazu gehören auch die menschliche Psyche und das Weltall, längst zum Gegenstand maschinengestützter Großforschung erkaltet, weshalb sie als Träger alter Schicksalsgedanken einfach ausfällt? Und der Rest wäre dann halbseidene Esoterik, lächerlich wie ein Horoskop, das – so die *Bild*-Zeitung am 12. Dezember 2006 – etwa einem Wassermann unter der Rubrik »Liebe« den sensationellen Rat gibt: »Sie brauchen heute mal etwas mehr Zeit für sich«?

Wenn nicht alles täuscht, so erlebt das Wort »Schicksal« trotz solcher Bedenken eine erstaunliche Renaissance. Umfragewerte, im Auftrag des SPIEGEL von TNS Infratest in der dritten Dezemberwoche 2006 ermittelt, besagen: Sehr viele Deutsche, immerhin 52 Prozent der Erwachsenen, glauben, dass immer oder manchmal eine höhere Macht ihr Leben beeinflusst; von diesen wiederum denken 32 Prozent dabei an die Macht des »Schicksals«, 10 Prozent nennen sie lieber »Zufall«. 52 Prozent – von den Ostdeutschen nur 37 – geben dieser höheren Macht den Namen »Gott«.

Darf man viele Millionen Mitbürger, mehr als die Hälfte der deutschen Bevölkerung – bei den 18 bis 29 Jahre jungen sind es sogar 55 Prozent –, wegen ihres Glaubens an eine höhere Macht in Bausch und Bogen als irrational oder unaufgeklärt abwerten? Wohl kaum.

Erst recht nicht, wenn diese Zahlen im Kontext kultureller Auffälligkeiten betrachtet werden: TV-Verfilmungen schicksalhafter Geschichtsdramen – Bombeninferno über Dresden, Flutkatastrophe in Hamburg, Untergang des Segelschulschiffs »Pamir«, Untergang Pompejis – erzielen Traumquoten. Der Bestsellerautor und Thomas-Mann-Preisträger Günter de Bruyn, Jahrgang 1926, gibt seinem Großwerk über die deutsche Hauptstadtkultur um 1800 (*Als Poesie gut*) den Untertitel *Schicksale aus Berlins Kunstepoche*. Grimme-Preisträger Jan N. Lorenzen untertitelt sein neues Buch über *Die großen Schlachten* mit der Trias *Mythen, Menschen, Schicksale*. Zwei Beispiele einer üppigen Schicksalsbuchproduktion allein aus dem Jahr 2006. Seither kommen jedes Jahr neue, ähnliche Bücher hinzu, die das Leben in seiner großformatigen Unverfügbarkeit monumentalisieren.

Neben dieser allgegenwärtigen Ästhetik der Furcht, des Zitterns und Leidens ist das Schicksal – kleinformatiger – auch im Alltag omnipräsent wie lange nicht: Hand- und Kartenlesen, Zeitschriftenhoroskope, Zukunftsprognosen – am häufigsten zum Klima und der Wirtschaft – verheißen Schrecken und Freude. Und selbst simple Hoffnungsspender wie Hufeisen, Amulette, Maskottchen, Marienkäfer, Glückspfennige, Glücksschweine, Kleeblätter sind beliebt wie lange nicht. Die Hamburger Wochenzeitung *Die Zeit*, das Flaggschiff bedenklicher Aufgeklärtheit, titelte unlängst über das Thema Schicksal »Die Macht der Sterne«.

Große Ereignisse der Historie und Zeitgeschichte sind es vor allem, die, allen sozialwissenschaftlichen und ökonomischen Ursachenanalysen zum Trotz, als mysteriös schicksalhaft empfunden und etikettiert werden. Das passt zu jener Abwendung des Zeitgeistes von der fortschreitenden Verwissenschaftlichung der Welt, die in den achtziger Jahren als »Postmoderne« diskutiert wurde und bis heute nachwirkt.

Ein beliebtes Muster dafür, ein erschütternd Unabänderliches schicksalhaft zu deuten, ist die Wendung vom Tag, der »alles« verändert hat, nach dem »nichts mehr so ist, wie es war«. Tage, die solche Schicksalsformulierungen provoziert haben, bietet die Geschichte reichlich: etwa den 18. Oktober 1813, als sächsische Soldaten überraschend die Seite wechseln und so Napoleons Niederlage in der Völkerschlacht bei Leipzig einleiten; Historikern zufolge ist dies die Geburtsstunde des deutschen Patriotismus gewesen. Oder der 9. November 1989, als die Berliner Mauer sich plötzlich öffnet und Bürger, die sich nie zuvor gesehen haben, weinend in die Arme fallen.

Ein denkwürdiger Tag der Tage, der noch nicht so weit zurückliegt, bebt bis heute besonders heftig nach: der 11. September 2001, jener sonnige Morgen, an dem zwei entführte Passagierflugzeuge sich in das New Yorker World Trade Center bombten, ein weiteres ins Pentagon stürzte und noch eines bei Pittsburgh auf einem Feld zerschellte. Die vierfache Katastrophe, bei der etwa 3000 Menschen starben, war von islamistischen Terroristen inszeniert, insofern relativ klar zuzuordnen und damit kein klassischer Schicksalsschlag. Als schicksalhafte Überwältigung haben sie aber viele Betroffene erlebt: Passagiere und deren Angehörige, Feuerwehrleute, Büroangestellte, Passanten, Touristen, Journalisten.

Deren Erzählungen schockierten den Rest der Welt kaum weniger als die unglaublichen Fernsehbilder von den brennenden Türmen, aus denen Menschen in den Tod sprangen und dabei wie Puppen oder Stuntmen in einem brutalen Thriller wirkten.

Als schicksalhaft im tragischen Sinn empfinden diesen Tag zum Beispiel die Freunde von John O'Neill, dem langjährigen Anti-Terror-Chef der amerikanischen Bundeskriminalpolizei FBI. Lange vor dem 11. September 2001 hat er Flugzeugattentate der islamistischen Terroristen um Osama Bin Laden für wahrscheinlich gehalten und schon etliche einschlägige Spuren erfolgreich gesichert, ohne angemessen Gehör gefunden zu haben. Und er ist gerade mal 19 Tage in seinem neuen Amt als Sicherheitschef des World Trade Center tätig. Sein Büro liegt im 34. Stock; kurz bevor die Türme zusammenbrechen, kann er noch auf die Straße rennen und seiner Freundin übers Handy sagen, wie sehr er sie liebe. Dann läuft er, wohl um zu helfen, zu den Hochhäusern zurück und stirbt in den giftigen, brennenden Trümmern. Ausgerechnet den Propheten selbst ereilt das Schicksal in der Gestalt des von ihm Vorhergesagten. Ausgerechnet …

Ausgerechnet am Tag der Katastrophe hat der Ehemann der Anwältin Barbara Olson Geburtstag. Um mit ihm frühstücken zu können, verschiebt sie einen nach Los Angeles geplanten Flug um 24 Stunden. Nur deshalb gerät sie in die Maschine, die dann auf einen Flügel des Pentagon stürzt.

Howard Lutnick, Chef der Handelsfirma Cantor Fitzgerald, hält sich am selben Vormittag ausnahmsweise nicht im Nordturm des World Trade Center auf, weil er seinen Sohn zum ersten Vorschultag begleitet. Es gibt ein Foto, das ihn bei dieser Gelegenheit mit seinem fünfjährigen Sprössling zeigt. Ein Glücksbild – 658 Mitarbeiter der Firma Cantor, darunter ein jüngerer Bruder des Chefs, werden, während dieses Bild entsteht, zusammen mit 91 Passagieren verbrannt, erstickt, zermalmt, als die American-Airlines-Maschine mit 30 000 Liter Kerosin im Tank den Nordturm des Handelszentrums durchbohrt.

Lutnick fragte sich danach immer wieder: »Habe ich Glück gehabt? Oder ist es eher Schicksal?« Es war schicksalhaftes Glück.

Ein gutes Jahr nach dem 11. September 2001, im Oktober 2002, tanzen zwei deutsche Schwestern, Isabel, 24, und Valerie von Jordan, 21, im Sari-Club in Kuta auf Bali. Wenig später explodiert in ebendieser Discothek eine Bombe und reißt 200 meist jugendliche Menschen in den Tod. Muslimische Terroristen haben sie gezündet. Isabel und Valerie sind geschockt und erleichtert zugleich: Glück gehabt. Die ohnehin geplante Weiterreise nach Australien erscheint ihnen jetzt, so sagen sie, wie der Beginn eines »neuen Lebens«.

Zehn Tage später besuchen die jungen Frauen den nordaustralischen Kakadu-Nationalpark. Sie campen mit einer Reisegruppe nicht weit von einem Fluss. Es ist Vollmond und schwülwarm. Isabel geht noch einmal schwimmen. Plötzlich ist sie verschwunden. Ein Krokodil hat sie geschnappt, unter Wasser gezogen und ertränkt. Als man das Tier zwei Tage später findet, hält es die weitgehend unversehrte Leiche noch im Maul.

Tollkühne Galoppaden durch die bayerische Landschaft hatte die blonde Isabel, der kluge Spross einer wohlhabenden Familie, ebenso heil überstanden wie etliche Abenteuerreisen und gerade erst die Bombennacht auf Bali – und dann dieses. Doch das Schicksal ist keine Unheilsgarantie. Auch serielles Glück wirkt vorbestimmt: Der New Yorker Biophysiker Jorge Falus hat drei Katastrophen überlebt: ein Erdbeben in Mexico City 1985, währenddessen er sich in dem einzigen Haus aufhält, das von einem großen Häuserblock unversehrt bleibt – es reißt weit über 9000 Menschen in den Tod; den Terroranschlag auf das New Yorker World Trade Center 2001, den er in einem Gebäude direkt neben den Twin Towers überlebt; schließlich den Tsunami in Thailand im Dezember 2004, wo er sich aus einem schwimmenden Jeep befreien und in den ersten Stock eines Hotels klettern kann. Der berühmt gewordene »Un-Glückspilz« *(View)* zitiert seine Freunde: »Gib uns Bescheid«, sagen sie zu ihm, »wo du hinreist. Dann fahren wir in die Gegenrichtung.«

An einem sonnigen Mittag, es ist der 22. November 1963 im texanischen Dallas, wird US-Präsident John F. Kennedy, unterwegs in einem Straßenkreuzer mit offenem Verdeck, aus dem Hinterhalt erschossen. Der für einen Mann in diesem Amt mit 46 Jahren vergleichsweise junge »Jack«, wie ihn die Amerikaner nennen, gilt damals trotz einiger Affären und Misserfolge als Bannerträger einer »neuen, von kühnen Hoffnungen erfüllten Ära« der Geschichte, wie Willy Brandt kurz nach dem Attentat sagt. Noch in der Nacht zum 23. November versammeln sich spontan rund 60000 Berliner zu einem Fackelzug, um den Ermordeten zu ehren.

Der Schicksalsmythos der Familie Kennedy ist oft mit dem Hof des sagenhaften König Artus verglichen worden. Er beginnt lange vor dem Attentat, zugleich erhält er immer neue Nahrung: Zwanzig Jahre vor seiner Ermordung befehligt John F. Kennedy im Pazifik ein Schnellboot der US-Marine. Sein Boot wird von Japanern gerammt und versinkt, doch er kann sich auf eine winzige Insel retten. Eingeborene entdecken ihn und seine Kameraden und bringen sie in Sicherheit. Als Präsident lädt Kennedy einige der Insulaner zum Dank ins Weiße Haus ein. Gerade als sie die wichtigste Reise ihres Lebens antreten und nach Washington fliegen wollen, hören sie im Radio die Nachricht vom Mord an ihrem Gastgeber.

Fünf Jahre nach John F. wird sein Bruder Robert, in Johns Kabinett Justizminister und inzwischen selbst auf dem Sprung ins Präsidentenamt, in Los Angeles erschossen. Roberts Schwester Kathleen und seine Schwiegereltern starben vorher bei Flugzeugabstürzen. Johns einziger Sohn, der strahlende, 38-jährige Verleger und Jurist John F. Kennedy Jr., genannt John-John, der nette Junge, der unter Vaters Präsidentenschreibtisch spielte: Er steuert im Juli 1999 ein kleines Privatflugzeug, in dem auch seine Frau und seine Schwägerin sitzen, in den Tod.

Die Maschine stürzt fast in Sichtweite des Ortes Chappaquiddick ab. Dort war dreißig Jahre zuvor, nach einer wüsten Party, im Auto seines Onkels Edward, genannt Teddy, eine junge Frau ertrunken, die nicht dessen eigene war. Senator Teddy hatte sich erst viele Stunden nach dem Unfall bei der Polizei gemeldet. Der Skandal hat wohl den weiteren Aufstieg von Teddy verhindert.

Vom »Fluch«, der auf der Familie Kennedy laste, hörte man weltweit nicht erst bei dieser Gelegenheit. Den Fluch veredelte aber stets auch ein gewisser Glanz, das Filmische all dieser tragischen Kennedy-Ereignisse, bis hin zum Geburtstagsständchen, das Marilyn Monroe ihrem Geliebten John F.

öffentlich so darbrachte, dass kaum noch Zweifel blieben an der Liaison der beiden. Wenig später nahm sich der Filmstar das Leben.

In dieser Jahrhundert-Familie scheint tatsächlich »jeder Schicksalsschlag einem finsteren Drehbuch zu entstammen«, wie Robert von Rimscha in seinem Buch *Die* Kennedys – *Glanz und Tragik des amerikanischen Traums* (2004) formuliert. Was haben die Tode von James Dean, der Familie Kennedy, von John O'Neill und den anderen 9/11-Opfern und von Isabel gemeinsam? Wieso wird John F. Kennedys Ermordung als schicksalhaft empfunden, nicht aber die Tatsache, dass sein Mörder, der 24-jährige Lee Harvey Oswald, bald nach der Tat selbst erschossen wurde? Wieso haben die Menschen mit Isabel mehr Mitgefühl als mit irgendeinem anderen Unfallopfer?

In allen genannten Fällen handelt es sich um besondere Umstände, um den jähen, meist absurden Wechsel von Höhenflug und Fall, Glanz und Elend, Glück und Unglück. Oswald war nie oben und fiel darum auch nicht besonders tief: kein Schicksal.

Wie gesagt: »Ein Unglück kommt selten allein«. Und wenn das zweite kommt, erlebt der Mensch dies schon als Fügung. Der Schicksalsbegriff funktioniert am besten bei einer Kette von Vorfällen, wobei jeder einzelne durchaus nach dem Gesetz von Ursache und Wirkung erklärbar sein kann; erst die Verquickung der Vorfälle bekommt, im Rückblick der Überlebenden oder anderer Beobachter, am Ende einen magischen, tragischen, irgendwie verrückten Sinn.

So verhält es sich auch in »Babel« (2006), dem Film des Mexikaners Alejandro Gonzáles Iñárritu: Der Schuss, den der halbwüchsige Sohn eines marokkanischen Bauern aus Spaß auf einen Reisebus abfeuert, setzt alles in Bewegung. Er verletzt die schöne Amerikanerin (gespielt von Cate Blanchett), deren Kinder daheim von der Kinderfrau auf eine Hochzeit nach Mexiko mitgenommen werden, von wo der betrunkene Neffe diese Kinder zurück nach Kalifornien fährt, bis die Grenzpolizei … und das Gewehr des Todesschützen, das in Japan … und so fort. Der Film erzählt Episoden aus vier Welten auf drei Kontinenten so suggestiv, dass aus lauter scheinbaren Zufällen ein geheimnisvolles Ganzes entsteht: ein Schicksalsgewebe.

Göttliche Lenkung kann der Betrachter solcher Ereignisketten nur unterstellen, wenn er religiös gefestigt ist. Wer dies nicht ist, neigt vielleicht zu Verschwörungstheorien: Das Knüpfen verborgener Schicksalsfäden auch über größere Raum- und Zeitabstände hinweg, nach alter Sage das Handwerk weiblicher Nornen oder Parzen, wird gern von Menschen registriert, die unter Zwangsvorstellungen leiden. Aber das erklärt nicht alles. Auch der skeptische, nervlich unauffällige Zeitgenosse wehrt sich aus gutem Grund gegen das banale Siegel Zufall, wenn er mit unerhörten Ereignisketten konfrontiert wird, zumal solchen mit interessanten Zeitgenossen.

Goethe – kein Mystiker – hat die Begriffe »Zufall« und »Schicksal« klar unterschieden. In *Wilhelm Meisters Lehrjahre* (1795/96) schreibt er: »Das Schicksal, für dessen Weisheit ich alle Ehrfurcht trage, mag an dem Zufall, durch den es wirkt, ein sehr ungelenkes Organ haben. Denn selten scheint dieser genau und rein auszuführen, was jenes beschlossen hatte.« Das heißt: »Schicksal« ist umfassender, rätselhafter, auch faszinierender als »Zufall«. Und darum dem Leben des Menschen angemessener, sofern es mehr ist als das komplizierte Gestöber von Materieteilchen. Menschen, die so denken, werden von den ewig Nüchternen dieser Welt gern als sinnsüchtige Phantasten betrachtet.

So räumt Bestsellerautor Stefan Klein in seinem Buch *Alles Zufall* (2004) zwar ein, dass immerhin die Hälfte aller Deutschen »ein planvolles Schicksal für ihren Lebensweg verantwortlich« macht. Aber zugleich wertet er die Neigung vieler, den nackten Zufall »zu leugnen«, als »Trick« eines zu selektiver Wahrnehmung entschlossenen Gehirns ab und nimmt generell »unsere hemmungslose Lust am Deuten« für diese Art von »Spökenkiekerei« in Anspruch.

In einem Punkt verdient Klein Zustimmung: »Der Glaube an die Macht entweder des Schicksals oder des Zufalls scheint ein fester Zug unserer Persönlichkeit zu sein.« Etwas lapidarer hat es Kant 1766 formuliert: »Das Schattenreich ist das Paradies des Phantasten.« Eben: Schicksal ist ein Schattengewächs. Und ohne Phantasie geht da gar nichts.

Allerdings entscheidet die Zuordnung bestimmter Charaktere zu einer bestimmten Art der Wahrnehmung noch nicht über die Wahrheit des jeweils Wahrgenommenen. Immerhin gehören zu den »Phantasten«, die im »Schattenreich« nach Schicksalzeichen fahnden, jede Menge bedeutender Geister der Kulturgeschichte.

Zum Beispiel der altgriechische Dichter Hesiod. Seine *Theogonie* (Geburt der Götter) sieht im uranfänglichen, unbegrenzten, absolut finsteren Chaos den eigentlichen Schicksalsgrund; den Grund für machtvolle, der Kontrolle des Subjekts entzogene Nachtgebilde wie Tod, Schlaf, Traum, Täuschung, Liebe, Alter, Vergessen, Hunger, Schmerz, Verblendung.

Auch Schuld kann Schicksal sein: Schuldhaft verursachtes Unheil kann dem Menschen ebenso über den Kopf wachsen wie ein Geschehen, in das er ohne willentliche Zutat verwickelt wird. Beides zusammen kann sich zu einem einheitlichen Schicksalsempfinden verdichten. Homer und die spätere attische Tragödie, etwa »König Ödipus« oder die »Antigone« des Sophokles (um 496 bis 405 v. Chr.), entfalten diese vertrackte Verbindung von schuldhaft bewirkter und unverschuldeter Verderbnis in bedrückender Perfektion: König Ödipus, der das zweifache Verbrechen – Tötung des Vaters, Heirat der Mutter – unwissend begeht und dann selbst aufklärt, um sein Theben von der Pest zu befreien; der sich dann mit einer Spange seiner Mutter-Gattin blendet, die sich vorher selbst umgebracht hat: Dieser Ödipus ist der Musterheld der antiken »Schicksalstragödie« (Elisabeth Frenzel).

Das Verhängnis, das über ihn hereinbricht, bleibt auch seinen Kindern nicht erspart, vor allem Antigone und Polyneikes. Antigones Onkel, König Kreon, verbietet ihr unter Androhung der Todesstrafe, den im Zweikampf mit seinem Bruder Eteokles gefallenen Polyneikes zu bestatten, er hält ihn für einen Landesverräter. Antigone folgt ihrem »Daimon«, ihrem persönlichen Schicksalsanteil, indem sie den toten Bruder mit Erde bedeckt: »Nicht mitzuhassen, mitzulieben bin ich da.« Sie wird lebendig eingemauert und erhängt sich schließlich.

»Des Schicksals Gewalt ist unentrinnbar streng«, kommentiert der Chor das Ungeheuerliche. Geradezu sprichwörtlich formuliert ein Sophokles-Vers die düstere Grundhaltung dahinter: »Keinen darf man glücklich preisen, bevor er des Lebens Ziel erreicht hat.«

Aristoteles hält es, in seiner *Physik,* für unbezweifelbar, »dass Schicksalsfügung und Zufall wirklich etwas sind«. Aber er ordnet beides den unbeständigen Eigenschaften zu, die er vom Wesentlichen und Beständigen, der zugrundeliegenden Substanz des Lebendigen, unterscheidet. Schicksal ist demnach etwas Windiges, dem die menschliche Substanz, die Seele, widerstehen kann.

In der späteren Philosophenschule der Stoa – benannt nach einer schmucken Athener Halle, in der der jüngere Zenon (um 335 bis 262 v. Chr.) lehrte – wird die Ergebung in das vom Schicksal Zugeteilte zur zentralen »Tugend«. Je nachdem, wie rigoros die als »Vernunft« gedachte Vorsehung die Welt der Materie lenkt, ist der Spielraum der Entscheidungsfreiheit des Menschen enger oder weiter. Ein Grundproblem aller Schicksalsphilosophie.

Der Römer Seneca, wie seine griechischen Lehrmeister vom mächtigen Wirken göttlicher Vernunft überzeugt, betont gleichwohl die Kraft menschlich-moralischer Selbstbehauptung:»Denn mächtiger als alles Schicksal ist die Seele« – was der Politiker auch höchstpersönlich beglaubigt, indem er Kaiser Neros Verdikt, er müsse sich, da als Verschwörer verdächtig, selbst töten, heroisch ausführt. Nachdem er sich die Pulsadern aufgeschnitten hat, verblutet er, während er mit seinen Freunden beim Essen ruhig weiterphilosophiert.

Ganz freiwillig ist diese Entscheidung zum Gehorsam nicht: Sie folgt Senecas Überzeugung, der Tote habe es insofern besser als der Lebende, als ihm nichts Ärgeres mehr passieren könne. In seiner»Trostschrift an Marcia«, die gerade ihren Sohn verloren hat, formuliert Seneca erstaunlich düster, fast altgriechisch:»Wenn es daher das allergrößte Glück ist, nicht geboren zu werden, so halte ich es für das nächstgrößte, nach einem überstandenen kurzen Leben schnell in den früheren unangefochtenen Zustand zurückversetzt zu werden.« Geburt und früher Tod treten hier als zwingendes Schicksalsduo auf.

Auch der römische Politiker, Redner und Denker Marcus Tullius Cicero (106 bis 43 v. Chr.) war ein Stoiker. Zwei Jahre vor seinem gewaltsamen Tod – Marc Anton ließ ihn ermorden, weil Cicero die Wiederherstellung der Republik propagiert hatte – zog er sich auf sein Landgut nach Tusculum zurück. Seine politische Laufbahn war beendet, außerdem war seine geliebte Tochter Tullia gestorben. In den *Tusculanischen Gesprächen*, die zu dieser Zeit entstanden, empfiehlt er»Vernunft«und»Tugend«als»Medizin der Seele« gegen die Krankheiten der Affekte. Es komme für den Menschen, der glücklich sein und dem Schicksal trotzen wolle, darauf an,»dass alle Leidenschaften in unserer Gewalt sind«. Nur derjenige, der Herr seiner selbst ist, kann Tod und Kummer ertragen. Cicero vergleicht die Seele, die ihre Leidenschaften beherrscht, mit der »Ruhe des Meeres« – Glück ist hier die Abwesenheit von Unglück, die leidenschaftslose Stille. Der Tugendhafte hat seine Leidenschaften im Griff. Glück ist die Freiheit, die Souveränität gegenüber den Affekten. Daraus folgt: Der Tugendhafte ist der wahrhaft Glückliche.

Schicksal vom Mittelalter bis zur Moderne

Ruhe« ist auch das Grundmotiv im Glücksverständnis des Aurelius Augustinus (354 bis 430 n. Chr.), einem wichtigen Philosophen an der Schwelle zwischen Antike und Mittelalter. Er wurde stark von Ciceros Schriften beeinflusst. In dem Lehrgespräch »Über das glückliche Leben« beschreibt sich Augustinus als Glückssucher, der lange Zeit wenig Erfolg hatte. Als anhaltende Brustschmerzen ihn daran hinderten, den Beruf des Redners und Rhetoriklehrers weiter auszuüben, wandte er sich der Philosophie zu: »So warf ich alles von mir und führte mein brüchiges Schiff, mein müdes Schiff der ersehnten Ruhe zu.«

Auf der Grundlage der Maxime »Wir alle wollen glücklich sein« ergibt sich für Augustinus folgende Lehre: Glücklich ist, wer hat, was er will. Doch nicht jedes Wollen ist gut. Darum ist nur derjenige glücklich, der das Gute will und dann auch bekommt. Was aber ist das einzig wahre Gute? Jenes Gute, das von der Schicksalsgöttin Fortuna unabhängig und dauerhaft ist. Ein Gut, das man bloß auf Zeit hat, macht nicht glücklich, weil man ständig fürchtet, es bald nicht mehr zu haben. Das Gute muss ewig sein, das aber ist nur Gott selbst. »Wer also Gott hat, ist glücklich.« Wie aber kann man Gott »haben«? Durch Gotteserkenntnis, die jedoch Askese, konsequenten Verzicht auf Genuss voraussetzt. Nur die Abkehr von Karrieredenken und Fixierung auf irgendwelche Besitzstände macht die Seele frei zum Denken, zum Begreifen Gottes, und über die Teilhabe an seiner Seinsfülle wird sie dann auch

glücklich. Unglück ist Mangel an Sein. Der Weise, der Gott
begreift und auch Schicksalsschlägen Sinnerfahrungen abge-
winnt, muss kein mystischer Gottes-Seher sein. Es genügt, den
dreifaltigen Gott zu verstehen, dessen triadische Struktur der
des menschlichen Geistes entspricht: Der Vater ist die Wahrheit, der Sohn das Konkrete, das zu ihr hinführt, der Heilige
Geist das beide Verbindende.

»Glücklich ist allein, wer Gott als Trinität erkennt«,
schreibt der Theologe Johann Hinrich Claussen über Augustinus. Für Ungläubige: Glücklich ist allein der sich selbst erkennende Geist. Allerdings ist das Lebensglück stets überschattet
von der Erwartung des kommenden Todes. Darum überhöht
Augustinus in der Schrift über die Dreieinigkeit *(de trinitate)*
seinen Glücksbegriff so: »Es kann kein Glück sein, außer es
gibt auch eine Unsterblichkeit«.

Das Mittelalter hat den antiken Schicksalsbegriff nicht abgeschafft, sondern metaphysisch verfeinert: Über dem Schicksal
thront Gott, der alles schafft, sieht, erhält und lenkt bis zum
Jüngsten Gericht, dem »Tag des Zorns« *(dies irae),* der die
Welt einäschert; was dem Menschen dann aber durchaus als
Schicksalsgewalt begegnet, die er vor allem fürchtet, mag er
auch zugleich versuchen, den Gott betend zu besänftigen.

Jahrhundertelang wird fortan darüber gestritten, wie die
Freiheit des menschlichen Willens, laut Augustinus die Ursache des Bösen, sich denn mit der allmächtigen Vorsehung ver-
trage. Das Problem: Entweder ist das Böse allein Menschen-
werk, Gott mithin nicht allmächtig; oder die göttliche Macht
bestimmt das menschliche Wollen, ist demnach durchgreifend
allmächtig, somit aber auch mitverantwortlich für das Böse;
dies ist allerdings schwer vereinbar mit der Idee, derselbe Gott
sei das absolut Gute in Person.

Das um 1200 entstandene Epos *Parzival* des Wolfram von
Eschenbach versöhnt übergeordnete Vorsehung und persönliche Entscheidungsfreiheit in einer Weise, die an die Stoa

erinnert: Parzival, dessen ritterliche Sendung, anders als es die Mutter gewollt hat, durch die Kindheit im einsamen Wald nur vorübergehend unterdrückt werden kann, findet den Gral und das christliche Glück nach abenteuerlichen Gewaltauftritten und Umwegen und allerlei »zwifel«. Das von Gott Vorbestimmte erfüllt sich in ihm aber nur, weil er schließlich Demut lernt und Reue übt. Nur wer vor dem Allmächtigen niederkniet, darf sein Selbst frei suchen.

Zwischen Mittelalter und Neuzeit baut Michel de Montaigne eine eigentümliche Gedankenbrücke. Er glaubt noch an Gott und die Vorsehung, misstraut aber deren Interpreten, den Theologen, erst recht den Schicksalsexperten. Er ärgert sich, »dass nichts so fest geglaubt wird wie das, worüber man am wenigsten weiß, und dass sich niemand sicherer gibt als jene, die uns etwas vorfabulieren – Alchimisten zum Beispiel, Wahrsager, vereidigte Sterndeuter, Handleser, Ärzte und das ganze übrige Pack. Ihnen würde ich gerne, wenn ich mich nur traute, einen Haufen anderer beigesellen: all jene landläufigen Ausleger und Buchhalter der Absichten Gottes, die uns weismachen wollen, sie könnten die Ursache jeder Begebenheit erkennen und in den Geheimnissen des göttlichen Willens die uns unerfindlichen Beweggründe seines Wirkens finden.«

Die von Montaigne auf den Weg gebrachte Aufklärung – mit Denkern wie Descartes, Voltaire, Kant – setzt dann entschieden auf das selbstbewusste Subjekt. Dessen Instrument, zugleich auch Gegenstand, ist allein die eigene, methodisch disziplinierte, auf Klarheit und Distinktion erpichte Vernunft. »Ich denke, also bin ich«, dieses berühmte Descartes-Diktum leitet nicht etwa, wie oft unterstellt wird, die Existenz aus dem Denken ab. Es sagt: Wenn ich an »fast allem« (Descartes) zweifle, so ist immerhin gewiss, dass ich, als zweifelnd Denkender, auch bin. Und das heißt zugleich: Das Denken ist für meine Selbstvergewisserung wichtiger als alles Glauben oder Fühlen.

René Descartes (1596 bis 1650) war nicht nur Philosoph, sondern auch ein erfolgreicher Mathematiker, Physiker und Mit-Entdecker des optischen Brechungsgesetzes. Er war sicher, dass alle Naturerscheinungen rational erklärbar sind.

Kant, der Descartes weiterdenkt, dekretiert harsch: Es gebe »Begriffe, wie etwa Glück, Schicksal, die zwar mit fast allgemeiner Nachsicht herumlaufen«, für die ein »deutlicher Rechtsgrund« aber nicht zu finden sei.

Die nur wenig jüngeren Zeitgenossen des strengen Königsbergers folgen ihm in diesem Punkt nicht. Goethes Lehrmeister Johann Gottfried Herder schreibt 1795 einen Aufsatz mit dem Titel »Das eigene Schicksal«. Darin nennt er das Schicksal den »Schatten, der unsre geistige und moralische Existenz begleitet« – als Resultat unseres Handelns, das wiederum Resultat unseres »Charakters« sei. »Der Charakter eines Menschen ist sein Schicksal«, hat schon 2300 Jahre früher der Vorsokratiker Heraklit formuliert.

Das vormals weltzeitartig vorgestellte, geschichtsmächtige Fatum, welches das menschliche Ich immer ein wenig beleidigt, zieht sich in die Dunkelkammer der Innerlichkeit zurück: »Dein Schicksal ruht in deiner eignen Brust«, dichtet, ganz in diesem Sinne, Friedrich Schiller.

Von Sigmund Freud stammt das Bonmot: »Die Anatomie ist das Schicksal«, womit vor allem die Differenz der Geschlechter gemeint ist. Der Freud-Schüler Carl Gustav Jung baut mit seinen Spekulationen über das Archetypische, die unveränderlichen Motive und Mythen im »kollektiven Unbewussten«, überraschend wieder eine Brücke zum überindividuellen Schicksalspathos des Altertums.

Entscheidend für die Wiederkehr dieses Schicksalsverständnisses im 20. Jahrhundert ist aber die Katastrophe des Ersten Weltkriegs, des ersten weltweiten Gemetzels der Geschichte, das einen ungeheuerlichen Blutzoll erforderte: fast 15 Millionen Tote.

Die mathematisch-naturwissenschaftlich fundierte Technik der Moderne war bereits 1912 zum ersten Mal gedemütigt worden, als das damals größte und angeblich sicherste Passagierschiff der Welt, die Titanic, unterging, an einem Eisberg scheiternd. Im Ersten Weltkrieg ist diese aufgeklärte, selbstherrliche Moderne waffentechnisch explodiert und hat in einem Zerstörungswerk ohnegleichen dem Menschen vorgeführt, wie seine eigenen Erfindungen eine schicksalhafte Wucht entfalten können, die kaum noch beherrschbar erscheint.

Gegen Ende dieses Krieges, 1917, vollendet Oswald Spengler den ersten Band seines viel zitierten Bestsellers über den *Untergang des Abendlandes*, der bereits 1923 in der 47. Auflage vorliegt. Bei der Betrachtung des Aufstiegs und des Verfalls von acht Hochkulturen wird das Schicksal zum Leitbegriff eines Geschichtsverständnisses, das vom Modell der Aufklärung Abschied nimmt. Geschichte erscheint nun nicht mehr als kontinuierliche Entwicklung zu mehr Naturbeherrschung und Vernunft, sondern eher, frei nach Nietzsche, als ewige Wiederkehr von Jugend und Reife, Fruchtbarkeit und Dürre, Geburt und Tod. Gegenüber dem Gesetz der Kausalität sei Schicksal, so Spengler, »das Wort für eine nicht zu beschreibende innere Gewissheit« beim Verknüpfen von Vorgängen, die anscheinend wenig miteinander zu tun haben.

Zehn Jahre nach Spengler greift Martin Heidegger den Schicksalsbegriff auf: In dem genialen Buch *Sein und Zeit* wird das Schicksal des Menschen unter anderem mit den Begriffen »Entschlossenheit« und »Geworfenheit« erläutert. Der Begriff »Schicksal« bezeichne, schreibt Heidegger, »die ursprüngliche Geschichtlichkeit des Daseins«. Schicksalhaft ist, dass der Mensch ohnmächtig in ein radikal vereinzeltes Dasein hineingeboren wird, das er dann »entschlossen« übernehmen muss – in einer unerbittlich zeitlichen Reise zum eigenen Selbst und zum »je eigenen Tod«.

Hitlers Vorsehung

Heideggers Versuch, den Schicksalsgedanken zu retten, bleibt im 20. Jahrhundert einzigartig. In Deutschland hat dies einen guten Grund: den massiven Missbrauch des Begriffs durch die Nationalsozialisten. Das betrifft nicht allein die erstaunliche Menge von Büchern mit schwammigen Ideologietiteln wie *Der nordische Mensch und das Schicksal* oder *Der germanische Schicksalsgedanke* in den dreißiger Jahren. Das gilt vor allem für die Nazipropaganda, die den Führer zum »Werkzeug der Vorsehung« erhob, wie Joseph Goebbels es formulierte. Und die sich an jenem Selbstverständnis Adolf Hitlers festhakte, das im Bekenntnisbuch *Mein Kampf* (1925) aufscheint: »Als glückliche Bestimmung gilt es mir heute, dass das Schicksal mir zum Geburtsort gerade Braunau am Inn zuwies.« Liege doch Braunau an der Grenze »jener zwei deutschen Staaten«, deren »Wiedervereinigung« er als eine seiner »Lebensaufgaben« betrachte. Schicksalsgemurmel der üblen Art, aber schicksalhaft wirksam.

Es ist der frühe Abend des 8. November 1939. Im Münchner Bürgerbräukeller sind 1500 sogenannte alte Kämpfer, braune Putschisten von 1923 und deren Sympathisanten aus der SA, versammelt, um ihren Jahrestag zu feiern. Auf dem Podium wird Marschmusik gespielt. Bierkrüge auf den Wirtshaustischen. Hinter dem Rednerpult eine riesige Hakenkreuzfahne. Und ein Pfeiler, in dem eine Bombe tickt.

Die Rede des Führers bei diesem Anlass beginnt üblicherweise um 20.30 Uhr und endet nach 22 Uhr. Aber diesmal hat der Führer nicht so viel Zeit, es ist Krieg, er muss rasch wieder nach Berlin zurück, um den Überfall auf Frankreich zu beschließen; wegen des nebligen Wetters nimmt er einen Sonderzug, statt zu fliegen. Abfahrt des Zuges in München ist um 21.31 Uhr. Hitler fängt schon um 20.10 Uhr zu reden an, er hetzt gegen England und leugnet wieder einmal die deutsche Mitschuld am Ersten Weltkrieg – und verlässt um 21.07 Uhr den Saal. Um 21.20 Uhr ein gewaltiger Knall, der Pfeiler hinter dem Rednerpodium und ein Teil der Decke darüber werden zerstört.

Johann Georg Elser, ein 36-jähriger Schreiner aus Württemberg, hatte ein Jahr lang minutiös alles ausgemessen und berechnet, ehe er die Bombe legte. Er wollte »den Hitler« in »die Luft jagen«, er, der linke Arbeiter, war sich im Gegensatz zu vielen Intellektuellen schon 1938 sicher: Die Nazis würden das Volk ruinieren und einen Krieg anzetteln. Die Bombe war perfekt portioniert und positioniert. Elser, der penible Handwerker, war als Attentäter ein absoluter Einzelgänger, was bis nach 1945 viele nicht glauben mochten.

Hitler hätte die Bombe, anders als jene vom 20. Juli 1944, nicht überlebt. Acht Personen wurden bei der Explosion getötet, 16 lebensgefährlich verletzt.

Ausgerechnet an diesem Abend verlässt Hitler, der berüchtigte Dauerredner, früher als sonst das Rednerpult. Noch 13 (!) Minuten, und er wäre tot gewesen. Dreizehn Minuten mit epochalen, grauenhaften Folgen: Millionen von KZ-Opfern, Kriegstoten, Vertriebenen, Vergewaltigten, Geschundenen und vieles andere wäre der Welt wohl erspart geblieben, wenn … ja: wenn das Schicksal anders entschieden hätte. Das Schicksal?

Im Salonwagen des Sonderzugs kann Hitler am späten Abend desselben Tages räsonieren: »Jetzt bin ich völlig ruhig! Dass ich den Bürgerbräu früher als sonst verlassen habe, ist mir eine Bestätigung, dass die Vorsehung mich mein Ziel erreichen lassen will.«

Die Vorsehung! Nun war Hitler ja kein gläubiger Christ. Den Nationalsozialismus mitsamt seiner rassistischen Obsession propagierte er als »kühle Wirklichkeitslehre schärfster wissenschaftlicher Erkenntnisse«. Sein Gottesbild gab er bei den berühmten Tischgesprächen so zu Protokoll: »Gott, das heißt die Vorsehung, das Naturgesetz.«

Die Begriffe Schicksal und Vorsehung schienen nach diesem propagandistischen Missbrauch für immer ruiniert zu sein. Dass sie mittlerweile wiederauferstanden sind, vor allem in ihrer stoisch-heidnischen Urfassung, grenzt an ein Wunder, ärgert so manchen Aufgeklärten und bedarf einer differenzierten Betrachtung.

Die hat der Berliner Philosoph Michael Theunissen, Jahrgang 1932, in seiner Abhandlung »*Schicksal in Antike und Moderne*« (2004) vorgelegt ebenso wie in seiner schwergewichtigen Studie *Pindar. Menschenlos und Wende der Zeit* (2000). Theunissen sagt, die moderne Wissenschaft habe mit der Antike auch deren Schicksalsbegriff ad acta gelegt. Und er konstatiert, im Rahmen einer gründlichen Annäherung an altgriechisches Denken, die »Wiederkehr« dieses Begriffs. Er sieht in ihm die Chance, den subjektivistischen Egowahn technisch-wissenschaftlicher Selbstermächtigung des Menschen und den daraus resultierenden oberflächlichen Fortschrittsoptimismus der Moderne zu begrenzen.

Der Schicksalsbegriff ist, wie Theunissen in seinem *Pindar*-Buch ausführt, im Grunde ein Zeitbegriff. Die an Dramatik nicht zu übertreffende Zuspitzung dieses Zeitcharakters ist der Umschlag vom Leben zum Tod, der oft so unerwartet wie plötzlich stattfindet. Der altgriechische Lyriker Simonides (um 556 bis um 467 v. Chr.) mahnt sein Publikum, stets der Verborgenheit des Kommenden gewärtig zu sein: »Der du ein Mensch bist, glaube nie zu wissen, was morgen sein wird, noch, wenn du einen Mann im Glück siehst, wie lange es dauern wird.« Denn der Wechsel vom Glück ins Unglück »ist noch plötzlicher als das Schwirren einer Fliege mit gebreiteten Schwingen von Ort zu Ort«. Des nächsten Tages kann der Mensch nie sicher sein, weil es sein Schicksal ist, dem Wechsel von Glück und Unglück so ausgesetzt zu sein wie dem Wetter oder den Jahreszeiten. Zum altgriechischen Schicksalsglauben gehört es, dass die Plötzlichkeit des Umschlags in der Regel jenen vom Glück ins Unglück meint, nicht den vom Unglück ins Glück. Für den altgriechischen Fatalismus gilt »als Schicksalstag vornehmlich der Tag des Todes« (Michael Theunissen). Diese düstere Färbung, die ja der Wahrheit der Zeitlichkeit unseres Lebens sehr angemessen ist, hat der Schicksalsbegriff im Grunde bis heute bewahrt. Auch deshalb sollten wir auf ihn, Hitlers Gerede von Schicksal zum Trotz, nicht ohne Not verzichten.

Schicksal Liebe

Das autonome Subjekt unserer Zeit muss sich, soll es nicht aggressiv selbstherrlich oder gar terroristisch werden, durchaus nicht einem großen Gott unterwerfen. Es genügt jene Bescheidenheit, die sich aus der uralten Einsicht in die Endlichkeit und andere, vielfache Abhängigkeiten unserer Existenz ergibt; wobei es nicht darauf ankommt, ob die fremde Macht, die unseren Übermut bremst, »Schicksal« genannt wird oder »bedeutender Zufall«, wie der Historiker Arnd Hoffmann Schicksalhaftes in seinem Buch *Zufall und Kontingenz in der Geschichtstheorie* (2005), zurückstuft, ohne es ganz wegzuwischen.

Ein Lehrmeister dieser Übung in Bescheidenheit ist auch das unberechenbare Gefüge zwischenmenschlicher Beziehungen. Schicksalhaft erscheint immer wieder das Unheimliche in der Begegnung, Vereinigung und Trennung männlicher und weiblicher Individuen. Wenn über Liebe, Hass und daraus folgendem Tod die Schicksalsglocke ertönt, sind schlagartig unendlich viele Menschen verschiedenster Kulturen ergriffen. Diese Art Schicksal ist längst globalisiert. Hollywood und Bollywood zehren immer neu davon.

Zu den bewegenden älteren Geschichten des Genres gehört das kleine Epos *Hero und Leander* von Musaios aus dem 5. Jahrhundert n. Chr. Ein junger Mann verliebt sich in eine Priesterin, die am anderen Ufer einer bis zu sechs Kilometer breiten Meeresstraße am Rand der Ägäis lebt. Da sie zur Ehelosigkeit verpflichtet wurde, können sich die beiden nur heimlich treffen. Im Dunkel der Nacht schwimmt Leander regelmäßig zu ihr hinüber, eine Fackel im Turm ihres Domizils weist ihm das Ziel. Eines Nachts erlischt das Feuer in einem heftigen Sturm. Leander erreicht das Ufer als Leiche. Daraufhin stürzt sich Hero vom Turm ins Meer und ertrinkt.

Das Wasser, unergründlich und unfasslich, ist ein Element aus dem vorweltlichen Chaos: ein altes Bild für den Tod, aber auch – wie die Urgeschichte bestätigt – für die Entstehung des Lebens. Die Vorfahren der Säugetiere sind ja ebenfalls aus dem Meer an Land gekrochen. Der Hintergrund dieses Bildes färbt die traurige Liebesgeschichte von Hero und Leander entschieden schicksalhaft.

Eine vertrackte Kombination aus innerem Zwang und zwingenden Situationskaskaden bietet »Die Macht des Schicksals« in der Oper gleichen Namens. Sie erzählt, sehr melodramatisch und mit allerlei Kabale ausgestattet, ein Liebesdrama, das um den Konflikt zwischen Pflicht und Neigung, gesellschaftlichem Gebot und emotionaler Dämonie kreist. Giuseppe Verdi hat die ursprünglich spanische Vorlage des Duque de Rivas selbst bearbeitet, unter anderem indem er Szenen aus dem ersten Teil von Schillers *Wallenstein* hineinmontierte, bevor er das Ganze vertonte und 1862 an der Kaiserlichen Oper in St. Petersburg uraufführen ließ.

Im Zentrum der etwas wirren Story stehen Leonora und Alvaro, ein heimliches Liebespaar, das eines Tages vom Vater der jungen Frau, der die Verbindung verbot, ertappt wird; Alvaro, als Mestize aus Peru nicht standesgemäß, tötet den Vater, als sich aus seiner Pistole versehentlich ein Schuss löst, und muss fliehen, denn Leonoras Bruder will den Vater rächen. Was folgt, sind allerhand Versteckspiele, Irrtümer und Verwechslungen, am Ende sind fast alle tot. Weil der allein übriggebliebene Alvaro es nicht ertragen kann, dass er, der einzig wirklich »Schuldige«, »unbestraft« bleibt, verflucht er die Menschheit und springt in einen felsigen Abgrund:»Die

Hölle verschlinge mich!« (In einer zweiten Fassung, die für die Mailänder Scala 1869 entstand, wurde dieser Schluss abgemildert.) Mitten im blutigen Finale, während sie nach einem Messerstich ihres Bruders niedersinkt, ruft Leonora Alvaro zu: »Sieh – das Schicksal *(Vedi destino)!*« Sterben aus Liebe und für die Liebe, das bedeutet hier »Schicksal«.

Ein paar Szenen vorher wird der maskierte, verwundete Alvaro als Leonoras Liebhaber entlarvt, ihr Bruder Carlo hat in Alvaros Koffer das Porträt seiner Schwester entdeckt. Als der berühmte Bariton Leonard Warren in der New Yorker Met, am 4. März 1960, von dieser Szene die Carlo-Arie »Verhängnisvolle Urne meines Schicksals« singt, erleidet er einen Herzschlag und bricht tot zusammen. Als Carlo wäre er auf der Bühne wenig später gestorben.

Solche Liebesdramen haben eine klare Pointe, die dem Wort Schicksal das Nebulöse nimmt: Radikale Liebe endet nicht nur oft tödlich, weil sie sich gegen alle trennenden Verordnungen dieser Welt aufbäumt; sie ist auch wie der Tod: Sie kommt (und geht), wann sie will, sie ist unverfügbar, unvorhersehbar, niemand kann sie erzwingen oder ihr, wenn sie da ist, entrinnen. Liebe und Tod – für beides gilt, was Heinrich von Kleists Penthesilea, die rasend Liebende, die beschlossen hat, Achilles »zu gewinnen oder umzukommen«, von ihrem Strahlemann hören muss: »Dein Schicksal ist auf ewig abgeschlossen.«

Eine düstere Weissagung der Art, wie sie auch immer wieder auf ganze Kulturen, Völker oder Epochen, als Androhung von deren »Untergang«, übertragen wird.

Astrologie – alles Unsinn?

Ein Weltstar des vorausgesagten Untergangs ist der provenzalische Schwarzseher und Astrologe Nostradamus, der im 16. Jahrhundert gelebt hat. Elisabeth Noelle-Neumann, Jahrgang 1916, die Gründerin des Allensbacher Instituts für Demoskopie, hat erzählt, sie habe bereits 1940, noch vor der Stalingrad-Tragödie, aufgrund der Lektüre von Nostradamus-Prophezeiungen gewusst: Deutschland werde den Krieg verlieren. Hitler, auch er Astrologiekonsument, habe in Frankreich sogar nach für ihn günstigeren Nostradamus-Versionen suchen lassen. Noelle-Neumann begreift Nostradamus durchaus als einen Wegweiser durch diese »verwirrte Welt«.

Nach den Attentaten vom 11. September 2001 erinnerten sich viele an den Nostradamus-Vers: »Mit fliegendem Feuer, der listige Anschlag, wird kommen … «

Wahrsager, die in alter Zeit schon mal die Eingeweide eines frisch geschlachteten Tieres, das Schnauben eines Pferdes oder den Vogelflug befragten, schauen heute dem Schicksal ins Programmheft, indem sie Handlinien oder die Konstellationen der Sterne deuten, ausgehend etwa von den Winkeln zwischen Planeten oder vom Tierkreiszeichen, das bei der Geburt des Ratsuchenden am östlichen Himmel aufging, dem »Aszendenten«.

Ein handfester Haudegen des 17. Jahrhunderts wie der böhmische Feldherr Wallenstein hat Sterndeutung ebenso geschätzt wie der ehemalige französische Staatspräsident François Mitterrand (1916 bis 1996), der sich von der Sterndeuterin Elizabeth Teissier beraten ließ. Die Pariser Sorbonne, die 300 Jahre zuvor die Astrologie noch als wissenschaftliche Disziplin geächtet hatte, brachte die französische Soziologenzunft gegen sich auf, als sie im April 2001 Frau Teissier, geborene Hanselmann, für eine Arbeit über »Die epistemologische Situation der Astrologie« den Doktorgrad der Soziologie verlieh.

Gewiss ist Horoskopie so wenig eine Wissenschaft wie das Kartenlesen, die Weissagung aus dem Kaffeesatz oder das Kuckucksruf-Orakel. Aber die Verknüpfung von Menschenschicksal und Kosmos hat ernst zu nehmende Aspekte und eine seriöse Vergangenheit.

Der Stoiker Poseidonios aus dem 1. Jahrhundert v. Chr. lehrte, es gebe ein alles verbindendes Weltgesetz, das eine »Sympathie« von kosmischem und individuellem Geschehen einschließe. Durch Poseidonios wurde der – schon lange vor ihm behauptete – Einfluss der Gestirne auf alles, was in der Welt passiert, konstitutiv für den Schicksalsbegriff.

Wissenschaftler haben längst bestätigt, dass das Schicksal der Erde real von anderen Himmelskörpern abhängt: So hat vor rund 65 Millionen Jahren ein Meteorit von etwa zehn Kilometer Durchmesser die Dinosaurier, die sich immerhin 200 Millionen Jahre lang auf der Erde gehalten hatten, mit einem Schlag ausgerottet. Eine ähnliche Katastrophe kann jederzeit wieder passieren. Sie wäre vermutlich das Ende der Menschheit.

Der Planet Jupiter hält etliche Riesenbrocken fest (oder lenkt sie ab), die aus dem All Richtung Erde rasen. Die Römer identifizierten diesen größten Planeten des Sonnensystems, den 63 Monde umkreisen, mit ihrem höchsten Gott, dem Herrn des lichten Himmels und Beschützer des Rechts. Dass Jupiters Gravitation sie auch vor Meteoriten schützte, wussten sie noch nicht. Die Sonne, wahrlich die Göttin allen irdischen Lebens, scheint (auf der Nordhalbkugel der Erde) am kräftigsten im Sommer, wenn sie in einem starken, königlichen Tierkreiszeichen steht. Die Babylonier nannten es den »Löwen«, was ja bis heute gut passt. Ohne den Mond gäbe es weder Ebbe und Flut, noch bliebe die Erdachse stabil, eine elementare Voraussetzung für die relative Stabilität der Erdklimazonen, eine der Bedingungen für das Gedeihen von Mensch, Tier, Pflanze.

Dem Wechsel von Tag und Nacht, den Jahreszeiten, dem Lebensalter, den Vorlieben unterschiedlicher Generationen und der Musik des Weltalls, so glauben Mystiker noch heute mit einer gewissen Plausibilität, liegt ein gemeinsamer Rhythmus, etwa von Turbulenz und Ruhe, zugrunde. Der Mensch entscheidet zwar, wie er will, aber er folgt unbewusst einer inneren Struktur, die dem großen Sphärengang entspricht. Nur Scharlatane degradieren diese Mystik, indem sie uns allein schon aufgrund des Geburtsdatums Lebensratschläge en detail verkaufen.

Nicht jeder, der Horoskope in Zeitungen und populären Zeitschriften liest, ist also ein vorwissenschaftlicher Simpel. Diese Lektüre kann ein Spiel sein, Anlass für eine spielerische Beschäftigung mit den eigenen Stimmungen und Erwartungen. Dabei wird im Einzelnen das Gefühl gestärkt, ein ganz besonderes, nicht zuletzt durch die Gestirnkonstellation schicksalhaft geprägtes Individuum zu sein – nicht nur ein Rädchen im Maschinenpark von Massengesellschaft und Moderne.

Es soll Leute geben, die sich darüber lustig machen, aber heimlich ihren Glücksstein in der Hosentasche tätscheln, aus Aberglauben in die andere Richtung schauen, wenn die von ihnen favorisierten Fußballer einen Elfmeter schießen, oder die Stirn in Falten legen, sobald eine schwarze Katze ihren Weg kreuzt (einst spuckte man, um das drohende Unheil abzuwenden, dreimal aus).

In allen Agrargesellschaften war die Beobachtung der Sterne und Kometen wichtig, etwa um die besten Pflanz- und Erntezeiten einschätzen zu können. Insbesondere dem Frühaufgang des Sterns Sirius im Sommer wurde eine große Bedeutung zugemessen. Die Antike schreibt diesem Gestirn böse Kräfte zu, vor allem, so schon Homer, die Verbreitung des Fiebers. Manchenorts wurde ein Waffentanz aufgeführt, um die bösen Kräfte dieses Sterns zu bannen. Der Sirius wird auch der »Hundsstern« genannt. Bis heute ist die Juli- und August-Hitze auf dem Land unter »Hundstage« bekannt. Selbst heute gelten sie manchem noch als Unglückstage, an denen man nicht heiraten und keine Arznei einnehmen soll.

Abergläubische Menschen haben stets versucht, das Schicksal mit kleinen Tricks (wie dem Daumendrücken für einen Prüfling) zu überlisten, was im Grunde das Eingeständnis einschließt: Hundertprozentig mächtig ist die Macht des Schicksals nun auch wieder nicht.

Das Eheorakel bescherte einem Mädchen schon mal jenen Mann als Ehegatten, der als Erster an einem speziell eingerichteten Feuer aus neun verschiedenen Hölzern erschien oder den der Hund des Hauses, in dem das Mädchen lebte, zu einer bestimmten Zeit ansprang.

Der sehnsüchtige oder ängstliche Blick auf das Kommende hat seine große Stunde in der Silvesternacht. Das krachende Feuerwerk leitet sich her von dem älteren Brauch, durch Türklopfen, Peitschenknallen, das Werfen von Flaschen gegen Fensterläden und anderes Getöse Hexen und böse Mächte vertreiben zu wollen. Indem es die Blicke nach oben lenkt, feiert das Feuerwerk zugleich den ewigen Zusammenhang von Schicksal und Kosmos, vor allem die Verwandtschaft von himmlischem und irdischem Feuer, sichtbar im Gewitterblitz, den die Feuerwerkskörper nachahmen. Bei den alten Griechen ist es der oberste Gott selbst, Zeus, der die Blitze »schleudern« darf.

Andere Neujahrsbräuche, meist Glücks- oder Abwehrzauber, sind bizarrer: Man schießt in die Obstbäume, weil man glaubt, sie so fruchtbarer zu machen; man begibt sich zwischen 23 und 24 Uhr nackt auf den Friedhof und kratzt Moos von Grabkreuzen, weil man glaubt, damit Gicht und anderen Krankheiten vorzubeugen; Mann und Weib paaren sich in der Neujahrsnacht auf dem Fell eines männlichen Tieres, unter das die verkohlten Knochen eines Hahnes gestreut wurden, weil sie glauben, so einen Sohn zu zeugen.

In solcher Magie ist die Ahnung spürbar, es gehe auf Erden nicht alles mit rechten, will sagen: logisch nachvollziehbaren Dingen zu; jenes Grundempfinden des Unheimlichen, Unerklärlichen, Unvorgreiflichen, das nicht nur beim Nachdenken über Weltkriege, Geburt, Liebe und Tod aufkommen kann, sondern schon beim Blick in den nächtlichen Himmel.

Der Kosmos als »Abgrund einer wahren Unermesslichkeit, worin alle Fähigkeit der menschlichen Begriffe sinket«, wie Kant schreibt, verkleinert das menschliche Ich immer wieder auf jenen winzigen Punkt im All, der mit dem Ausruf »Schicksal!« gleichsam das Handtuch wirft; und einräumt, dass es ein grenzenloses Unbekanntes gibt, das den Ichhorizont öffnet, sprengt und umgreift.

Glück und Wahrheit

Das Schicksal, diese große vormoderne Erzählung, ist eine Religion nach dem Tod Gottes, der Glaube jener Ungläubigen, die den historischen Übergang vom persönlich vorgestellten Allerhöchsten zur selbstbestimmten Vernunft des Menschen nicht rückgängig machen, aber die so erlangte Autonomie auch nicht überreizen wollen.

Kein Geringerer als der Skeptiker Ludwig Wittgenstein (1889 bis 1951), der im *Tractatus logico-philosophicus* allein die Naturwissenschaft als exakte Wissenschaft anerkennt, hat sich mit dem dubiosen Phänomen Schicksal befasst. »Nicht wie die Welt ist, ist das Mystische, sondern dass sie ist«, so lautet Wittgensteins Grunderfahrung. Und daraus schließt er: Wir Menschen seien »in einem gewissen Sinne abhängig, und das, wovon wir abhängig sind, können wir Gott nennen; Gott wäre in diesem Sinne einfach das Schicksal oder, was dasselbe ist, die – von unserem Willen unabhängige – Welt.«

Mystisch ist diese Welt, weil sie in Raum und Zeit oder auch als »Raumzeit« ganzheitlich weder wahrnehmbar noch erklärbar ist, trotz Einstein und Urknalltheorie, die das Wie erläutern, nicht aber das »Warum überhaupt?«. Von der Welt, vom Ganzen dessen, was ist, können wir sprechen, wir können es – wohl zum Unterschied zu allen anderen intelligenten Lebewesen – denken und zu ergründen versuchen. Nur wirklich vorstellen können wir es uns nicht. Das Ganze, zu dem ja auch alles Gewesene und Kommende, alles Winzige und Kolossale, Viren und Galaxien, Urknall und Ende des Sonnensystems gehören, entzieht sich unserer Anschauung. Es ist eine Idee der Vernunft, zu der wir uns allenfalls über die Phantasie, das Gefühl und die schiere Spekulation verhalten können. Es ist das Rätsel schlechthin.

Letztlich meinen wir dieses rätselhafte, unvorstellbare Ganze, wenn wir vernünftig – und nicht sentimental – von »Schicksal« sprechen. »Schicksal« meint das Ganze des Lebens in seiner raumzeitlichen Unverfügbarkeit. Es ist eine gewaltige, dunkle Wolke über all unseren kleinen Lebenszielen. So viel Aufwand: Geburt, aufwachsen, die Eltern sehen, lieben, hassen, erwachsen werden, spielen, arbeiten, sich bilden, einen Lebenspartner suchen und finden, arbeiten gehen in einem mühsam erlernten Beruf, Sport treiben, reisen, Staatsbürger sein, ein Haus bauen, Nachbarn ertragen, Kinder zeugen und aufziehen, Freunde gewinnen und verlieren, in eine Kirche gehen oder aus ihr austreten, über das Lebensglück immer neu nachdenken – und dann, eines morgens im November, ist die Straße glatt, wir verlieren die Gewalt über das Auto, fahren gegen einen Baum und sind tot. So viele Investitionen in das Glück. Und plötzlich schlägt das Leben in seiner furchtbaren Unberechenbarkeit zu, das »launische Schicksal«, das wir vorher jahrelang verdrängt hatten. Wer ein glückliches Leben führen möchte, darf eines nicht tun: das Schicksal ignorieren. Nur wer täglich mit dem Unvorhersehbaren rechnet wie mit einer Gewitterwolke, der lebt authentisch, der hält sich zurück, wenn er gefordert und überfordert wird, wenn anstrengende Planungen und Leistungsziele anstehen, die den Augenblick allzu sehr degradieren und voraussetzen, dass das Leben sehr lange währt.

Die Unvorstellbarkeit des Lebensganzen ist es, die dem Begriff Schicksal das Dräuende, Dröhnende und Opernhafte einträufelt. Die Lösung des Lebensrätsels, dass überhaupt etwas existiert, liegt schlechthin außerhalb dessen, was die Lebenden berechnen, unterscheidend eingrenzen und somit verstehen können. Auch diese wesentliche Einschränkung seines stolzen Wissens ist des Menschen Schicksal und trägt dazu bei, den Begriff Schicksal ins Monumentale zu steigern.

Und zum Schicksal der Phantasiebegabten, die den Schatten des unerkennbaren Ganzen täglich mit sich herumtragen, gehört dies: Sie seufzen immer wieder:»Schicksal«! Teil unseres Schicksals ist eben auch, dass wir es nicht lassen können, das Glück auf immer andere Weise zu suchen. Und dass wir es leicht verpassen, wenn wir es allzu direkt, allzu planmäßig, allzu forciert suchen. Schon die Vorstellung, es komme im Leben nur auf das Glücklichsein und Glückhaben an, kann Glück geradezu verhindern. Der US-amerikanische Philosoph Robert Nozick (1938 bis 2002) schreibt in seinem Buch *Vom richtigen, guten und glücklichen Leben* (1991), allein schon der»Anspruch, dass es nur auf Glück ankomme und auf nichts sonst«, allein schon dieser»Ausschließlichkeitsanspruch« verzerre die großherzige»Stimmung«, die zum wahren Glücklichsein gehöre. Er verbiege und verenge die»geistige Großzügigkeit« und die weite»Aufgeschlossenheit«, ohne die es gar kein Glück gebe, von vornherein.

Die innere Weite wahren Glücksgefühls verträgt sich schlecht mit der krampfhaften Glücksgymnastik, die so vielen Glücksratgebern zu eigen ist, auch und gerade wenn sie ständig Lockerheit und Gelassenheit empfehlen.

Auch die Fixierung auf die möglichst prompte Erfüllung des Glückswunsches verführt zu einer Verkürzung des Glücksbegriffs auf – kurze heftige oder auch anhaltende – Glückserlebnisse. Obwohl wir alle solche Erlebnisse herbeisehnen, misstrauen wir instinktiv ihrer übermächtigen Geltung in Bezug auf ein gelungenes Leben im Ganzen.»Wenige von uns glauben wirklich«, schreibt Robert Nozick,»dass es nur auf die Erfahrungen eines Menschen ankommt. Wir würden uns für unsere Kinder kein Leben mit großen Befriedigungen wünschen, das ganz auf Täuschungen beruhte, die sie nie entdecken würden.« Ein Mensch, der eine Traumwelt zu erleben meint, will zugleich, dass diese Traumwelt – wenigstens für eine Zeit – auch wirklich so ist. »Er bewertet«, so Nozick, das »Sosein« schöner Dinge, und »er erfreut sich an ihnen, weil er glaubt, dass sie so sind.« Wir wollen wirkliches Glück, kein Wahnglück. Wir wollen authentische Erfahrungen, nicht süßliche Einbildungen. Der Glücksschrei »Das kann doch nicht wahr sein!« zielt geradewegs auf das Unwahrscheinliche: dass es eben doch wahr ist.

Diese elementare Spannung zwischen Glücksstreben und Wahrheitsanspruch ist eine der großen Schwierigkeiten jeglicher Glückstheorie – kaum endgültig lösbar und eben darum selten reflektiert.

Nicht zuletzt darin liegt auch die Fragwürdigkeit der zahllosen Glücksratgeber begründet. Kaum einer ist richtig schlecht, obwohl die Botschaften stets sehr ähnlich klingen und vor allem auf eines hinauslaufen: Tu was, nimmt dein Leben selbst in die Hand, beweg dich, interessiere dich, konzentriere dich, arbeite Listen ab, lerne zu lieben und zu helfen, bleib bescheiden, entdecke und mäßige dein Ego, vergiss auch mal die Kontrolle, lass dich schweben, aber nicht zu ekstatisch, denn das böse Erwachen hinterher zerstört sogar noch die Erinnerung an das Gute vorher.

Glück im Alter

Ein Philosoph, der sich, ehe er einen Rat gibt, zurücklehnt und erst einmal gründlich überlegt, was ein gelingendes Leben überhaupt sein könnte und wie es zu verstehen wäre, ist zugleich bescheidener und kühner als all die schlauen Wegweiser ins mehr oder weniger »wahre« Glück. Er weiß zunächst keinen Rat, ist angesichts der Widersprüche des Lebens regelrecht ratlos; dafür will er die menschliche Existenz gründlicher erkennen und bestimmen, woraus sich am Ende doch der eine oder andere brauchbare Hinweis für die Praxis ergibt. Der in Frankfurt am Main lehrende Philosoph Martin Seel, Jahrgang 1954, gehört in diese Riege. Er veröffentlichte 1995 einen bemerkenswert klaren und nüchternen *Versuch über die Form des Glücks* – immerhin zu einer Zeit, als seine akademischen Mitbewerber von so einem glitschigen Thema lieber die Finger ließen. Seel sieht das Glück, ein wenig im Windschatten Hegels, als die Freiheit, »in allem, was man tun oder lassen will, den Vollzug eines selbstbestimmten Lebens zu wollen«. Er sagt, eine »weltoffene Selbstbestimmung« sei jeder Art von momentaner »Wunscherfüllung« überzuordnen. Vor allem gelte: »Was immer im Guten und Schlechten auch geschehen mag, gut zu leben bedeutet, neugierig zu bleiben auf das, was kommen mag, selbst wenn es einmal zum Ende kommt.«

Neugier – der Begriff lässt sich durchaus als Populärversion für Erkenntnislust verstehen, für Selbsterkenntnis durch handelnde Welterkenntnis. Die kann sich freilich nur der leisten, der bereits hat, was er notwendig zum Leben braucht:

Gesundheit und materielles Auskommen. Glück ist für Seel, ähnlich wie für die antike Lehre der Stoa, Autarkie, Herr-Sein über sich selbst, aber nicht säulenartig verschlossen oder gar verstockt-misstrauisch, sondern beweglich, weltoffen, selbstkritisch, auch durchaus leidenschaftlicher, als es sich ein rechter Stoiker gestatten dürfte.

Wichtig in jedem Fall bleibt der lebendige Rückbezug des intellektuellen Erkenntnisglücks auf das »Animalische« im Sinne Russells. »Animalisch« meint Körperfreuden, vom Essen, Trinken, Laufen und Tanzen bis hin zur körperlichen Liebe; wir verstehen darunter aber auch die teilnehmende Freude an den Tieren dieser Welt, sofern sie uns nicht – wie manche Bakterien – nach dem Leben trachten.

Die Schriftstellerin Silvia Bovenschen, Jahrgang 1946, hat in dem essayistisch erzählten Buch *Verschwunden* (2008) einen bemerkenswerten Exkurs über den Zoologischen Garten als »Idee der großen Versöhnung« veröffentlicht (unter der Überschrift »Monolog Frederike«). Darin heißt es:

»Ich kam darauf während einer dieser eingangs erwähnten Fernsehsendungen aus den Tiergärten. Dort befand man einen Kiwi, das ist ein kleiner australischer Vogel, für etwas anämisch und legte das nachtaktive Tier vorsichtshalber unter die Höhensonne. Das sah sehr komisch aus. In der gleichen Sendung war der Zoodirektor beunruhigt über die Appetitlosigkeit seiner Riesenschlange. Ihr wurde dann aus sicherem Abstand ein zwar totes, aber doch lebensnah angewärmtes Kaninchen, aufgespießt am spitzen Ende einer langen Stange, vor Maul und Auge hin und her gewedelt, um ihre Fresslust zu stimulieren. Da stellt sich natürlich reflexhaft die Frage, wer sich denn zuvor um das Kaninchen nicht genügend gesorgt habe. Diese Frage führt aber ab von dem Weg, den ich euch weisen will. Selbstverständlich werden dem Zoo-Tiger täglich große Teile eines heimischen toten Ochsen zugeworfen, während nebenan, sorgfältig abgeschirmt, das Exemplar einer vom

Aussterben bedrohten exotischen Rinder-Art friedlich grast. Ja, ich weiß, selbstverständlich: Der Zoo-Friede ist ein Trug! Er ist ein Trug, aber er ist gut. Der Zoologische Garten zeigt, wie es wäre, wenn es gut wäre. Und es ist gut, dass Menschen das wollen, einen Fleck, auf dem der große Fresskreislauf unterbrochen scheint … Das tiergärtnerische Versöhnungsprogramm versöhnt mich mit der Welt für einen kurzen Moment, in dem ich dort auf dem Fleck verweile, auf dem zum Schein einem mörderischen Geschehen Einhalt geboten wird. Ich weiß, es ist eine Vorstellung nur, aber sie gefällt mir.«

Auch Vorstellungen der Friedlichkeit, die wir selbst als unrealistisch durchschaut haben, können eine Art Glücksgefühl auslösen. Zu dieser milden Selbsttäuschung sind insbesondere Menschen geneigt und fähig, die nicht mehr ganz jung sind, die wissen, dass das Ideal schonungsloser Desillusionierung, dem sie selbst lange nachgeeifert haben, in der Wucht seines Kahlschlags auch lächerlich und lebensfeindlich werden kann.

Silvia Bovenschen, die selbst im Rollstuhl sitzt, fängt in ihrem Buch *Älter werden* (2006) diesen mentalen Nachsommer wunderbar ein, ohne dabei die Härte der immer bedrohlicheren Todesnähe zu überpudern. Sie verbindet die Szenerie des beim alternden Menschen schwächer werdenden Körperglücks mit dem tröstlichen Bild einer zunehmenden geistigen Gelassenheit und Heiterkeit. Dabei gelingen ihr witzige Sätze wie dieser: »Wenn man älter geworden ist, bemerkt man häufiger als in frühen Jahren, dass man älter geworden ist.« Man blickt in den Spiegel und bekommt einen Schreck, weil man sich selbst jünger in Erinnerung hatte – noch gestern! Bovenschen resümiert: »Auch Glück kann altern.«

Anders gesagt: Die Vorstellungen vom Glücklichsein, Glücklichwerden und Glücklichbleiben verändern sich mit den Jahren. Eigentlich müsste eine Glückstheorie nach Lebensjahren geordnet sein. Schon die Unterscheidung zwischen momentanem Glückserlebnis, anhaltendem Wohlsein und letztlich gelingendem Leben enthält versteckte Hinweise auf Lebensalter: Der momentane »Kick« passt zur Jugend, das ruhigere Wohlbefinden zum mittleren Lebensalter mit beruflichem Schwerpunkt, und der Blick auf das gelingende Leben als solches stellt sich meist als Rückblick im gesetzteren Alter ein. Dies war »das Glück meines Lebens« – so lässt sich frühestens am Beginn des letzten Lebensdrittels urteilen, und zwar retrospektiv. Es ist die autobiografische Perspektive, eher lächerlich, wenn sie im Alter von 29 Jahren gewählt wird, was typischerweise bei Popmusikern, Abteilung Rapper, wie Bushido vorkommt und auch noch auf über 400 Buchseiten veröffentlicht wird (so geschehen im September 2008).

Bovenschen gewinnt dem Älterwerden nicht wenig Positives ab: Wir sind unabgelenkter, aufmerksamer, liebesfähiger, offener für schöne Erinnerungen wie jene an die Stille autoleerer Straßen oder an die dicken Kaltblutpferde vor den Bierwagen. Wir werden insgesamt verhaltener, scheuer, humorvoller; wir hören besser zu; wir überlassen uns nicht mehr unbedenklich dem, was Heidegger die »lärmende Erlebnis-Trunkenboldigkeit« nennt, jener flachen Vergnügungssucht von Menschen, die – als »technisierte Tiere« (Heidegger) – hektisch versuchen, in den Ferien und am Wochenende entweder extrem zu faulenzen oder hyperaktiv die innere Leere zu füllen. Was ja beides etwas fatal Unerlöstes an sich hat.

Der ältere Mensch beherzt eher als der junge Goethes ewig wahre Glücksverse (aus dem Gedicht »Erinnerung«): »Willst du immer weiter schweifen / Sieh, das Gute liegt so nah. / Lerne nur das Glück ergreifen, / Denn das Glück ist immer da.« Er klammert sich nicht mehr so an Macht, Ruhm und Reichtum, er ist eher geneigt, Erich Fromms Plädoyer für die »Existenzweise des Seins« zu beherzigen und diese der »Existenzweise des Habens«, des Denkens in nichts als Geld- und Besitzvermehrung, vorzuziehen.

Was dem älteren Menschen durch die wachsende Distanz zu den Mechanismen des Gelderwerbs und der beruflichen Karriere ermöglicht wird. So hat Charles Robert Darwin sein ertragreiches Forscherleben im Rückblick als zu atemlos und amusisch beurteilt. In seiner Autobiografie bekennt er, bis zum dreißigsten Lebensjahr große Freude an Musik, Dichtung und bildender Kunst empfunden zu haben. In den Arbeitsjahren danach habe er allen Geschmack an diesen Interessen verloren, was er bedauert: »Mein Geist scheint eine Art Maschine geworden zu sein, die aus großen Massen von Tatsachen allgemeine Gesetze fabriziert ... Der Verlust dieser Neigungen ist ein Verlust an Glück und möglicherweise eine Schädigung des Intellekts und wahrscheinlich auch des moralischen Charakters, indem er die Gefühlsseite unserer Natur schwächt.«

Darwin, der große Beobachter von Käfern, Vögeln und Pflanzen, schrieb dies um 1881. Naturerkenntnis konnte zu dieser Zeit nicht mehr so beglückend sein wie noch zur Zeit des Aristoteles, für den das zweckfreie Wissen die ertragreichste Glücksquelle war. Und zwar weil diese Erkenntnis im 19. Jahrhundert schon extrem spezialisiert gewesen ist. Auch Darwin, der in seinem Hauptwerk über *Die Entstehung der Arten durch natürliche Zuchtwahl* (1859) das Naturbild im Ganzen erneuert hat, beschäftigte sich schon mit zeitraubenden, nicht immer begeisternden Einzelstudien, etwa über Regenwürmer, die »Bewegungen der Schlingpflanzen« oder die Überlebensfähigkeit von Pflanzensamen im Salzwasser. Wie viel stärker müssen sich heutige Naturwissenschaftler oder auch Informatiker als geistige »Maschinen« zur Fabrikation von Gesetzen und Regeln empfinden.

Technisch-wissenschaftliche Spezialisierung prägt heute die meisten Berufe und Tätigkeiten. Der Blick auf größere Einheiten der Welt, etwa der Weltwirtschaft, der Kulturgeschichte, der Tierwelt oder des Weltalls, wird erst wieder im fortgeschrittenen Alter möglich – und damit die entsprechende Glückserfahrung der Konzentration auf das Ganze des Lebens.

Im Gegensatz zum jüngeren Menschen weiß der ältere auch: Wir können durchaus zu viel des guten Glücks erleben. In Friedrich Schillers Ballade »Der Ring des Polykrates« bestaunt der ägyptische König den Herrscher über die griechische Insel Samos. Dieser hat so viel Kriegsglück, dass dem ägyptischen Gast »grauet vor der Götter Neide«. Zum Ausgleich für das unverschämte Glück rät der Gast seinem Gastgeber endlich, »selbst das Unglück herbeizurufen« und seinen kostbarsten Besitz ins Meer zu werfen. Polykrates opfert seinen schönsten Ring, doch ein Fisch, den sein Koch am nächsten Tag zubereitet, hat diesen Ring im Magen.

»Hier wendet sich der Gast mit Grausen.« Er sorgt selbst für das ausgleichende Unglück und verlässt überstürzt den Freund. »Die Götter wollen dein Verderben, / Fort eil ich, nicht mit dir zu sterben.«

Was denn nun?

Schillers Ballade »Der Ring des Polykrates« warnt vor einem Zuviel an Glück. Tolle Frau, toller Mann, toller Sex, reizende Kinder, toller Beruf, viel Geld, Traumhaus, gut aussehend, gesund, beliebt, populär, intelligent, hilfsbereit, reaktionsschnell, tolerant, modern – das alles zusammen nimmt ein böses Ende! So urteilt das Schicksal über zu viel Glück auf einem Haufen. Nicht selten werden scheinbare Glücksfamilien wie die Kennedys, die dem hier skizzierten Klischee sehr nahekommen, tatsächlich von einem schicksalhaften Fluch verfolgt.

Aber zu wenig Glück ist genauso wenig wünschenswert: ständig Streit daheim, fünf Mal geschieden, das Kind ein drogensüchtiger Autist, Stellung verloren, für Reisen reicht das Geld nicht, ständig Atemnot, Rückenschmerzen, an nichts Interesse, eine Stinkwut auf alle Politiker, der Lieblingsclub auf einem Abstiegsplatz, die Aktien der Oma im Keller, der Nachbar zu laut, die Klimakatastrophe und überhaupt … ob das Glück hier nicht doch noch eingreift?

Auch hier hat Aristoteles recht: Das wahre, haltbare Glück liegt in der »Mitte« zwischen »Übermaß und Mangel«, zwischen dem Zuviel und dem Zuwenig, schreibt er im 6. Buch der nach seinem Sohn benannten *Nikomachischen Ethik*. Nur diese Mitte ist »der Natur gemäß«. Nur sie erlaubt das nötige Maß an Autarkie, an Selbstbeherrschung. Wer den Extremen nachgibt, verliert die Balance und mit ihr die Kontrolle über die Extreme. Die so verstandene Tugend bildet nicht zuletzt die Organisation der Stadt ab, die Kultur der sich selbst regierenden *polis*. Aristoteles versteht diese Glückslehre als Teil der »politischen Wissenschaft«.

Die Mitte wird nur von törichten Hitzköpfen als Mittelmaß verachtet – es ist die goldene Mitte, goldrichtig. Das gilt auch für die Moral im engeren Sinne: Der Gerechte steht zwischen dem Heiligen (der er nicht ist) und dem Verbrecher (der er nicht sein will). Angeleitet wird der Mensch auf diesem Glücksweg von der »rechten Einsicht«, vom »vernunftbegabten Teil der Seele«, der den »vernunftlosen« Teil auf Kurs halten soll.

Der glückliche Mensch ist, auch das gehört in unser Resümee, weit mehr als der gut gelaunte Strahlemann des Augenblicks, der auf jedem zweiten Werbebild zu sehen ist. Der Augenblicksheld kann schon morgen todtraurig sein. Auch der Glückspilz, der im Lotto gewann oder zufällig das Flugzeug verpasst hat, das abgestürzt ist, ist nur ein Flaneur der seelischen Glut, die wir meinen. Goethe trifft es schon ziemlich genau, wenn er sagt: Der glückliche Mensch versteht sich auf den »Genuss der Welt«, er pflegt das »Mitgefühl seiner selbst in anderen« als Verbindung von Selbstachtung und Einfühlung in Nachbars Not; zudem erstrebt er ein »harmonisches Zusammensein mit vielen oft unvereinbaren Dingen«. Das Letzte heißt: Er ist an vielem interessiert, kann Widerspruch und Widersprüchliches ertragen, ist tolerant und neugierig.

Ohne Mitgefühl, das man empfängt und auch gibt, kann keiner glücklich werden. Empathie ist sogar ökonomisch wertvoll, nicht nur bei den »fair« gehandelten Kaffeesorten. Der Ökonom Adam Smith (1723 bis 1790) wird für seine geniale Philosophie der »unsichtbaren Hand«, welche die Selbstsucht der vielen zum Gemeinwohl nutzt, in letzter Zeit heftig gescholten, ohne Rücksicht darauf, dass er mehr an Gottes Hand als an die gierigen Hände der sich selbst regulierenden Marktwirtschaft gedacht hat. Smith verstand durchaus etwas von Glück: Der Mensch, meinte er, könne auch aus dem Glück eines anderen Menschen Glücksgefühle gewinnen –»obwohl er nichts davon hat außer dem Vergnügen, es zu sehen«.

Das Glück des anderen kann zu meinem Glück werden, das funktioniert ähnlich wie bei der Anerkennung: Meine Anerkennung des anderen ist nichts wert, solange der andere sie nicht auch schätzt und insofern auch mich anerkennt. So sagt es der französische Schriftsteller André Gide: »Wer andere glücklich macht, wird glücklich.« Andere wirklich glücklich machen kann dann aber nur derjenige, der selbst glücklich ist – und kein Miesepeter.

Vom Maßstab der »Natur« ist die Rede seit Epikur und Aristoteles über Seneca bis hin zu Russell. Ohne ein aktives Einverständnis mit der äußeren Natur und der eigenen, inneren Natur kann der Mensch nicht glücklich werden. Heute wird Natur aber zu oft gleichgesetzt mit den »natürlichen Ressourcen«, die so weit wie möglich zu schonen seien, was jedem einleuchtet, auch wenn er vor allem auf die Energieverschwendung der anderen schaut. Der Münsteraner Philosoph Ludwig Siep, Jahrgang 1942, versucht in seiner *Konkreten Ethik* (2004) diesen Naturbegriff zu erweitern. Die Schonung der Ressourcen, sagt er, ziele eigentlich nur auf die Bedürfnisse der Menschheit, die ohne diese Ressourcen irgendwann ihre Maschinen und Mägen nicht mehr füttern kann. Wer aber will begründen, dass der Mensch überhaupt berechtigt ist, die Natur ad infinitum auszubeuten und ausschließlich als Vorratslager seiner Bedürfnisse zu betrachten?

Der so verstandene Naturschutz sei humaner Egoismus und werde womöglich der Natur selbst nicht gerecht, so schreibt Siep, der ein grünes Ethos der eigenen Art fordert: Die »gute Welt«, meint dieses Ethos, ist zunächst um ihrer selbst willen da – und nicht bloß für die Wohlstandsanforderungen und Glückserlebnisse der Menschen. »Die Mannigfaltigkeit der Natur«, fordert Siep, sei eben nicht nur unter dem Gesichtspunkt zu erhalten, dass die Artenvielfalt wichtig ist für die Züchtung neuer Kornsorten oder die Entwicklung neuer Medikamente; die Mannigfaltigkeit der Landschaften und Lebewesen sei ein Wert an sich, gleichrangig dem Recht des menschlichen Individuums auf Selbstverwirklichung. Der Mensch muss sich also zurücknehmen können. Ohne die daraus erwachsende Freude an der natürlichen Vielfalt gibt es kein dauerhaftes Glück.

So weit jene Glückslehre, die durchaus verallgemeinerungsfähig ist. Sie geht deutlich über die Glücksangebote vieler zeitgenössischer Denker hinaus, die als echte Demokraten Angst haben, quasi autoritär bestimmte Glücksinhalte vorzugeben. So formuliert der Konstanzer Philosoph Peter Stemmer, Jahrgang 1954, in dem von Holmer Steinfath herausgegebenen Sammelband *Was ist ein gutes Leben?* (1998) sehr zurückhaltend: »Auf die Frage, was wir vom Leben wollen sollen, kann man nicht antworten: Du solltest das-und-das-wollen, sondern nur: Dein Wollen sollte, was immer Du vom Leben willst, aufgeklärt und nicht blind sein.« Später differenziert er: »Ein Leben ist gut, wenn es uns gibt, was wir von einem Leben in möglichst aufgeklärter Weise wollen, was immer es sei, und wenn wir das Glück haben, dass sich das so weit wie möglich aufgeklärte Wollen mit dem Wollen deckt, das wir hätten, wenn wir alle nötigen Informationen hätten.«

»Was immer es sei« – ein wenig mehr Mut zum Inhalt wäre hier durchaus wünschenswert, zumal Stemmer immerhin Glück an Wissen (»Informationen«, »aufgeklärt«), also an Vernunft bindet. Ähnlich zurückhaltend äußert sich auch der Lebenskunstphilosoph Wilhelm Schmid: Die Erfahrung, dass das Leben einen Sinn habe, sei elementar für das Glück, aber jeder Einzelne müsse auf eigene Faust diesen Sinn für sich zu finden suchen.

In dem erwähnten Sammelband von Steinfath macht sich auch die amerikanische Philosophin Susan Wolf, Jahrgang

1952, Gedanken über Sinn und Glück. Zu Recht bemerkt sie, wohl gegen Russell gewandt: »Die üblichen Klagen über den Sinn des Lebens, die oft von Gedanken an unsere eigene Sterblichkeit und unsere unbedeutende Stellung im Kosmos ausgehen, lassen sich kaum von dem Gedanken zerstreuen, dass man sich ja aktiv mit lohnenswerten Vorhaben beschäftigen kann.« Die Idee Russells, sich aktiv für alles in der Welt, auch den Kosmos, zu interessieren und mit Passion etwas zu tun, erfasst eine wesentliche Bedingung des Glücks, aber dies ist nicht hinreichend.

Doch Wolf hält die so gestellte Frage nach dem Sinn des Lebens für zu »komplex« und beschränkt sich dann, ähnlich wie Stemmer, auf eine eher formale Glücksbestimmung: Auf subjektiv »erfüllende«, objektiv »lohnende« Tätigkeiten komme es an, wenn der Mensch ein sinnerfülltes Leben haben wolle. Sie schreibt: »Sinn entsteht, wenn subjektive Anziehung mit objektiver Attraktivität zusammentrifft.« Was ich tue, muss mir gefallen, aber auch von meinem Befinden »unabhängig gut« sein. Und: »Wir wollen nicht nur, dass unser Leben sinnerfüllt ist, wir halten es auch für gut, dass wir dies wollen.«

Schon gut. Aber was – genauer gefragt – dürfen oder sollen wir uns denn inhaltlich wünschen, um anhaltend glücklich zu sein oder sogar im Rückblick auf ein »geglücktes« Leben schauen zu können? Was die jüngeren Denker, im gut gemeinten, demokratisch-pluralistischen Verzicht auf irgendeine »autoritär« verbindliche Glücksnorm, die essenziell wäre, bieten, geht kaum über die Brockhaus-Definition des Glücks hinaus: Es handle sich beim Glück um einen »gehobenen Zustand, der sich aus der Erfüllung der Wünsche ergibt«. Welcher Wünsche? Bestimmt doch nicht dem nach Schokolade – obwohl auch sie ein bisschen beglücken kann –, nach Leberwurst oder nach einem freien Blick vom Haus auf den See, dem aber leider zehn alte Eichen weichen müssen?

Es gibt eine verbreitete Philosophen-These – ähnlich wie Kants kategorischer Imperativ, der die Prinzipien des Handelns durch ihre Tauglichkeit für eine allgemeine Gesetzgebung legitimiert –, derzufolge auch der Katalog der Glückskriterien allenfalls formal festzulegen sei, also im Sinne der vernünftigen Regeln verantwortbarer Glückssuche, doch ohne Festlegung irgendeines qualitativen Fundes dieser Suche. Nach dem Motto: Den eigentlichen Inhalt des Glücks muss jeder selbst finden, wir kümmern uns nur um eine solide Findungsprozedur. Diese These ist fast so etwas wie der Konsens aufgeklärt-liberaler Pragmatiker, welche die großen alten Fragen der Metaphysik längst in Sprachdiskurse, Methodendiskurse und behutsam wirkende »Muss-jeder-selbst«-Privatisierungen zerbröselt haben. Sie unterschätzen die faktische Nachfrage nach Sinn – diese wird, wenn die Philosophen sich allzu sehr zurückhalten, von allen möglichen Fundamentalisten, Kreationisten und Ideologen befriedigt, was den betreffenden Philosophen dann die Chance zuspielt, sich wenigstens als Kritiker all dieser »autoritären« Sinnstifter hervorzutun.

Einen bestimmten Glücksbegriff, der ein ziemlich eng gefasstes Menschenbild voraussetzt, durchzupauken, ist in der Tat vormodern und allzu antiliberal. Andererseits ist es an der Zeit, dass wir beherzter nach dem großen Schatz anthropologischen Grundwissens greifen, den Europa seit den alten Griechen aufgehäuft hat, in immerhin mehr als 2500 Jahren. Darf man diesen Schatz vernachlässigen, nur weil er von gestern ist? Was ist das Heute ohne das Gestern? Hohles, blindes Augenblicksgefuchtel, eine eindimensionale Intellektuellen- und Konsumentendiscothek.

Soll doch erst einmal einer dieser Gegenwartsfreaks kommen und die sehr klaren Unterscheidungen und Ansätze eines Epikur, eines Aristoteles, eines Thomas von Aquin, eines Kant, eines Russell widerlegen. Jene längst ins Vulgäre abgesunkene Geschichtsphilosophie, die selbst die philosophischen

Erkenntnisse der Alten abtut, als seien sie einfach nicht mehr zeitgemäß, ähnlich wie das Steinbeil oder die hygienischen Verhältnisse im Jahr 1000 n. Chr. – damals sollte Papst Sylvester II. zufolge die Welt ja schon einmal untergehen –, bedarf dringend einer Revision. Vielleicht gibt es doch anthropologische Konstanten über die Jahrhunderte und Kulturen hinweg, die es erlauben, so etwas wie einen Glückskanon zu umreißen. Freilich im Durchgang – das haben wir hier versucht – durch die bewundernswerte Vielfalt und Widersprüchlichkeit zahlreicher Glückstheorien und Glückserfahrungen.

Also was denn nun? Was denkt der Autor dieser Kapitel, wenn er mal nicht sagt, was andere gedacht haben? Zunächst einmal dieses: Ohne den großen Wald der Einsichten gründlich zu durchforsten, den andere gepflanzt haben, ist eine philosophische und kulturgeschichtliche Erörterung gerade dieses altehrwürdigen, gleichwohl stets aktuellen Themas gedankenlos und hochnäsig. Wer die Ideen der anderen unwichtig findet, weil er meint, ohne sie rascher zum eigenen Selbst vorzustoßen, verpasst das Glück garantiert. Solche Arroganz ist ein Glückshemmnis erster Klasse!

Mit den Entwürfen im Gepäck, die aus dem antiken Griechenland und Rom, aus dem europäischen Mittelalter und 18. Jahrhundert ebenso wie aus Indien, China oder Japan überliefert sind, gegenwärtige Glücksgedanken – von Ludwig Marcuse bis Martin Seel – nachzuvollziehen, zugleich lebende Zeitgenossen aller Altersstufen direkt zu befragen: Das ist schon eine beglückende Tätigkeit, zu der sich der Autor dieser Zeilen bekennt. Das ist eine Menge Glück.

Er möchte die Erkenntnisse der anderen nicht missen, möchte sich immer neu mit ihnen beraten, vor allem mit dem Klügsten unter ihnen, Aristoteles! Sie sind für ihn gleichberechtigte, anregende Teilnehmer eines globalen Glücksdiskurses, und auch wenn er ihnen widersprechen muss, vermitteln sie ihm ein Geselligkeitsglück der besonderen Art. Denn so viel steht fest: Kein Mensch wird allein schlau, und schon gar nicht glücklich. Diese Ansicht begründet die vielstimmige, forumsähnliche Anlage dieses Buches, das nur eine Kategorie konkurrierender Werke überflüssig machen möchte: die fixen Ratgeber, die in acht, zehn oder anders gezählten Punkten und Tipps den Weg zum Glück zu weisen versuchen. Da ist manches Wahre dabei, aber niemals der Weg zum »wahren Glück«.

»An Systemen, die widerlegt sind, kann uns nur noch das Persönliche interessieren; denn dies ist das ewig Unwiderlegbare«, hat Friedrich Nietzsche gesagt, der zum Thema Glück bekanntermaßen ein zwiespältiges Verhältnis hatte: enthusiastisch-ekstatisch und verächtlich-herablassend zugleich.

Werden wir also getrost einmal persönlich. Hier einige Stichworte zu meiner eigenen Glücksgeschichte:

Kinder sind glücklicher als Erwachsene, weil sie ein Leben im Augenblick führen, ohne allzu viele Erinnerungen, ein Leben, das im Grunde die Zeit noch nicht kennt, weil es zu viel davon hat. So war auch meine Kindheit Anfang der fünfziger Jahre in der Kleinstadt Vreden in Westfalen. Ich sehe immer noch die Holzschuhe der Bauern in Reih und Glied vor dem Eingang der Behelfskirche stehen, erstaunliche Fußkähne, gestrandet auf dem Kopfsteinpflaster. Der Küster duldete keine Ackerkrumen auf dem blank gescheuerten Holzboden des Gebäudeinneren – eines ausrangierten Tanzsaals. Wenn der Kaplan mahnte, man möge die Flüchtlinge besser behandeln, verließ so mancher Bauer brummend die heilige Messe vor ihrem Ende, während die dort Ausharrenden »Großer Gott wir loben dich« schmetterten, als müssten sie all die äußeren und inneren Trümmer dieser Zeit in einem einzigen Lied fortsingen. Ich musste dabei ein Pedal der kleinen Orgel treten, damit genug Luft in die Pfeifen schoss. Ich war glücklich. Da waren kräftige Farben, kernige Menschen, eine für mich damals absolut vertrauenswürdige Gemeinschaft von

Leuten, die ein schönes Lied sangen, da war ein mir vertrautes Ritual, ich hatte meine kleine Rolle, alles war so kompakt und authentisch.

Schnitt: 15 Jahre später am Niederrhein, mittelgroße Industriestadt, ältester Gasthof am Ort (»Schnorrenberg« – schon der Name!). Am Donnerstag vor Rosenmontag wurde dort Weiberfastnacht gefeiert. Die Mädchen und Frauen verkleideten sich allesamt als schwarz gewandete Trauerhexen mit den schrillsten, hässlichsten Fratzenmasken, die man sich vorstellen kann. Schunkelmusik, Qualm, Gedränge, Stimmengewirr, hier ein Erkennungsschrei: »Das bist doch du!«, dort die bange Frage zum Nachbarn: »Wer mag das nur sein?« Als junger Mann war man ohnmächtig (Damenwahl) und gespannt zugleich: Was war bloß, wenn die Falsche sich an einen gehängt hatte, die Mädchen verstellten ja auch noch ihre Stimmen. Plötzlich ahnte ich: Die Meinige war das schönste Mädchen seines Jahrgangs, das ich in diesem Ort bisher gesehen hatte. Ihr Parfüm roch nach Maiglöckchen. Sie schien mich – kaum zu glauben – attraktiv und nett zu finden. Als um Mitternacht die Masken fielen, war sie es tatsächlich. Ich war völlig aus dem Häuschen, das hat sie gottlob gar nicht so richtig mitbekommen, sonst wäre es das wohl gewesen. Das durchgeschwitzte weiße Hemd mit dem Maiglöckchenduft habe ich vor meiner Mutter versteckt, sie sollte es nicht so bald waschen können. Das Mädchen blieb tatsächlich eine ganze Weile meine feste Freundin, obwohl seine Eltern deutlich wohlhabender waren als meine. Mein Trumpf: Ich gab ihr gratis Nachhilfeunterricht in Latein. Reines Jugendglück.

Andere Glücksmotive aus meinem Leben: Der Anblick des Gran Canyon in Arizona, als ich aus dem Bus gestiegen war und zum ersten Mal an die Bruchkante der Schlucht trat – mein Atem stockte, eine so gewaltige rostbraune Urlandschaft hatte ich noch nie zuvor gesehen. Mein erster Zeitungsartikel im *Kölner Stadt-Anzeiger*: frisch gedruckt, die Besprechung einer Lesung von Wolfgang Hildesheimer Ende der sechziger Jahre. Der Schriftsteller Hermann Moers hatte in geselliger Runde gesagt:»Passt mal auf, der legt jetzt richtig los!« Ich war stolz und glücklich zugleich. Den Job bei dem Kölner Blatt verdankte ich einer Empfehlung von Peter Handke, den ich bei meiner USA-Reise getroffen hatte.

Der erste angstfreie Ritt allein auf einem Pferd durch den frisch begrünten, von lautem Zwitschern erfüllten Wald – am Rand der Lüneburger Heide –, als ich plötzlich wusste, die Landlust würde mich nie mehr loslassen, nie wieder würde ich zwischen hohen steinernen Häusermauern, vom Horizont getrennt und umnebelt von Autoabgasen, leben wollen. Damals war *Landlust* noch keine erfolgreiche Zeitschrift.

Andere Glücksmomente, aus denen nachhaltige Beiträge zu meinem halbwegs wohl gelungenen bisherigen Leben geworden sind, gab es auch,»Sachen« (Heinrich Böll) wie die erste körperliche Liebe, der erste wohlschmeckende Zigarillo, die erste Venedig-Reise, ein Auftritt als Gastprofessor in Texas, das erste veröffentlichte Gedicht, der TV-Sieg mit einem Song, dessen Text von mir stammte, eine anerkennende Postkarte von Alexander Mitscherlich, die erste trunkene Rezeption eines Malers wie Tintoretto, das Hinüberschmachten zu einer Sängerin während einer Aufführung von Bachs Johannes-Passion in Köln, das gelungene Cello-Duo mit einem Freund, der zugleich mein Musiklehrer und Hegelianer war, das erste eigene Auto, ein ganz neuer Renault 4 mit hellbrauner Sitzbank vorn, mein erstes eigenes Pferd, eine brave Schimmelstute, die oft gestolpert ist – lassen wir es bei dem Erzählten, die Glückserlebnisse mit meinen gegenwärtigen Freunden und Angehörigen sind Privatsache.

Rosemarie Hoffmann hat in ihrer gehaltvollen Untersuchung *Zur Psychologie des Glücks* (1981) das Glücklichsein als einen Zustand bestimmt, der»das absolute Höchstmaß an Sinn und Sinnlichkeit, an Wohlsein, an Erfüllung, an Harmonie ist«. Der Inhalt dieses Glücks ist wieder sehr unbestimmt, eine Art Dauereuphorie, von der alltäglichen Lebenserfahrung etwa so entfernt wie das hohe C Pavarottis von dem eines Hobbysängers in der Badewanne (er fühlt ja auch eine Art Glück).

Das ist so ähnlich wie mit *flow* – irgendwie animierend, aber schwer zu präzisieren. Wenig Substanz, viel Stimmung – das reicht mir nicht, obwohl es gut klingt.

Wirklich substanzielles Glück muss mehr oder weniger anhaltend sein, und das lässt sich am besten, wie gesagt, aus der Rückschau konstatieren. Der Blick auf das bis dahin gelebte Lebensganze kann den Schmerz, die Niederlagen, die Enttäuschungen, die Trennungen, die Verluste und die Krankheiten nicht übersehen, die diesem Ganzen auch innewohnen. Ich bin mit Wilhelm Schmid und anderen Denkern der Meinung: All diese Schicksalsschläge gehören zum Glück wie der dunkle Himmel, vor dem der Regenbogen erst so richtig aufblüht zu einer gehaltvollen Abendstimmung. Inbegriff des Schicksals ist der unberechenbare Tod. Bei dem Gedanken an ihn tröstet mich weniger die Idee Epikurs, dass ich dann, wenn er da ist, schon nicht mehr bin. Mich tröstet die Hoffnung, dass ich, weil ich das Ganze des Seins nicht begreife, auch die komplette Wahrheit des Nicht-mehr-Seins nicht kenne. Mein geistiges Idol Aristoteles war kein Schwärmer und hat es doch für möglich gehalten, dass der denkende Geist (*nous*) in unserer sinnlichen Seele der Gast aus einer Welt ist, die uns an sich verschlossen bleibt. Meinetwegen können wir diese weder zeitliche noch ewige Fremde, aus der wir die Freiheit gegenüber allen hiesigen Ur-Sachen beziehen, auch »Jenseits« nennen – oder das »Reich Gottes«, das ja nicht »von dieser Welt« sein soll, also auch niemandes Verwaltungsbezirk sein kann.

Der dunkle Hintergrund unserer hellen Glücksvorstellungen macht den entscheidenden Unterschied aus zwischen diesen und allem, was als Wellnessgewusel so alles angeboten wird. Der nichts als glückliche Polykrates ist der Säulenheilige der Wellnessreligion und genauso unheimlich wie Menschen, die mit Glücksdrogen aller Art über die Abgründe des Lebens hinwegschweben wollen, als sei dieses Leben ein Rummelplatz. Auch Alkohol, Kokain oder künstlich aktivierte, körpereigene Opiate erzeugen Euphorie, vorübergehende Hochgefühle, aber kein Glück. Wenn ihre Wirkung nachlässt, fühlt sich der Gedopte müder und leerer als zuvor. Ein Glück, das so viel Frust und wohl auch körperlichen Schmerz nach sich zieht, ist für mich kein Glück. Zwei Gläser Wein für eine kleine Plauder-Dusel-Flirt-Runde vor dem Schlafengehen, das reicht in dieser Richtung. Überhaupt: Das Glücksmotiv tiefer, ruhiger Schlaf – es wäre ein eigenes Buch wert. Der Schlaf macht schließlich die Hälfte des Lebens aus.

Alles laute Glück – der Tor!-Schrei, der Kursgewinnschrei des Börsianers, das Fortissimo der U- oder E-Musik, der Mediencoup des Formel-1-Reporters, der Blitzstart im neuen Porsche, die Wahnsinnsquote einer Sendung, der Orgasmusschrei – vergeht so schnell, wie es kommt. Ich möchte mein Leben nicht darauf ausrichten.

Lieber auf das »stille Glück« der kleineren Wunder. Ein Blick, ein Farbenspiel, ein leiser Akkord, eine hüpfende Meise, ein golden leuchtender Fisch, der mich ansieht und abtaucht, ein Sonnenstrahl im Bambusgewirr, ein Hund, der sich streckt, ein Pferd, das muffelt, weil es mich sieht. All das wächst im Lauf der Zeit zusammen zu einem größeren Glücksgebäude. Wie sagt der sonst sehr witzige Joachim Ringelnatz so ergreifend unwitzig: »Was lange währt, ist leise« – so ist das Glück, das ich für angemessen halte. Es will erahnt und erhascht werden wie die Wale im Meer. Es will durch staunendes Betrachten erobert werden wie die Sterne bei Nacht.

Auch der helle Tag, an dem sich die irgendwie weiblichen Sterne beleidigt oder schamvoll wie Elfen zurückziehen, ist unglaublich, wenn wir nur hinschauen und nicht stumpf werden. »Die Welt ist unendlich interessant«, sagt der Kunsthistoriker Heinrich Wölfflin. Es komme, fügt er hinzu, darauf an, »ruhig den Dingen ihr Geheimnis abzulauschen«. Aktiv betrachten – das wahre Glück dessen, der zwischendurch ein wenig Ruhe hat oder sie sich nimmt. Die Upanishaden aus dem antiken Indien bringen auf den Begriff, was ich mit alldem meine: »Wer alles Seiende im eigenen Selbst sieht, und das eigene Selbst in allem Seienden, verliert alle Furcht.« Ohne Furcht sein – das ist das Glück der Stoa, aber auch schon des Epikur. Ohne Furcht staunen. Darüber: Was verbindet »alles Seiende« mit dem »Selbst«? Beides ist. Und beides ist jetzt, indem es schon wieder nicht mehr jetzt ist. Dies Schon-nicht-mehr-jetzt-Sein ist die Bedingung der Möglichkeit für das Jetztsein. Ein Nichts ermöglicht die Gegenwart. Und das Eine tritt auf im denkenden Anderen, und das Andere tritt auf im Denken des Einen. Sie treten im jeweils Anderen auf – ohne dies wären sie nicht, was sie sind: eines. Mystik? Nein: Das ist Geist, das ist Mathematik jenes Glücks, das aus uralter Meditation zu gewinnen wäre. Von jedermann, für jedermann: garantiert verbindlich.

Und noch eine Definition, die uns bestätigt – sie stammt von dem Dichter Novalis und ist trotz ihrer Paradoxie verständlicher als manches zuvor Gesagte: »Glück ist Talent für das Schicksal.« Wir müssen ein Händchen dafür haben, bekommen es aber nie ganz in den Griff.

Danksagung

Für das Recherchieren und Aufschreiben diverser Glücks-
geschichten von heute dankt der Autor vor allem Ariane von
Dewitz; ferner Christina Hollstein, Philipp Knoll und Fabiola
Zecha.

Literaturverzeichnis

Aigner, Sven: *10 Stunden des Managers – Besonnene Tagträume über Karriere, Erfolg und das Glück.* Berlin 2008.

Alain: *Die Pflicht, glücklich zu sein,* übers. von Albrecht Fabri. Frankfurt am Main 1987.

Aristoteles: *Die Nikomachische Ethik,* übers. von Olof Gigon. Zürich / München 1967.

Aristoteles: *Über die Seele (Peri psyches, De anima): griechisch-deutsch,* übersetzt (nach W. Theiler) und Komm. hrsg. von H. Seidl. Hamburg 1995.

Bächtold-Stäubli, Hanns / Hoffmann-Krayer, Eduard: *Handwörterbuch des deutschen Aberglaubens.* Berlin / New York 1987 (Erstausgabe 1927).

Bellebaum, Alfred (Hrsg.): *Glücksforschung – Eine Bestandsaufnahme.* Konstanz 2002.

Ben-Shahar, Tal: *Glücklicher,* übers. von Burkhardt Hickisch. München 2007.

Brandt, Reinhard: *Arkadien in Kunst, Philosophie und Dichtung.* Freiburg 2005.

Bordt, Michael SJ: *Was in Krisen zählt.* München 2009.

Bovenschen, Silvia: *Verschwunden.* Frankfurt am Main 2008.

Brown, Tina: *Diana – Die Biographie,* übers. von Sylvia Höfer, Barbara Heller, Andrea von Struve und Rudolf Hermstein. München 2007.

Brück, Michael von: *Einführung in den Buddhismus.* Frankfurt am Main / Leipzig 2007.

Buergenthal, Thomas: *Ein Glückskind – Wie ein kleiner Junge zwei Ghettos, Auschwitz und den Todesmarsch überlebte und ein zweites Leben fand,* übers. von Susanne Röckel. Frankfurt am Main 2007.

Burckhardt, Jacob, »Über Glück und Unglück in der Weltgeschichte«, in: *Weltgeschichtliche Betrachtungen.* Stuttgart 1955.

Carnegie, Dale: *Sorge dich nicht – lebe! Die Kunst, zu einem von Ängsten und Aufregungen befreiten Leben zu finden,* übers. von Ursula Gail. Frankfurt am Main 2003.

Claussen, Johann Hinrich: *Glück und Gegenglück – Philosophische und theologische Variationen über einen alltäglichen Begriff.* Tübingen 2005.

Cox, Lynne: *Der kleine Wal,* übers. von Anne Spielmann. München 2006.

Csikszentmihalyi, Mihaly: *Flow – Das Geheimnis des Glücks,* übers. von Annette Charpentier. Stuttgart 1992.

Curtius, Ernst Robert: *Europäische Literatur und Lateinisches Mittelalter.* Bern / München 1948.

Demandt, Alexander: *Das Privatleben der römischen Kaiser.* München 1996.

Die Philosophie der Stoa – Ausgewählte Texte, übers. und hrsg. von Wolfgang Weinkauf. Stuttgart 2001.

Eagleton, Terry: *Der Sinn des Lebens,* übers. von Michael Bischoff. Berlin 2008.

Eliade, Mircea: *Geschichte der religiösen Ideen,* 3 Bde., übersetzt von Elisabeth Darlap u.a. Freiburg 1978 / 1991.

Epiktet, Teles, Musonius: *Wege zum Glück,* hrsg. und übers. von Rainer Nickel. Zürich / München 1987.

Epikur: *Von der Überwindung der Furcht,* übers. von Olof Gigon. Zürich / München 1983.

Erler, Michael: *Platon.* München 2006.

Forschner, Maximilian: *Über das Glück des Menschen – Aristoteles, Epikur, Stoa, Thomas von Aquin, Kant.* Darmstadt 1993.

Fromm, Erich: *Haben oder Sein – Die seelischen Grundlagen einer neuen Gesellschaft,* übers. von Brigitte Stein. München 1976.

Gandhi für Gestresste. Ausgew. und übers. von Martin Kämpchen. Frankfurt am Main / Leipzig 2002.

Gernhardt, Robert: *Im Glück und anderswo. Gedichte.* Frankfurt am Main 2002.

Gilbert, Daniel: *Ins Glück stolpern,* übers. von Burkhard Hickisch. München 2006.

Godec, Anne-Kathrin / Singer, Theresia (Hrsg.): *Über das Glück – Eine philosophische Anthologie (Begleitheft zum Hörbuch).* Köln 2002.

Green, Julien: *Erinnerungen an glückliche Tage,* übers. von Elisabeth Edl. München 2008.

Grillparzer, Marion: *Die GLYX-Diät. Abnehmen mit Glücksgefühlen.* München 2003.

Grün, Anselm: *Glückseligkeit – Der achtfache Weg zum gelingenden Leben.* Freiburg / Basel / Wien 2007.

Hegel, Georg Wilhelm Friedrich: *Phänomenologie des Geistes.* Frankfurt am Main 1970.

Hensel, Georg: *Glück gehabt – Szenen aus einem Leben.* Frankfurt am Main / Leipzig 1994.

Höffe, Otfried: *Lebenskunst und Moral oder Macht Tugend glücklich?* München 2007.

Hoffmann, Arnd: *Zufall und Kontingenz in der Geschichtstheorie.* Frankfurt am Main 2004 (Dissertation).

Hoffmann, Rosemarie: *Zur Psychologie des Glücks.* München 1981 (Dissertation).

Hossenfelder, Malte: *Epikur.* München 1991.

Jänicke, Julika: *Denkanstöße für Glückssucher.* München / Zürich 2005.

Kant, Immanuel: *Kritik der praktischen Vernunft,* hrsg. von Wilhelm Weischedel. Frankfurt am Main 1974.

Kerkeling, Hape: *Ich bin dann mal weg. Meine Reise auf dem Jakobsweg.* München 2006.

Kirchhoff, Bodo: *Eros und Asche. Ein Freundschaftsroman.* Frankfurt am Main 2007.

Klein, Stefan: *Alles Zufall – Die Kraft, die unser Leben bestimmt.* Reinbek 2004.

Klein, Stefan: *Die Glücksformel oder Wie die guten Gefühle entstehen.* Reinbek 2002.

Long, A. A. / Sedley, D. N.: *Die hellenistischen Philosophen – Texte und Kommentare,* übers. von Karlheinz Hülser. Stuttgart / Weimar 1999/2006.

Mannschatz, Marie: *Buddhas Anleitung zum Glücklichsein – Fünf Weisheiten, die Ihren Alltag verändern.* München 2007.

Marcuse, Ludwig: *Philosophie des Glücks.* Zürich 1972 (vom Autor erweitert nach dem Text der Erstausgabe von 1949).

Maron, Monika: *Ach Glück.* Frankfurt am Main 2007.

Montaigne, Michel de: *Essais,* hrsg. von Hans Magnus Enzensberger und übers. von Hans Stilett. Frankfurt am Main 1998.

Montanari, Massimo: *Der Hunger und der Überfluss.* Kulturgeschichte der Ernährung in Europa, übers. von Matthias Rawert. München 1993.

William Morris: *Kunde von Nirgendwo oder Ein Zeitalter der Ruhe,* übers. von Carmen Janetzki. Berlin 1991.

Neumann, Heike: *Von Liebe, Glück und Sehnsucht – Ein Lesebuch.* Stuttgart 2007.

Nozick, Robert: *Vom richtigen, guten und glücklichen Leben,* übers. von Martin Pfeiffer. München / Wien 1991.

Ovid (Publius Ovidius Naso): *Metamorphosen: lateinisch-deutsch,* übers. und hrsg. von Erich Rösch. München 1964 (nach der Erstausgabe: Heidelberg 1952).

Pausch, Randy mit Jeffrey Zaslow: *Last Lecture – Die Lehren meines Lebens,* übers. von Yvonne Badal. München 2008.

Platon: *Der Staat,* in: *Platons Werke,* übers. von Friedrich Schleiermacher. Berlin 1985.

Precht, Richard David: *Wer bin ich – und wenn ja, wie viele?* München 2007.

Ders.: *Liebe – Ein unordentliches Gefühl.* München 2009.

Rieger, Günter: *Rheinsberg in der Mark Brandenburg.* Karwe o. J.

Rimscha, Robert von: *Die Kennedys – Glanz und Tragik des amerikanischen Traums.* Frankfurt am Main 2001.

Rose, Herbert Jennings: *Griechische Mythologie,* übers. von Anna E. Berve-Glauning. München 1955.

Russell, Bertrand: *Eroberung des Glücks – Neue Wege zu einer besseren Lebensgestaltung,* übers. von Magda Kahn. Frankfurt am Main 1977.

Schenk, Herrad: *Glück und Schicksal – Wie planbar ist unser Leben?* München 2004.

Schmid, Wilhelm: *Schönes Leben? – Einführung in die Lebenskunst.* Frankfurt am Main 2000.

Ders.: *Glück – Alles, was Sie darüber wissen müssen, und warum es nicht das Wichtigste im Leben ist.* Frankfurt am Main / Leipzig 2007.

Ders.: *Die Fülle des Lebens – 100 Fragmente des Glücks.* Frankfurt am Main / Leipzig 2006.

Ders.: *Mit sich selbst befreundet sein – Von der Lebenskunst im Umgang mit sich selbst.* Frankfurt am Main 2004.

Schneider, Wolf: *Glück! Eine etwas andere Gebrauchsanweisung.* Reinbek 2007.

Schopenhauer, Arthur: *Parerga und Paralipomena: kleine philosophische Schriften.* Zürich 1977.

Seel, Martin: *Versuch über die Form des Glücks.* Frankfurt am Main 1995.

Seneca: *Vom glückseligen Leben. Auswahl aus seinen Schriften,* hrsg. von Heinrich Schmidt, verbesserte Übersetzung aus dem Lateinischen von X. Forbiger. Stuttgart 1956.

Siep, Ludwig: *Konkrete Ethik.* Frankfurt am Main 2004.

Snell, Bruno: *Die Entdeckung des Geistes – Studien zur Entstehung des europäischen Denkens bei den Griechen.* Göttingen 1975/2000.

Spaemann, Robert: *Glück und Wohlwollen – Versuch über Ethik.* Stuttgart 1989.

Steinfath, Holmer (Hrsg.): *Was ist ein gutes Leben? Philosophische Reflexionen.* Frankfurt am Main 1998.

Stevenson, Leslie / Haberman, David L.: *Zehn Theorien zur Natur des Menschen,* übers. von Nikolaus de Palezieux. Stuttgart / Weimar 2008.

Stilett, Hans: *Von der Lust, auf dieser Erde zu leben – Wanderungen durch Montaignes Welten.* Frankfurt am Main 2008.

Tepperwein, Kurt: *Glücks-Gesetze – Die Botschaften des Lebens verstehen.* München 2008.

Theunissen, Michael: *Pindar – Menschenlos und Wende der Zeit.* München 2000.

Wächter, Dorothee: *Mein Wellness-Garten.* München 2006.

Wetz, Franz Josef (Hrsg.): *Glück.* Stuttgart 2002.

Wilson, Eric G.: *Unglücklich glücklich – Von europäischer Melancholie und American Happiness,* übers. von Susanne Held. Stuttgart 2009.

Ziegler, Konrat / Sontheimer, Walther (Hrsg.): *Der Kleine Pauly – Lexikon der Antike,* 5 Bde. München 1975.

Personenregister

Adenauer, Konrad 104f.
Adorno, Theodor W. 116f.
Alain (eigentl. Émile Auguste
    Chartier) 174f.
Alexander der Große 137, 150,
    160
Andress, Ursula 191–193
Aristipp 146f., 169
Aristoteles 24, 36, 54, 139f.,
    143, 146, 151, 153, 158,
    160–162, 165, 167, 171,
    178, 203, 231, 233–235,
    238f., 243
Augustinus, Aurelius 206f.
Augustus, Kaiser 94
Aurel, Marc 104

Bach, Johann Sebastian
    172, 242
Bacon, Francis 82f.
Barbieri, Giovanni Francesco
    76f.
Barth, Ariane 181f.
Barth, Roderich 163
Beethoven, Ludwig van 33
Benn, Gottfried 9, 117
Ben-Shahar, Tal 56f.
Bentham, Jeremy 179
Berg, Sibylle 124f.
Bin Laden, Osama 196
Blanchett, Cate 200

Bloch, Ernst 89
Blomstedt, Herbert 109
Böll, Heinrich 242
Bordt, Michael 182
Bovenschen, Silvia 228–230
Brandt, Reinhardt 78f.
Brandt, Willy 198
Braun, Annegret 30, 35, 39
Brown, Tina 180
Brück, Michael von 130
Bruckner, Anton 109
Buergenthal, Thomas 118f.
Burckhardt, Jacob 102ff.
Bushido 230

Campanella, Tommaso 82
Carnegie, Dale 45ff.
Charles Philip Arthur George,
    Prinz von Wales 180
Cicero, Marcus Tullius 204, 206
Claussen, Johann Hinrich 113,
    160f., 207
Cox, Lynne 65ff.
Csikszentmihalyi, Mihaly
    57f., 161
Curtius, Ernst Robert 73

Dalai Lama 136, 138
Darwin, Charles Robert
    189, 231
Dawkins, Richard 183